Марусина заимка

Владимир Короленко

СОДЕРЖАНИЕ

СОДЕРЖАНИЕ

МАРУСИНА ЗАИМКА

I

УГОЛОК

Мы ехали верхами по долине Амги. Лошади бежали тихою "хлынью" по колеям якутской дороги.

Эти дороги совсем не похожи на русские, укатанные телегами и лежащие "скатертью" между зелеными полосами. Здесь дороги утаптываются лишь копытами верховых лошадей. Две глубокие борозды, отделенные межником, по которому растет высокая трава, лежат в середине. Они одинаково глубоки и рисуются ясными линиями пыльного дна. Если едут двое — они плетутся рядом под ленивые разговоры о наслежных происшествиях, о покосах или приезде начальства. Трое в ряд ездят уже гораздо реже, четверо уже выстраиваются двумя парами, одна за другой. Поэтому несколько пар боковых дорожек намечаются все слабее и слабее, теряясь едва заметными линиями в буйной траве.

Травы в этот год были роскошные. Якут, ехавший навстречу, виднелся нам за поворотом лишь своей остроконечной шапкой, приподнятыми рукавами своего кафтана, и порой только встряхивалась над зеленой стеной голова его лошади. Он разминулся с нами, обменявшись обычными приветствиями, и, прибавив шагу, скоро совсем исчез среди волнующегося зеленого моря...

Солнце висело над дальней грядой гор. И летом оно стоит в этих местах невысоко, но светит своими косыми лучами почти целые сутки, восходя и заходя почти в одном месте. Земля, разогреваемая спокойно, но постоянно, не успевает значительно охладиться в короткую ночь с ее предутренним туманом, и в полдень северное лето пышет жаром и сверкает своей особенной прелестью, тихой и печальной...

Дальние горы, обвеянные синеватою мглою, реяли и, казалось, расплавлялись в истоме. Легкий ветер шевелил густые травы, пестревшие разноцветными ирисами, кашкой и какими-то еще бесчисленными желтыми и белыми головками. Нашим лошадям стоило повернуть головы, чтобы схватить, даже не нагибаясь, пук сочной травы с межника, — и они бежали дальше, помахивая зажатыми в губах роскошными букетами. Кое-где открывались вдруг небольшие озерки, точно клочки синего неба, упавшие на землю и оправленные в изумрудную зелень... И от всей этой тихой красоты становилось еще печальнее на сердце. Казалось, сама пустыня тоскует о чем то далеком и неясном в задумчивой истоме своего короткого лета.

Мы миновали небольшую кучку юрт, расположившихся на холме над озером, и зеленый луг опять принял нас в свои молчаливые объятия. Горы другого берега уже не туманились, а проступали оскалинами каменистых оврагов, нащетинившихся остроконечными верхушками лиственниц. Слева все ближе подступали холмы, разделенные узкими луговинками, и пади, по которым струились тихие речки амгинского бассейна. По этим речкам ходили "вольно, нехранимо" табуны кобылиц, принадлежащие якутским "богатырям" родовичам, успевшим и здесь, на лоне почти девственной природы, захватить лучшие уголки божией земли.

По временам в ущельях глухо раздавался топот конских копыт, и табун, одичавший и отъевшийся на жирных травах, выскакивал из пади на луговину, привлеченный ржанием наших лошадей. Кобылицы, подняв уши и охорашиваясь, выказывали явное любопытство, но вожак жеребец, тотчас же вытянув, как рассерженный гусь, свою длинную шею и почти волоча по траве роскошную гриву, — делал широкий круг около стада, вспугивая легкомысленных красавиц и загоняя их обратно. Когда кобылы, не смея ослушаться и делая вид, что они сами очень напуганы, скрывались опять за речкой, в глубине ущелья, — сторожевой жеребец выбегал оттуда обратно и, все тряся головой и расстилая гриву, грозно подбегал к нам, зорко и пытливо высматривая наши намерения. Наши лошади вздрагивали от нетерпеливого желания завязать дружеские или враждебные отношения с себе подобными, и нам приходилось тогда усиленно прибегать к нагайкам. Жеребец, проводив неведомых гостей с полверсты, весело возвращался обратно к своему гарему, а наши лошади уныло опускали головы и ленивою хлынью продолжали бежать по роскошным пустынным лугам. Становилось еще скучнее, тихая и безмолвная красота пустыни томила еще больше, молчание ее еще гуще насыщалось какими-то реющими, как туман, желаниями и образами. Глаз беспокойно искал чего-то в смеющихся далях. Но навстречу попадался только ленивый дымок юрты над озером или якутская могила — небольшой

2

сруб вроде избушки с высоким крестом — загадочно смотрела с холма над водой, обвеянная грустным шепотом деревьев...

— Посмотрите-ка, — сказал вдруг мой товарищ, задергивая повод разбежавшейся лошади.

Мы давно ехали узкой дорожкой, две-три колеи которой чуть-чуть взрезали зеленую целину роскошного луга. Где-то мы сбились, очевидно, с проезжей дороги, но мало заботились об этом, так как горы того берега легко могли служить нам указанием. Теперь навстречу нам вырастал молодой ярко зеленый лесок, над вершинами которого уже исчезали меловые скалы. Наша дорожка внезапно вбежала в пространство, обнесенное с двух сторон городьбой, кое-где даже плетнем, не часто употребляемыми в этих местах, и вскоре дымок засинел перед нами на зеленой стене леса.

Мы оглядывались с удивлением: пашни, хотя и нечастые, составляют, однако, обычное явление в этих недальних улусах, но огородов якуты совсем еще не знают. Кое-где, правда, проезжая по наслегам, мы встречали клочки земли, старательно обнесенные высоким палисадом или тыном и напоминавшие вдали от жилья кладбища или старые языческие мольбища, огражденные от взоров посторонних. Но это были только наслежные огороды. Один из губернаторов, прекраснодушный немец, большой знаток и любитель огородничества, предписал строжайшими циркулярами, чтобы по всем наслегам были заведены огороды. Якуты в точности исполнили волю начальства, — отвели по клочку земли и обнесли крепчайшими частоколами, оставив лишь один вход, запиравшийся на замок, ключ от которого вручался особому выборному лицу. Дальше, однако, дело не шло. Губернатора давно уже нет, но до сих пор тщательно огражденные пустые участки свидетельствуют об его попечениях. Следы межников и грядок давно исчезли под необыкновенно буйной порослью белены и чертополоха, защищенных от лугового ветра...

Теперь перед нами лежал настоящий, отлично разделанный огород. Высокие грядки уже зеленели ботвой картофеля и кудрявыми султанчиками моркови. Бледно—зеленая капустная рассада торчала рядами в неглубоких лунках, еще темных от обильной поливки. По кольям завивался горох, в небольшом срубе примитивного парника уютно зеленели побеги огурцов, видимо тщательно оберегаемых от утренних коротких, но резких заморозков. Невдалеке волновалась нивка колосившейся озими.

Но что всего более удивило нас, — это небольшая избушка, стоявшая посреди этого заколдованного уголка. Это была не юрта с наклонными стенами и не сибирский "амбар" с прямым срубом и плоской земляной крышей, а настоящая малорусская хатка с соломенной стрехой и тщательно обмазанными стенами. Только окна, частью из слюды, частью из осколков стекла, вставленных в узорно вырезанную берестяную рамку, отличали это жилье от какой-нибудь черниговской или полтавской "хатынки". Изумленный неожиданностью взгляд невольно искал колеса с семьей аиста на крыше и высокого "журавля" криницы. Но вместо аистов над поляной носились северные орлы с пронзительным криком молодого жеребенка, а в кринице, видимо, не было надобности: в нескольких десятках саженей за избушкой, тяжело отражая безоблачное небо, лежало небольшое озерко. На середине его, точно раскиданные кем-то черные комья, дремала стайка уток, беспечно уткнув головы под крылья...

Утки были дикие, лес был лиственничный, сибирский, чуждый и этой хатке, с ее соломенной крышей, и этим грядкам...

Мой товарищ, природный украинец, приподнялся на стременах, и лицо его даже слегка покраснело под слоем загара. Он смотрел кругом, но никого и ничего не было видно. Ветер тихо шевелил соломою крыши, чуть-чуть шелестела тайга, и жалобный переливчатый крик орленка или коршуна один резко нарушал тишину. Казалось, вот—вот сейчас дрогнет что-то, и вся эта иллюзия малороссийского хуторка на дальнем севере расплывется, как дымное марево...

— Эй, а хто тут в бога вируе? — крикнул мой спутник на родном языке, на котором, впрочем, не говорил при мне еще ни разу.

Что-то зашуршало под тыном, вплоть около нас.

— Ой, лишенько! — сказал как будто испуганный женский голос, и худощавое молодое лицо с черными глазами вдруг поднялось над заплотом. Лицо было смугло, голова повязана По-малорусски "кичкою", глаза быстрые, живые и несколько дикие смотрели с выражением любопытства и испуга. Было ясно, что женщина, застигнутая врасплох появлением незнакомых людей, нарочно притаилась под плетнем в надежде укрыться от непрошеных гостей.

— Здоровеньки булы, — весело сказал мой товарищ.

Незнакомка кивнула головой, и в ее выразительных глазах любопытство ясно пересилило испуг. Она поднялась над заплотом и наклонилась, оглядывая нас быстрым сверкающим взглядом, от голов до копыт наших лошадей... По-видимому, этот осмотр не разъяснил ей ничего: ее тревога не усилилась и

4

не рассеялась, а любопытство оставалось неудовлетворенным. Но в ее черных глазах все-таки мелькало скорее нерасположение. Видимо, смуглянка надеялась, что мы спросим, как выехать на проезжую дорогу, и отправимся своим путем далее.

Но мы не торопились и к тому же были слишком заинтересованы.

— Чья эта хатка? — спросил мой товарищ.

— А вам на що? — ответила незнакомка вопросом и неохотно прибавила: — Ну, Степанова та моя.

"Что же вам еще нужно и почему вы не уезжаете?" — как будто говорил ее неприветливый взгляд.

Но имя Степана заинтересовало нас еще больше. Мы уже не раз слышали об этом поселенце, слышали также, что у него отличное хозяйство и красивая хозяйка. Об этом рассказывал, между прочим, в один из своих приездов в слободу заседатель Федосеев, человек добродушный, веселый и порядочно распущенный. Он считался, между прочим, большим донжуаном. Однако на игривую шутку почтового смотрителя на этот раз он слегка покраснел, как-то озабоченно поднял брови и покачал головой.

— Ну, нет, батюшка, ошиблись, — сказал он серьезно. — У них там, на озере, настоящая... настоящая... как это, господа, говорится По-книжному?..

— Идиллия? — подсказал кто-то из нас.

— Ну, вот—вот! Да и Степашка этот из себя молодец. Сюда попал за бродяжество, а видно, что ухорез. В случае чего — головы, подлец, не пожалеет... И притом считает себя как бы в законе...

— Медведь их, что ли, в тайге обвенчал, — не унимался смотритель.

— Черт их знает... По бродяжеству, говорит, венчаны... Обряд будто бы тоже какой-то...

— Уж будто вы так и отступились? — сказал смотритель насмешливо. Федосеев наморщил брови, покраснел и с досадой пожал плечами.

В пустынных местах удельный вес человека, в особенности человека хоть чем-нибудь выделяющегося — вообще больше, и имя Степана "с озера" или с "Дальней заимки" произносилось в слободе с оттенком значительности и уважения. "Мы с Степаном довольно знакомы", — хвастливо говорили поселенцы, а якуты весело кивали головами: "Истебан биллем" (Степана знаем)... Совершенно понятно, что теперь, когда мы

5

случайно попали к этому человеку, нам не хотелось уезжать от его заимки, не познакомившись с хозяином.

— А где же сам Степан? — спросил я, оглядываясь и подыскивая предлог остаться.

— Нема Степана. У слободу поехал, — ответила молодая женщина как-то торопливо. — Не скоро и воротится...

И ее черные глаза впились в мой верблюжий кафтан, с разводами на полах, какие носят приискатели. Казалось, человек в таком кафтане в особенности не мог рассчитывать на ее снисходительность.

— Ну, езжайте с богом, — закончила она бесцеремонно. — Нема и нема Степана. Где ж мне его взять... А вам здесь оставаться не можна.

Мы переглянулись с товарищем, и он уже было тронул лошадь, как вдруг на озере, на другом берегу, грянул выстрел. Взвился белый дымок, утки, скорее изумленные, чем испуганные, тяжело подымались над водой, взмахивая серповидными крыльями, с трудом уносившими грузные тела. Орлята заржали неистово и злорадно; по озеру, оживляя сонную поверхность, засверкали круги, и на минуту тревожная суета наполнила весь этот тихий угол.

Но только на минуту. Круги скоро улеглись, вода выгладилась, стая уток скрылась за верхушками леса... Только на самой середине неподвижно лежали две убитые птицы, а от берега отчаливал небольшой плот. Стрелок торопливо толкался шестом, по временам прикрывая глаза рукою и глядя из-под ладони по направлению к нам.

— Эге!.. Скоро же Степан вернулся из слободы, — засмеялся мой товарищ. Но молодая женщина, нисколько не сконфузившись, пожала плечами и посмотрела на нас откровенно неприязненным взглядом.

Между тем стрелок, подобрав уток, причалил к берегу, соскочил с плота и торопливо направился к нам, перескакивая через городьбу и шагая через грядки. Подойдя на несколько шагов, он отдал женщине ружье и кинул на землю уток.

— Милости просим, господа, — сказал он, вежливо снимая шапку. — Слезайте с коней.

— Да нам тут объявили, что вас нет дома, — сказал мой спутник, улыбаясь. Степан посмотрел на женщину быстрым и гневным взглядом, но она встретила этот взгляд беззаботно и вызывающе.

— Опять ты, Маруся, за старое... Дура, — грубо сказал Степан. — Ну, ставь чайник, живее... Птицу возьми! Пожалуйте, господа! Мы хорошим людям рады...

6

Женщина быстро нагнулась и подняла птицу, а затем еще раз окинула нас своим диким взглядом. По-видимому, какой-то оттенок в обращении Степана заставил ее задуматься, и только мой кафтан По-прежнему внушал ей сомнение. В конце этого вторичного осмотра она все-таки улыбнулась, вскинула на плечи ружье, и ее стройный стан быстро замелькал между грядками. Босые загорелые ноги, видневшиеся из-под короткой юбки, привычно и ловко ступали по глубоким и узким огородным межам.

— Извините, господа! Дикая она у меня, — сказал Степан с оттенком самодовольства, заметив, что мы любуемся его Марусей. — Она, видите, думала, что вы — приискатели.

— А если бы приискатели? Так что же?

— Звали тут меня... в приисковую партию, — ответил он, глядя как-то в сторону. — Дайте—ка, я ваших лошадей привяжу. Пожалуйте вот сюда.

И он пошел впереди, ведя в поводу лошадей. Это был человек высокого роста, с широкими плечами и стройным тонким станом. У него были светло—голубые глаза, светло—русые волосы и почти совсем белые усы, странно выделявшиеся на сильно загорелом красном лице. Его можно было бы назвать красавцем, если бы не тусклость точно задернутого чем-то взгляда и не эти слишком уже светлые усы на темном лице. Губы у него были полные, с какой-то странною складкой, — грубоватой и портившей довольно благоприятное общее впечатление. Во всей фигуре чувствовалось что-то уже как бы надломленное, не вполне нормальное, хотя и сильное. Родом он, как оказалось после, был с Дона.

II

"БРОДЯЖИЙ БРАК"

Через полчаса мы лежали на сочной траве, невдалеке от избушки. На земле потрескивал костер, и в железном котле закипала вода.

Кругом опять вошла в колею жизнь пустыни. Орлята и коршуны заливались своим свистом и ржанием, переливчатым и неприятным, по ветвям лиственниц ходил ленивый шорох, и утки, забыв или даже не зная о недавней тревоге, опять лежали черными комьями на гладкой воде озера.

Маруся, казалось, готова была примириться с нами. Она вступила в роль хозяйки, поставила чайник и уселась было около Степана, ожидая, пока вода закипит у огня. При этом исподлобья она взглядывала на нас с выражением застенчивого любопытства. Но мой товарищ, в свою очередь окинув ее пристальным взглядом, сказал:

— А вы, землячка, кажется, из-под Чернигова? Или о Полтавщины?

Молодая женщина вся вздрогнула, как от внезапного удара. По лицу ее пробежала резкая судорога, она с ненавистью взглянула на неосторожного допросчика и быстро поднялась на ноги. При этом она нечаянно толкнула чайник и, не обращая внимания на то, что вода лилась на угли, скрылась в дверях избы.

Степан слегка нахмурился и, поправив чайник, сказал:

— Теперь уж не подойдет... И чай пить не станет... Напрасно спросили.

И, поправив несколько заглохший огонь, он прибавил задумчиво:

— Всегда вот этак. Теперь я ужа и не спрашиваю... Плачет... Или ударится о землю... Пена изо рта, как есть порченая! Так и сам не знаю, — откуда она родом...

Он замолчал. Фигура молодой женщины мелькнула около избушки и скрылась в другом конце огорода. Через некоторое время оттуда донесся мотив какой-то песни. Маруся пела про себя, как будто забыв о нашем присутствии. Песня то жужжала, как веретено в тихий вечер, то вдруг плакала отголосками какой-то рвущей боли... Так мне, по крайней мере, казалось в ту минуту.

— Марья! — крикнул было Степан. — Ну, иди, что ли! Что в самом деле: не съели тебя...

Женщина не ответила, но песня смолкла. Всем нам стало томительно и неловко.

— Эх... некстати маленько спросили, — сказал опять Степан. — Может, обошлось бы. Она ведь у меня занятная... Иной раз разойдется, песни заиграет...

— А когда вы с нею встретились? — спросил я, чтобы поддержать разговор. — И если вам не неприятно, расскажите, как это вы венчались бродяжьим браком?

— Слышали, значит? — спросил Степан, встрепенувшись. —

8

Нет, что же... У меня этого нет... Да что! Здесь такая сторона: никому нет дела! Я даже письма из дому получал...

В его лице появились признаки оживления. Видимо, воспоминания, на которые навел его мой вопрос, не были ему неприятны. Он только оглянулся в сторону Маруси и сказал, немного понижая голос:

— Если вам рассказать, например, всю историю, как мы с нею сошлись, то это даже очень любопытно... Дело-то, если говорить по порядку, начинается с каторги. Значит, ранней весной выбежали мы с товарищем с N-ских рудников. Только снег прошел... Речки еще играли. Ну, сначала скрывались поблизости, в тайге, подобно как звери. Бедствовали сильно. Потом выбились-таки на дорогу, к Чите подходить стали, месяца уже через полтора. Дождь, помню, шел с ночи... А дождь перестанет — туман... Так на горах и висит. Ну, дело по бродяжеству привычное. Идем, отряхаемся. Дождь, дескать, вымочит, ветер высушит. Наплевать! Третий тут еще к нам прикомандировался, бродяжка тоже... Иваном назвался. Только верст этак, может, на десять от городу вдруг из тумана двое на нас: "Стой, что за люди?" Потом посмотрели и говорят: "Нет, не те. Тоже варначье, да нам на этот раз не надобны. Черт с вами". И побежали дальше. Опомнились мы, перекрестились... "А ведь, это, братцы, — говорит нам товарищ, — тревога! Непременно из замка кто-нибудь убежал. Надо нам с дороги-то податься в сторону". — "Давайте, — я говорю, — пойдем лучше за ними. Эти не тронули, а на других наткнемся, еще бог знает..." Ну, и пошли мы в ту самую сторону, куда эти двое побежали...

А в эту ночь действительно Маруся еще с подругой одной — из острога выбежали. Редкость это, конечно, что женщины бегут, ну тут, правда, помощь им была... В Читу пришли они в партии. Сами знаете, каково женщине в нашем быту...

— Да, подлость большая! — угрюмо сказал мой товарищ.

— Каторга верховодит, — пояснил Степан. — Продают баб, как скотину, в карты на майдане проигрывают, из полы в полу сдают. Ну, а она вдобавок — бедовая, непокорлива. И теперь знак есть: ножиком один пырнул. Как уж там было, бог ее знает, только слюбилась с одним... Тот ухарь был тоже, в обиду уже не давал. Вместе и в Забайкалье пришли. Ему на поселение, ей — в каторгу, только он так порешил, что им не расставаться. Ну, они две — с подругой — в лазарет слегли, под видом болезни, а он билет взял и уже около тюрьмы рыщет... Сговорились. Лазарет, к тому же, по случаю перестройки был за оградой... У Даши тоже друг был, высидочный, и тоже с нею

9

бежать надумал. Вот раз эта Даша и говорит надзирателю: "Принеси четверть вина". — "Рад бы, говорит, принести, да без старшого нельзя". А старшой... сказать вам...

Он запнулся, слегка покраснел, кинул быстрый взгляд в ту сторону, где мелькала над грядками фигура Маруси... Она полола, и до нас опять долетало жужжание ее тихой песни. Степан некоторое время молчал, наткнувшись в рассказе на неожиданное препятствие. Мы не решались торопить его.

— Ну! — сказал он наконец, тряхнув головой. — Что уж тут, сами понимаете: каторга не свой брат. Так уж... что было, чего не было... только в этот вечер пошел у них в камере дым коромыслом: обошли, околдовали, в лоск уложили и старшого, и надзирателя, и фершала. Старшой так, говорили, и не очухался... Сами знаете, баба с нашим братом что может сделать... А тут о головах дело пошло... Потом же — сонного в хмельное подсыпали...

Он остановился и затем продолжал уже свободнее:

— А на дворе дождь... Так и хлыщет, пылит, ручьи пошли. Мы эту погоду клянем в поле, а им самое подходящее дело. Темно. Дождь по крыше гремит, часовой в будку убрался да, видно, задремал. Окна без решеток. Выкинули они во двор свои узелки, посмотрели: никто не увидал. Полезли и сами... Шли всю ночь. На заре вышли к реке, куда им было сказано, смотрят, а там — никого!

Друзья-то, значит, сплоховали! Сошлись к вечеру у притоншика да, может, вспомнили, что теперь в лазарете делается. Ну, с горя хватили. Известно, слабость. Там еще бутылочку... Захмелели, да так, подумайте, и проспали ночь!.. На заре прокинулись: в городе уже тревога, выйти нельзя!

Так они от них и потерялись. Этим ждать нельзя, тем нельзя выйти. Перешли они реку, пошли тайгой на милость божию. А мы на тот случай тоже от греха сошли с дороги, идем лесными тропками. Стали опять на дорогу выбиваться, только третий товарищ отстал: прошлогоднюю ягоду все искал под кустами. Догоняет он нас и говорит: "Послушайте, братцы, что я скажу вам: тут вот две женщины в тайге сидят и плачут". — "Что ты, бог с тобой, каким тут женщинам быть". — "Не знаю, говорит, только юбки на них серые, арестантские". Удивились мы, а тут смотрим: вышли и они на тропу и остановились. Испугались, конечно. Ну, только все-таки мы пошли, они за нами. И подойти боятся, и отстать страшно...

Мы идем, смеемся себе. Выбились на проселок. Дождь кончился, от нас на солнышке пар валит. Встретили сибиряка, трубочки закурили, потом сошли в овражек и сели. Они подошли, остановиться-то уж им неловко, идут мимо, потупились.

— Здравствуйте, — говорим, — красавицы.

— Здравствуйте.

— Кто вы такие будете?

— Поселки... Идем в такую-то волость.

И называют действительно волость, которая впереди. Научены. Ну, однако, я спрашиваю дальше: "Где же вы судились?" — "В Ирбите". — "А за что?" — "За бродяжество. От мужей". — "Ну, уж это, говорю, извините, неправильно. Ежели бы вы в Ирбите судились за бродяжество, то надо вам не на поселение, а в каторгу. В Камышлове — дело другое". Слово за слово, спутались они, заплакали. "Не обижайте, говорят, нас, господа!" — "Мы обижать никогда не согласны. Сами обижены, ну только понимаем мы так, что из-за вас была тревога. Как же теперь: хотите с нами дальше идти?" — "Нам, говорят, с вами вместе никак нельзя... Идите вы вперед, мы уж как-нибудь, ежели не хотите обижать, за вами. Потому что мы не какие-нибудь и могут нас наши друзья догнать..."

Пошли мы этак. Идем впереди трое, я и говорю: "Вот что, господа. Ежели придется так, что нам этих женщин взять себе — как быть: их две, нас трое". Вот Иван, который после пристал, и говорит: "Берите себе, ребята, мне не надо. Мне и одному трудно, и годы не те. Не интересуюсь я. Они вместе шли, вы тоже вместе, вам и кстати. А я, может, отстану скоро". Справедливый был бродяга, нечего сказать. — Ну, это, говорим, хорошо. Без спору. Теперь нам двоим разбираться. — "Ты, говорю, товарищ, как хочешь?" — "Насчет чего?" — "Которую взял бы?" — "А ты?" — "Обо мне речь впереди. Говори сам". — "Ну, я, говорит, ту, которая повыше". Вот дело. Мне-то, признаться, Марья сразу в глаз пала...

Пошли. Они за нами идут. Конечно, дело женское. Нам и для них стараться надо. Запас вышел. В деревни, на заимки заходим, под окнами милостыню просим, кондаки эти тянем. Добываем и на себя, и на них. Чай станем варить — вместе сойдемся. Ночевать — уж они где-нибудь захоронятся... Шли этаким родом с неделю. Стали к Селенге подходить. Перевалили в одном месте через гору. Смотрим: на бережку люди сидят, дымок у них; видно, что бродяги, плот готовят, человек шесть. Вот Иван подозвал женщин и говорит: "Глупо вы это делаете: друзья ваши, может, попались, может, запили, след потеряли. Теперь, ежели в артель ничьи войдете, ведь это грех, выйдет из-за вас. Хотите с этими людьми дальше идти — говорите". Ну, они, конечно, видят, что это правда. Со старыми друзьями дело рассохлось... Притом же ознакомились мы. Когда пошутим, когда посмеемся. Видят, что мы с ними По-благородному, не пьяницы, не буяны. Говорят: согласны.

Так мы и к артели этой пристали. Те нам рады: река быстрая, плыть трудно.

— А насчет женщин как же? — спросил мой товарищ.

— Что ж насчет женщин? — ответил Степан. — Пришли мы к ним уже не чужие... Притом же артель.

— Ну, в тюрьмах тоже артели, — сказал тот скептически. — Знаем мы артели ваши!

— Знаете, да видно, не всё, — несколько обиженно ответил Степан. — Конечно, в тайге, с глазу на глаз... Тут иной подлец из-за бродней товарища не пожалеет. Ну, что касается в артели, да если есть старики... Вы вот послушайте дальше. Тут, можно сказать, дело у нас помудренее вышло, невесть как и расхлебывать-то пришлось бы... А обошлось благородно.

— Сгоношили мы немаленький плот, — рассказчик опять повернулся ко мне, — поплыли вниз по реке. А река дикая, быстрая. Берега — камень, да лес, да пороги. Плывем на волю божию день, и другой, и третий. Вот, на третий день к вечеру, причалили к берегу, сами в лощине огонь развели, бабы наши по ягоды пошли. Глядь, сверху плывет что-то. Сначала будто бревнушко оказывает, потом ближе да ближе, — плотишко. На плоту двое, веслами машут, летит плотик, как птица, и прямо к нам.

— Здравствуйте, — говорят.

— Здравствуйте.

— Можно к вашему огню присесть?

— Садитесь, если вы добрые люди.

— Мы, говорят, вашего поля ягоды. Гонимся за вами сколько время, насилу догнали.

— Что же вам за надобность? Мы вас не знаем.

— Может, кто и признает... Все ли вы тут в сборе?

— Не все в сборе: две женщины вот по ягоды пошли.

— Ну, подождем. Придут они — мы свое дело скажем.

Посидели, поговорили о разном. О деле ни слова. Как тут глядим: идут и наши женщины из лесу. Только стали к берегу подходить, гляжу я: встала моя Марья как вкопанная. Лицо белее рубашки. Дарья посмотрела, только руками всплеснула.

— Ну, вот, — говорят гости, — спросите теперь у этих женщин, — знают ли они нас? Может, отрекутся.

Признаться, упало у меня сердце: ежели, думаю, теперь отдать мне ее другому, лучше не жить...

Дарья, посмелее, — вышла вперед и говорит:

— Не отрекаюсь. Вы с нами в партии шли, из тюрьмы вызволяли. Зачем потеряли?

— Мы потеряли, другие нашли. Чья находка? — говорит один повыше. — Вас тут семеро, нас двое... Какая будет ваша правда? Посмотрим мы, а отступиться не согласны.

Я говорю: "Мы, братцы, тоже не отступимся. Будь что будет". Ну, старики нас развели и говорят: "Вот что. Вы, ребята, к нам недавно пристали, а тех и вовсе не знаем. Но как у нас артель, то надо рассудить по совести. Согласны ли? А не согласны, — артель отступится. Ведайтесь как знаете..."

Мы, делать нечего, согласились, те тоже. Стали старики судить, Иван с ними. Те говорят: "Мы с ними в партии шли. На майдане купили, деньги отдали, из тюрьмы вызволяли". Мы опять свое: "Верно, господа, так. А зачем вы их потеряли? Мы с ними, может, тысячу верст прошли не на казенных хлебах, как вы. По полсутки под окнами клянчили. Себя не жалели. Два раза чуть в острог не попали, а уж им-то без нас верно, что не миновать бы каторги".

Старики послушали наши споры, потом потолковали между собой и говорят нам:

— Все ли вы, ребята, с этими женщинами на поселении жить соглашаетесь или дорогой идти, потом бросить?

Мы, конечно, говорим: согласны жить.

— Ну, так мы, дескать, вот как обсудили. Майдан теперь вспоминать не к чему. Это дело тюремное, на воле этот закон не действует. Из тюрьмы вы их вызволяли, так опять след потеряли от своей слабости. Опять это ни к чему. Ни на которую сторону не тянет. Спросим теперь самих женщин.

— Догадались все-таки! — усмехнулся мой товарищ.

— Это, конечно... правильно, — сказал Степан. — Ну, призвали женщин. Даша заплакала: "Ежели бы вы, говорит, след не потеряли. Мы сколько времени шли с ними, они нас не обижали..." А Марья вышла вперед и поклонилась в пояс.

— Ты мне, говорит, в тюрьме за мужа был. Купил ты меня, да это все равно. Другому бы досталась, руки бы на себя наложила. Значит, охотой к тебе пошла... За любовь твою, за береженье, в ноги тебе кланяюсь... Ну, а теперь, говорит, послушай, что я тебе скажу: когда я уже из тюрьмы вышла, то больше по рукам ходить не стану... Пропил ты меня в ту ночь, как мы в кустах вас дожидались, и другой раз пропьешь. Ежели б старики рассудили тебе отдать, только б меня и видели...

Тот только потупился, слова не сказал. Видят, что дело их не выгорело. Один и говорит: "Я теперь в свою волость пойду", а другой: "Мне идти некуда. Одна дорога — бродяжья. Ну, только нам теперь вместе идти нехорошо. Прощайте, господа". Взяли котелки, всю свою амуницию, пошли назад. Отошли вверх по реке верст пяток, свой огонек развели.

Долго я ночью не спал, на их огонек глядел. Темною ночью огонь кажется близехонько. Думаю: на сердце у него нехорошо теперь. Если человек отчаянный, то, может, огонь у него горит, а он берегом крадется... Ну, однако, ничего. Наутро, — еще гор из-за тумана не видно, — мы уж плот свой спустили...

Он замолчал.

— Ну, а как же вы сюда-то вместе попали?

— Это уже дело проще. Зимовали у сибиряка в работниках. На другую весну опять пошли. Довел я ее до Пермской губернии. В Камышлове арестовались, показались на одно имя... Судят за бродяжество в каторгу, а за переполнением мест — в Якутскую область. В партии уже вместе шли, все равно муж и жена...

III

ПАХАРЬ ТИМОХА

Долгий летний день все еще горел своим спокойным светом, только в воздухе чуялось постепенное охлаждение. Зной удалялся незаметно вместе с блеском и яркостью красок.

Степан предложил поохотиться на гусей. Мой товарищ согласился. Я отказался и пошел от скуки пройтись по лесу. В лесу было тихо и спокойно, стоял серый полумрак стволов, и только вверху играли еще лучи, светилось небо и ходил легкий шорох. Я присел под лиственницей, чтобы закурить папиросу, и, пока дымок тихо вился надо мною, отгоняя больших лесных комаров, меня совершенно незаметно охватила та внезапная сладкая и туманная дремота, которая бывает результатом усталости на свежем воздухе.

Меня разбудили чьи-то мелкие шаги. Между стволов мелькала фигура Марьи; в руках у нее был платок с завязанным в нем горшком и хлебом. Очевидно, она несла кому-то ужин.

Кому же? Значит, население этого уголка не

14

ограничивается Степаном и Марусей... Есть кто-то третий. И в самом деле, трудно было представить, что весь этот уголок разделан руками только двух человек. Для этого нужно было много упорного труда и своего рода творчества. Я вспомнил, каким тусклым и безучастным взглядом Степан смотрел на свои владения... Едва ли он играл в этом творчестве особенно видную роль. На всем здесь лежала печать Маруси, ее личности и ее родины. Но все-таки этого было недостаточно. Нужна была еще чья-то упорная сила, чьи-нибудь крепкие мускулы...

Фигура женщины исчезла между стволами. Я выкурил еще папиросу и пошел в том же направлении, интересуясь этим неведомым третьим обитателем хутора.

Вскоре передо мной мелькнула лесная вырубка. Распаханная земля густо чернела жирными бороздами, и только островками зелень держалась около больших, еще не выкорчеванных пней. За большим кустом, невдалеке от меня, чуть тлелись угли костра, на которых стоял чайник. Маруся сидела вполоборота ко мне. В эту минуту она распустила на голове платок и поправляла под ним волосы. Покончив с этим, она принялась есть. С ней был еще кто-то, но за кустом мне его не было видно.

Один мой знакомый, считавший себя знатоком женщин, сделал шутливое замечание, что любовь крестьянской женщины легко узнать по тому, с кем она охотнее ест. Это замечание внезапно мелькнуло у меня в голове при взгляде на спокойное лицо Маруси. С нами она была дика и неприступна; теперь в ее позе, во всех ее движениях сквозила интимность и полная свобода.

Мое положение невольного соглядатая показалось мне не совсем удобным, и потому, отступя несколько шагов по мягкому мху, я вышел на полянку в таком месте, где меня сразу могли заметить.

Мои подозрения рассеялись тотчас же, как только, приблизясь, я разглядел собеседника Маруси.

Это был человек, которому, даже при пылком воображении, трудно было навязать роль соперника удалого Степана. В то время как на последнем все было чисто и даже, пожалуй, щеголевато, — работник весь оброс грязью: пыль на лице и шее размокла от пота, рукав грязной рубахи был разорван, истертый и измызганный олений треух беззаботно покрывал его голову с запыленными волосами, обрезанными на лбу и падавшими на плечи, что придавало ему какой-то архаический вид. Такими рисуют древних славян. Возраст его определить было бы трудно: сорок, сорок пять, пятьдесят, а может быть, и значительно менее: это была одна из тех кряжистых фигур, покрытых как будто корою, сквозь которую не проступит ни игра и сверкание молодости, ни тусклая старость. Глаза, выцветшие, полинялые от солнца и непогоды, едва выделялись на сером лице, и, только приглядевшись, можно было заметить в них искру добродушного лукавства.

Плохие якутские торбасишки он снял на время отдыха, и огромные ступни его торчали как-то нелепо из-под синих дабовых штанов.

— Хлеб-соль! — сказал я, кланяясь.

Он смотрел на меня несколько секунд, не отвечая, и потом сказал:

— Милости просим, хлеба кушать...

— Можно присесть?

— Садись, не просидишь места.

Маруся не обратила на меня никакого внимания. Незнакомец зачерпнул несколько раз ложкой из горшка и, еще рассмотрев меня с деловитым любопытством, спросил:

— Из каких местов будете? Расейские?

Я назвал свою губернию.

— Это что же, — под Киевом?

— Да.

— Далече же, — произнес он и, отложив ложку, перекрестится. — Спасибо, хозяйка.

— А вы откуда родом?

— Мы-то? Мы калуцкие.

— А здесь давно?

— Здесь-то... Да уж, как тебе сказать, годов десятка полтора будет.

— Давно! — вырвалось у меня невольно.

— А мне, так будто и недавно. Поживешь сам годов с пяток, а там и не заметишь... Объявляли, скажем, манифесты. Мне хоть сейчас ступай куда хошь, хоть в Иркутской... Да куда пойдешь? Далеко!

Мне опять вспомнился Степан, выбежавший из каторги, прошедший с Марусей всю Сибирь, и я с невольным жутким чувством посмотрел на этого человека, напоминавшего обомшелый пень, выкинутый волной на неприветливую отмель.

Он вынул из кармана кисет и трубку и потом взял из пепелища горячий уголь, который, казалось, нисколько не жег его руку...

— Куда пойдешь? — сказал он, выпуская дым изо рта, и мне стало еще более жутко от этой безнадежности, потерявшей

16

даже свою горечь. — Нет, брат, попал сюда, тут и косточки сложишь...

Он посмотрел на меня из-за клубов дыма, и какая-то мысль залегла Где-то в неясной глубине его серых глаз.

— Этакой же вот Ермолаев был, когда мы с ним в дальном улусе встретились. Молодой... Я, говорит, здесь не заживусь... Не зажился: теперь уж борода седая...

И он опять посмотрел на меня.

— Вы это о каком Ермолаеве говорите? О Петре Ивановиче? — спросил я.

— Ну, ну, знакомцы, видно?

— Встречались.

Он откинулся спиной на пень и принял позу человека, наслаждающегося отдыхом.

— Да... жили мы с ним, — сказал он, вспоминая что-то. — Душевный человек. Ну! чудак... А не говорил он тебе про меня?

— Нет, не говорил...

— Про Тимоху-то?.. Как мы с ним в улусе землю зачали пахать?

— Нет, не говорил. А вы расскажите сами.

— Рассказать тебе?.. Пожалуй, еще не поверишь...

— Расскажи, — вдруг тихо и застенчиво вмешалась Маруся...

— Любит, — сказал Тимофей, усмехнувшись в сторону Маруси. — Все одно — сказку ей рассказывай...

Он затянулся махоркой, посмотрев кверху, где тихо качались верхушки лиственниц и плыли белые облака, и сказал:

— Да... и верно, что сказка. Поди, в нашей деревне тоже не поверят, какие народы есть у белого царя. Значит... пригнали меня в наслег, в самый далекий по округе. А Пётра-то Иваныч там уже. Сидит... в юртешке в махонькой да книжку читает...

В глазах рассказчика мелькнул чуть заметный насмешливый огонек.

— Ну, я, конечно, русскому человеку рад: "Здравствуйте, говорю, ваше благородие". Потому вижу: обличье барское. "Какое, говорит, я благородие. Такой же, говорит, жиган, как и вы". — Ну, это, говорю, спасибо на добром слове. А как вас величать? — "Пётра, говорит, Иваныч. А вас?" — А я, говорю, Тимофей, просто сказать, Тимоха, дело мое мужицкое. — "Нет, говорит, не идет это..." Чудак!.. Так и пошло у нас: я ему — Пётра Иванович... А он мне: Тимофей Аверьянович!.. А генеральской сын... Ну, хорошо. Напоил меня чаем, потом сел на ороне, смотрит на меня. Я на него смотрю... "Что же,

17

говорит, теперь мы с тобой, Тимофей Аверьяныч, делать будем?" — Не знаю, говорю, Пётра Иванович. Кабы так что лошадь, да соха, да семены, — землю бы пахать, чего боле! Да, вишь, нет ничего. Палкой ее не сковыряешь, песком не засеешь. — "Это бы, говорит, ничего. Об лошади дело малое, соху, пожалуй, тоже — хоть далеко, — достанем. Да я сроду не пахивал". — Это, говорю, ничего. Ты не умеешь, я умею. Уродит бог, оба сыты будем. Земли, слышь, много, земля, я поглядел, хороша.

В это время издалека донесся звук выстрела.

— Постреливает твой-то... хозяин, — сказал Тимоха с юмором, обратясь к Марусе. Мне показалось, что по лицу молодой женщины прошла какая-то тень.

— Ну, — продолжал Тимофей, — купил он лошадь, за сошником да лемехом за двести верст смахал. Сладил я соху, выбрали местечко под лесом. Здесь лес хороший, сладкий... У сосны, брат, прямо тебе скажу, никогда не паши, потому — сосновая игла едучая. А листвень много слаще... Поехал мой Пётра Иваныч за семенами к скопцам, а тут как раз и ударь дожжиком, да те—еплым. Снег-то мигом съело, пошла из земли трава. Так тебе и лезет, все одно на опаре. Ну, думаю: когда так, то, видно, зевать нечего. Помолился да на зорьке выехал с сошкой... Налей-ка ты мне, хозяйка, еще чашечку.

Марья налила в чашку густого кирпичного чаю, подала Тимофею и тотчас же уставилась в него своими странными черными глазами. Тимофей налил чай на блюдце и поставил на траву, рядом с собой.

— Побился я этот день порядочно, — продолжал он, — земля-те сроду не пахана, конь якутской дикой: не то что на него надеяться: чуть зазевался, уж он норовит порскнуть в лес, да и с сохой. Известно: каковы хозяева, такова и животная. Ну, однако, обломал я его: руки вожжами мало из плеч не вытянул, а все-таки к вечеру с четверть десятины места отпластал. Посмотрел на пашенку, — сердце в груди взыграло: значит, сподобил господь в пустыне пашенку поднять. Лежит моя полоска на взлобочке — бархат... Однако пора пришла и шабашить. Дело субботнее: в нашей, мол, деревне, пожалуй, уже и к вечерням ударили. И ведь вот, братец мой, чудесное дело: только я это подумал, — слышу, — и верно ударило. Раз, другой, третий... этак вот из-за лесу наносит, — звон, да и только. Снял я шапку лоб перекрестить, да вдруг и вспомнил: с нами сила крестная. Да ведь здесь и церквы-то верст, почитай, на пятьсот нету!..

Из груди Маруси вылетел долгий вздох.

— Ну, пошабашил все-таки, приехал домой. А изба наша, тебе сказать — юртенка, недалече была за перелеском, с версту не более от пашни. Подъезжаю, — а у моей юрты два вершные якута сидят. Лошадей к лесине подвязали, сами на бревне беседуют, дожидаются. Раньше тоже тут все вертелись. Я, значится, пашу, а они, ухастые, кругом рыщут да смотрят. Ну, мне будто ни к чему: не на разбой выехал, на пашню. Смотри, кому охота. Подъехал, честь честью, здороваются, я тоже. Зовут на муняк (сходка) к тойонше. Сказать вам по порядку, так была в нашем улусе за начальника баба, По-ихнему, тойонша, вдова родовича богатыря. Ну, язва! Все, значит, что мы ни делаем, ей известно. Я борозду кончил, другую веду, уж ей обсказали. И, значит, зовет меня к себе. Ладно, мне что: зовет, надо идти. Наутро, праздничное дело, рубаху чистую надел, иду к ней, потому все-таки, как бы там ни было, начальница считается. Прихожу. Кругом юрты лошадей навязано много. Сама на дворе сидит... Поклонился я, стал в стороне: что, мол, будет. Забалакали они По-своему, ничего, будь прокляты, не поймешь. Потом зовет меня ближе.

— Ты, говорит, нюча (русский), чего это делать задумал?

— Ну, мол, известно чего: землю пашу. Значит, я ей говорю По-своему, По-русски, а старик якут переводит.

— Не моги, говорит, ты этого делать. Мы, говорит, хоть об этом заведении слыхивали, но, однако, в наших местах не дозволим.

— Как же, я говорю, не дозволите? Ежели нам земля отведена, то, стало быть, я ей хозяин, глядеть мне на нее, что ли?

— Землю, говорит, мы тебе отвели для божьего дела: коси, что бог сам на ней уродит, а портить не моги.

Вот и подумайте, какое ихнее понятие! Ну, однако, вижу, стоят кругом родовичи, ждут, что ихней бабе руський человек может от себя соответствовать.

— Это, я говорю, вы вполне неправильно объясняете, потому как бог велел трудиться.

— Трудись, говорит. Мы тоже, говорит, без труда не живем. Когда уже так, то согласнее мы тебе дать корову и другую с бычком, значит, для разводу. Коси сено, корми скотину, пользуйся молоком и говядиной. Только греха, говорит, у нас этого не заводи.

— Какой грех? — говорю.

— Как же, говорит, не грех? Бог, говорит, положил так, что на тебе, например, сверху кожа, а под ней кровь. Так ли?

— Так, мол, это правильно.

— Ежели тебе кожу снять да в нутро положить, а внутренность, например, обернуть наружу, ты что скажешь?

— Это, говорю, вы надо мной, руським человеком, не можете никак...

— А ты, говорит, что над землей-то делаешь? Вы, говорит, руськие люди, больно хитры, — бога не боитесь... бог, значит, положил так, что трава растет кверху, черная земля внизу и коренье в земле. А вы, говорит, божье дело навыворот произвели: коренье кверху, траву закапываете. Земля-те изболит, травы родить нам не станет, как будем жить? — Вот видишь ты, куда повернула! Говори ты с ними, с поганью. Если бы я грамотный был... После-то уж мне сказал священник: "Ты бы, говорит, им от писания: в поте лица твоего снеси хлеб. А откуда хлебу быть, ежели землю не пахать". Видишь ты вот: на все слово есть, да не всегда его вспомнишь... Так вот и я, на тот случай ничего не мог насупротив сказать, сбила меня колдунья словами. "Мне, говорю, с вами и говорить не надобно: потому вы не те слова выражаете... У вас свой климат, значит, якутской, у меня климат руськой. Я от своего климату не отстану, и Пётра Иваныч тоже". Признаться, вступило в меня в ту пору маленько, потому досада. Сердце загорелось, главное дело, что ответить не могу. Потолкал кое-кого порядочно, даром что много их было. "Вот, говорю, подлецы вы, нечисть лесная! Сколько вас ни есть, выходи!" Известно, народ не хлебный: молоко, да мясо, да рыба тухлая. А у нас с Пётром-то Иванычем хлеб все-таки не переводился. Хлебному человеку — десятерых на одну руку...

— Ну, и что же?

— Ну, порастолкал, ушел. Думаю так, — что жизни решусь, а от своего, значит, климату, не отступлюсь. Только бы Пётра Иваныч скорее вернулся. Пришел домой, лошадь напоил— накормил, богу на солнушко помолился, спать лег пораньше, топор около себя на случай положил... Ну, правду скажу: ночь без малого всю не спал: только задремишь, — почудится что-нибудь... будто крадется кто... Один ведь, — кругом лесище... притом еще, как все-таки окровенил я одного, другого, так как бы, думаю, по этому случаю греха не сделали... Концы тоже спрятать недолго. Приедет мой Пётра Иваныч, где, мол, Тимофей-то свет Аверьяныч мой... А Тимохи, ау! — и след простыл.

Он остановился, чтобы отхлебнуть чаю. Видимо было, что собственный рассказ расшевелил Тимоху. Глаза его искрились, лицо стало тоньше и умнее... У каждого из нас есть свой выдающийся период в жизни, и теперь Тимофей развертывал перед нами свою героическую поэму.

Мой взгляд случайно упал на Марусю. Она как будто застыла вся в волнении и ожидании.

— В силу солнушка дождался, — продолжал Тимофей. — Ну, ободняло, выкатилось солнушко, встал я, помолился, лошадь напоил в озере, запрег. Выезжаю из-за лесу, к пашенке... Что, мол, за притча: пашни-то, братцы, моей как не бывало.

Из груди Маруси вырвался долгий вздох, почти стон... Ее лицо выражало необыкновенное, почти страдальческое участие, и мне невольно вспомнилась... Дездемона, слушавшая рассказы Отелло об его похождениях среди варваров. Тимофей, с неожиданным для меня инстинктом рассказчика, остановился, поковырял в трубке и продолжал, затянувшись:

— С нами, мол, крестная сила! Где же пашня моя? Заблудился, что ли? Так нет: место знакомое, и прикол стоит... А пашни моей нет, и на взлобочке трава оказывается зеленая... Не иначе, думаю, колдовство. Нашаманили, проклятая порода. Потому — шаманы у них, сам знаешь, язвительные живут, сила, у дьяволов, большая. Навешает сбрую свою, огонь в юрте погасит, как вдарит в бубен, пойдет бесноваться да кликать, тут к нему нечисть эта из-за лесу и слетается.

— Маты божая! — простонала Маруся.

Тимофей, довольный, посмотрел на нее, и его серые глаза еще больше заискрились...

— Сотворил я крестное знамение, подъезжаю все-таки поближе... Что ж ты думаешь: она, значит, бабища эта, ночью с воскресенья на понедельник народ со всего наслега сбила... Я сплю, ничего не чаю, а они, погань, до зари над моей полоской хлопочут: все борозды как есть дочиста руками назад повернули: травой, понимаешь ты, кверху, а кореньем книзу. Издали-то как быть луговина. Примята только.

Маруся засмеялась. Смех ее был резкий, звонкий, прерывистый и неприятно болезненный. Несколько раз она как-то странно всхлипнула, стараясь удержаться, и, глядя на нервную судорогу ее лица, я понял, что все пережитое нелегко далось этой моложавой красавице. Тимофей посмотрел на нее с каким-то снисходительным вниманием. Она вся покраснела, вскочила и, собрав посуду, быстро ушла в лес. Ее стройная фигура торопливо, будто убегая, мелькала между стволами. Тимофей проводил ее внимательным взглядом и сказал:

— Э-эх, Марья, Марья! Пошла теперь... захоронится куда ни то, в самую глушь.

— Отчего? — спросил я.

— Поди ты! Нельзя смеяться-то ей. Как засмеется, то потом плакать. Об землю иной раз колотится... Порченая, что ли, шут ее разберет.

Я не мог разобрать, сочувствие слышалось в его тоне, сожаление или равнодушное презрение к порченой бабе. И сам он казался мне неопределенным и странным, хотя от его бесхитростного рассказа о полоске, распаханной днем, над которой всю ночь хлопочут темные фигуры дикарей, на меня повеяло чем-то былинным... Что это за человек, думал я невольно: герой своеобразного эпоса, сознательно отстаивающий высшую культуру среди низшей, или автомат— пахарь, готовый при всех условиях приняться за свое нехитрое дело?

Несколько минут я ворочал в голове этот вопрос, но ответа как-то ниоткуда не получалось. Только легкий протяжный и как будто мечтательный шорох тайги говорил о чем-то, обещал что-то, но вместо ответа веял лишь забвением и баюкающей дремотой... И фигура Тимохи глядела на меня без всякого определения...

— Тимофей, — обратился я к нему после некоторого молчания. — Что же, после этого вы бросили хозяйничать?

— Где бросить. Нешто можно это, чтобы бросить... Спахали опять, заборонили, я ружьем пригрозил. Ну, все-таки одолели, проклятая сила. Главное дело, — заседателя купили. Перевели нас с Пётром Иванычем в другой улус, поближе к городу. Тут ничего, жили года два...

В глазах его опять засветился насмешливый огонек, и он сказал после короткого молчания:

— Потом разошлись. Не вышло, видишь ты, у нас дело-то. Я ему, значит, говорю: — Ты, выходит, Пётра Иванович, хозяин, я работник. Положь жалованье. — А он говорит: "Я на это не согласен. Мы, говорит, будем товарищи, все пополам".

— Ну, и что же? — спросил я с интересом.

— Да что: говорю, — не вышло.

Он поглядел перед собой и заговорил отрывисто, как будто история его отношений к Ермолаеву не оставила в нем цельного и осмысленного впечатления...

— Отдал Ивану телку... шести месяцев. Я говорю: — Ты это, Пётра Иванович, зачем телку отдал? — "Да ведь у него, говорит, нет, а у нас три". — Хорошо, я говорю. Пущай же у нас три. Мы наживали... Он себе наживи! — Сердится! "Ты... говорит... мужик, значит, хресьянин. Должон, говорит, понимать". — Ну, я говорю, ты, Пётра Иванович, ученый человек, а я телку отдавать не согласен... — Ушел от него... К князю в работники нанялся...

— А за что вы сюда попали? — спросил я, видя, что этот предмет, очевидно, исчерпан.

— Мы-то? — Он взглянул на меня с оттенком недоумения, как человек, которому трудно перевести внимание на новый предмет разговора. — Мы, значит, по своему делу, по хресьянскому. Главная причина из-за земли. Ну, и опять, видишь ты, склёка. Они, значит, так; мир, значит, этак. Губернатор выезжал. — Вы, говорит, сроки пропустили... — Мы говорим: "Земля эта наша, деды пахали, кого хошь спроси... Зачем нам сроки?" Ничего не примает, никаких, то есть, резонов...

— Жена, дети остались у вас на родине?

— То-то, вот видишь ты. Жена, значит, померла у меня первым ребенком. Дочку-то бабушка взяла. Мир, значится, и говорит: "Ты, Тимоха, человек, выходит, слободнай". Ну, оно и того... и сошлось этак-то вот.

Он, очевидно, не хотел вдаваться в дальнейшие подробности, да, впрочем, и без рассказа дело было ясно. Мир, бессильный перед формальным правом, решил прибегнуть к "своим средствам". Тимофей явился исполнителем... Красный петух, посягательство на казенные межевые знаки, может быть, удар слегой "при исполнении обязанностей", может быть, выстрел в освещенное окно из темного сада...

— Вы, значит, попали сюда за мир, — сказал я.

— То-то... выходит так, что за мир... Видишь ты вот.

— А мир вам не помогает в ссылке?

Он посмотрел на меня с недоумением.

— Мир—от? Да, я чаю, наши и не знают, где моя головушка.

— Да вы разве писем не писали?

— Я, брат, неграмотный. В Расее писал мне один человек, да, видно, не так что-нибудь. Не потрафил... А отсель и письмо-то не дойдет. Где поди! Далеко, братец мой! Гнали, гнали — и— и, боже ты мой!.. Каки письмы! Этто, годов с пять, человек тут попадал, от нашей деревни недальной. "Скажите, говорит, Тимофею, дочку его замуж выдали..." Правда ли, нет ли... Я, брат, и не знаю. Может, зря.

Он сидел рядом со мной, завязывая обувь, и говорил удивительно равнодушно... Я глядел на него искоса, и мне казалось только, что его выцветшие от зноя и непогод серые глаза слегка потускнели. Некоторое время мы оба помолчали. Думал ли он о далекой родине, о дочке, вышедшей неведомо за кого замуж, о мире, который не знает, где теперь "слободный человек" Тимоха, пострадавший за общее дело. Может быть, теперь никто, даже родная дочь, не вспоминает о нем в родной деревне, где такие же Тимохи в эту самую минуту тоже ходят за своими сохами на своих пашнях. И кто-нибудь пашет полоску Тимохи, давно поступившую в мирское равнение, как выравнивается круг на воде от брошенного камня... Был Тимоха, и нет Тимохи... Только разве у старухи матери порой защемит сердце, и слеза покатится из глаз. И то едва ли: старуха, пожалуй, на погосте...

— То-то, — сказал он, помолчав. — Грешим, грешим... А много ли и всего-то земли надо? Всего, братец, три аршина.

Я понял, что для Тимохи не было утешения и в сознании, что он пострадал за общее дело: мир оставался миром, земля землей, грех грехом, его судьба ни в какой связи ни с какими большими делами не состояла...

И опять смутный звон леса затянул для меня все более определенные впечатления.

— Так и живете всё? — спросил я через несколько минут.

— Так вот и живу в работниках на чужедальней стороне.

— Неужто нельзя было во столько времени устроить своего хозяйства?

Он почесал в голове.

— Оно, скажем, того... Просто сказать тебе... оно бы можно... И женился бы. Да, видишь ты, слабость имею. Денег нет, оно и ничего. А с деньгами-то горе...

Он виновато улыбнулся.

— Четвертый год у Марьи живу. Хлеб ем, чего надо купит... Не обидит... Не баба — золото! — прибавил он, внезапно оживляясь. — Даром что порченая... Кабы эта баба да в другие руки...

— А Степан?

— Что Степан! Вон, слышь, постреливает. На это его взять. Птицу тебе влёт сшибет, на озере выждет, пока две—три в ряд выплывут, — одной пулькой и снижет... Верно!

Он засмеялся, как взрослый человек, рассказывающий о шалостях ребенка.

— Ухорез, что и говорить. За удальство и сюда-те попал. С каторги выбежал, шестеро бурят напали, — сам—друг от них отбился, вот он какой. Воин. Пашня ли ему, братец, на уме? Ему бы с Абрашкой с Ахметзяновым стакаться — они бы делов наделали, нашумели бы до моря, до кияну... Или бы на прииска... На приисках, говорит, я в один день человеком стану, все ваше добро продам и выкуплю... И верно, — давно бы ему на приисках либо в остроге быть, кабы не Марья.

Он помолчал и через некоторое время прибавил тише:

— Венчаться хочут... Все она, Марья, затевает. Они, положим, по бродяжеству вроде как венчаны.

Косая пренебрежительная улыбка мелькнула на его лице, и он продолжал:

— Круг ракитова кусточка, видно... Ну, ей это, видишь ты, недостаточно, желает у попа.

— Да ведь он бродяга!

— То-то и оно: непомнящий, имени—звания не объясняет. Она то же самое. Ну, да ведь... не Расея. Знаешь сам, какая здесь сторона. Гляди, за бычка и перевенчает какой-нибудь.

Он неодобрительно вздохнул и покачал головой.

— А все Марья... Не хочется как-нибудь, хочется По-хорошему... Ну, да ничего, я ей говорю, у вас не выдет... Хошь венчайся, хошь не венчайся, толку все одно ничего!.. Слышь, опять выпалил...

— А вы, Тимофей, не любите Степана, — сказал я.

Он как будто не понял.

— Что мне его любить? Не красная девушка... По мне, что хошь... Хошь запали с четырех концов заимку...

И, окончив обувание, он встал на ноги.

— Нутра настоящего нет... человек ненатуральный. Работать примется, то и гляди, лошадь испортит. Дюжой, дьявол! Ломит, как медведь. Потом бросит, умается... Ра—бот—ник!

Он понизил голос и сказал:

— Этто Абрашка-татарин приезжал. Она его ухватом из избы... А потом поехал я на болото мох брать, гляжу: уж они вдвоем, Степашка с татарином, по степе-то вьются, играют... Коней менять хочут. А у Абрашки и конек-то, я чаю, краденой.

Через несколько минут он уже ходил за сохой, внимательно налегая на ручку.

— Ну, ну, не робь, — поощрял он лошадь, — вылазий, милая, копайся... Н-нет, вр-решь, — возражал он кому-то, с усилием налегая на соху, когда какой-либо крепкий, неперегнивший корень стремился выкинуть железо из борозды. Дойдя опять до меня, он вдруг весь осклабился радостной улыбкой.

— Пашаничку на тот год посеем. Гляди, кака пашаничка вымахнет... Земля-то — сахар!

Он весь преобразился. Очевидно, в этой идее потонули для него все горькие воспоминания и тревоги, которые я расшевелил своими расспросами... И опять он пошел от меня своей бороздой, ласково покрикивая на лошадь... Скрипела

25

соха, слышался треск кореньев, разрываемых железом, и стихийный говор леса примешивался к моим размышлениям о Тимохе, подсказывая какие-то свои непонятные речи.

У выхода из лесу, на самой опушке, взгляд мой остановила странная молодая лиственница. Несколько лет назад деревцо, очевидно, подверглось какому-то нападению: вероятно, какой-нибудь враг положил свои личинки в сердцевину, — и рост дерева извратился: оно погнулось дугой, исказилось. Но затем, после нескольких лет борьбы, тонкий ствол опять выпрямился, и дальнейший рост шел уже безукоризненно в прежнем направлении: внизу опадали усохшие ветки и сучья, а вверху, над изгибом, буйно и красиво разрослась корона густой зелени.

И мне показалось, что я понял тихую драму этого уголка. Таким же стремлением изломанной женской души держится весь этот маленький мирок: оно веет над этой полумалорусской избушкой, над этими прозябающими грядками, над молоденькой березкой, тихо перебирающей ветками над самой крышей (березы здесь редки — и ее, вероятно, пересадила сюда Маруся). Оно двигает вечного работника Тимоху и сдерживает буйную удаль Степана.

IV

БЕЛАЯ НОЧЬ

Матово-белая, свежая ночь лежала над лугами, озером и спящей избушкой, когда я внезапно проснулся на открытом сеновале.

— Вы не спите? — спросил меня товарищ.

— Недавно проснулся.

— Ничего не слыхали?

— Нет, а что?

— Мне показалось, будто кто плакал. Вероятно, хозяйка.

— Может быть, вам почудилось?

— Едва ли. Этот Степан, должно быть, жох. Как По-вашему?

— Вы с ним были дольше, чем я. Я только и слышал его рассказ.

26

— Бродяжья идиллия, — сказал он саркастически. — Вы уже, конечно, записали... Хотел бы я знать, есть ли тут хоть слово правды!

— Отчего же?

— Ну, да я знаю, у вас они все "искру проявляют". Вот и этот еще тоже с искрой, должно быть.

Он приподнялся и посмотрел на лежавшего рядом Тимоху, который, забившись лицом в сено, храпел и вздрагивал, точно в агонии. Очевидно, этот храп не давал спать моему товарищу и, кажется, разбудил и меня. Должен сознаться, что и в позе Тимохи, и в его богатырском храпе мне тоже чудилось в эту минуту какое-то сознательное, самодовольное нахальство, как будто насмешка над нашей нервной деликатностью.

В тоне моего товарища я уловил знакомую ноту. Пустынные места и постоянное ограниченное общество, вне родственных и живых интересов, развивают особое, болезненное настроение. Разнообразие человеческой личности развертывается только навстречу разнообразию среды: без этого она застаивается и тускнеет. В таком настроении бородавка на щеке постоянного товарища, знакомый тон его голоса, слишком хорошо известные мнения вызывают глухое нерасположение, даже злобу. Припадки глубокой ипохондрии — специфическая болезнь пустынных мест, — и мы, по взаимному договору, старались не тревожить друг друга в такие минуты.

Поэтому, не отвечая ни слова на саркастические замечания товарища, в другое время относившегося к людям с большим добродушием и снисходительностью, я сошел с сеновала и направился к лошадям. Они ходили в загородке и то и дело поворачивались к воде, над которой, выжатая утренним холодком, висела тонкая пленка тумана. Утки опять сидели кучками на середине озера. По временам они прилетали парами с дальней реки и, шлепнувшись у противоположного берега, продолжали здесь свои ночные мистерии...

Я пустил лошадей к воде. Обе они вошли в озеро по грудь и пили с жадностью, порой разбрызгивая воду, как бы сознательно наслаждаясь ее изобилием. По временам они подымали морды и начинали прислушиваться к чему-то в тишине белой ночи. Я тоже невольно вслушался. из-под тихого шелеста тайги чуть внятно проступал какой-то протяжный далекий звон... По мере того как чуткое ухо ловило его яснее, он принимал все более определенные, хотя и призрачные формы: то будто мерно звенел знакомый с детства колокол в родном городе, то гудел фабричный свисток, который я слышал из своей студенческой квартиры в Петербурге... А за ними вставал целый ряд таких же призраков-звуков, странно тревоживших душу каким-то щемящим очарованием.

Избушка тихо спала, тайга спокойно шевелилась и вздыхала. И вдруг какое-то жуткое по своей определенности ощущение — бессознательный вывод из накопившихся впечатлений — встало в моем воображении... Что слышится обитателям этого угла в голосах пустынной ночи или когда кругом завоет зимняя метель? Какие призраки шлет им эта чуткая, будто насторожившаяся тишина пустыни? Куда она зовет их, к чему она их манит, что обещает? Удастся ли Марусе удержать завязавшуюся жизнь этого поселка, или прав лаконический Тимоха со своими пессимистическими предсказаниями: все это не настоящее, раз сломанной душе уже не выпрямиться и чуткая враждебность пустыни одолеет ее усилия?..

В избушке скрипнула дверь. На пороге показался Степан. Он постоял несколько секунд, посмотрел на небо, потом лениво пошел в лес, захватив предварительно узду. Через несколько минут послышался резкий топот, и Степан выехал из лесу на буланом жеребчике. Лошадь бежала как-то капризно и резво; подъехав к берегу озера, Степан спрыгнул на бегу и, напоив коня, привязал его к городьбе. Когда затем он опять подошел к берегу, глаза его были тусклы, точно чем-то завешены. Он остановился и стоял над водой молча и неподвижно. Вероятно, его тоже захватили таинственные голоса пустынной ночи. Через минуту он вздрогнул, как будто от холода...

— Свежо! — сказал я, чтобы привлечь его внимание.

Он оглянулся, но как будто даже не сразу заметил меня. Потом так же машинально подошел и сел рядом со мной на бревне. Мне показался он странным, как будто даже больным. Вчера в нем было заметно оживление человека, потянувшегося навстречу новому знакомству. Теперь он покорно, без мысли отдавался какому-то внутреннему настроению...

По верхушкам леса потянулся гул от предутреннего ветра... Деревья сначала заговорили глубоким хором, потом гул рассыпался на отдельные голоса, пошептался и начал стихать.

Степан повернулся в сторону леса, как только что на мой оклик.

— Ветер, — сказал он с тем же малоосмысленным выражением и вдруг посмотрел на меня взглядом, полным глубокой тоски.

— Мочи нет, — сказал он с приливом внезапной откровенности. — Поверите, никакой возможности моей...

28

— Что же такое, Степан? — спросил я с невольным участием.

— Выйдешь на озеро... все эта тайга шумит... Кругом пусто... Да еще вот эти проклятые.

С неожиданной яростью он схватил ком сухой грязи и кинул в туман, лежавший над озером. Там, точно сквозь матовое стекло, виднелись неясные, увеличенные контуры птиц. Когда комок шлепнулся среди них, в туманной дымке слегка зашевелились грузные очертания...

Однако резкое движение и плеск на озере, По-видимому, несколько привели его в себя. Он сел опять и опустил голову на руки.

— Трудно здесь жить, господин...

— Ну, что ж, Степан. Вам бы и в самом деле на прииски.

— Маруся не идет.

— Ну, вы бы на зиму уходили, а летом опять сюда... Зарабатывали бы там, и в хозяйстве подспорье. А здесь Маруся с Тимофеем справятся.

Он повернулся ко мне и долго глядел в глаза, как будто что-то выпытывая.

— Нет, господин... Это нельзя... Это уже значит... кончено...

Потом, помолчав, он спросил:

— А вы Тимофея откуда знаете?

— Вчера был у него на расчистке.

— И Марья там была?

— Была.

— Ну-ну! Вы не глядите на него, на Тимофея. Парень не простяк...

И опять ко мне повернулись светлые глаза на еще более потемневшем лице. В них теперь ясно проступило выражение ненависти. Я подумал, что это та же знакомая нам болезнь пустынных мест и ограниченного общества... Только враждебные чары пустыни произвели уже более глубокие опустошения в буйной и требующей сильных движений душе. В эту минуту из троих обитателей заимки к настроению Степана я почувствовал наиболее близости и симпатии.

Опять скрипнула дверь, показалась Маруся. Потом неуклюжая фигура Тимохи сползла по лестнице с сеновала. Маруся принялась доить коров, Тимоха запряг лошадь и привез к огороду огромное полубочье воды для поливки. Замычали коровы и телята, на заимке начинался день... Небо над верхушками гор слабо окрашивалось, но мы находились еще в длинной тени, покрывшей всю равнину... Кроме того, по небу развесилась тонкая подвижная пелена тумана...

Часа через полтора мы выехали с заимки втроем. Степан ехал с нами. У его седла висели большие кожаные переметы, — очевидно, его путь был не близок. Лицо его было опять спокойно, даже весело.

Доехав до проезжей дороги, он указал нам наше направление, а сам повернул к реке. Через некоторое время мы увидели на другой стороне ее небольшую темную точку, подымавшуюся по меловым уступам крутого берега.

— Зачем это его понесло на Нелькан? — задумчиво спросил мой товарищ.

— А вы знаете, что он поехал туда?

— Да. Говорит — к попу. Врет, должно быть. Какие у него дела с попами? Правду сказать, подозрительна мне вся эта идиллия.

— Думаю, что вы ошибаетесь, — сказал я, не вступая, однако, в спор. Мне вспомнились слова Тимофея о желании Маруси. В той стороне, куда ехал теперь Степан, лежали дальние якутские улусы, а затем — тунгусская пустыня, в которой нет ни церквей, ни приходов в нашем смысле. Кое-где только, в тайге, стоят наглухо заколоченные часовенки, открывающиеся к редким приездам священников. Эти бродячие пастыри постоянно объезжают свое стадо, рассеянное на невообразимых пространствах, венчая супругов, у которых давно бегают дети, крестя подростков и отпевая умерших, кости которых давно истлели в земле. Удаленность от епархии и постоянные, узаконенные обычаем отступления от канонических правил делают их особенно снисходительными к разного рода формальным препятствиям, и я догадался, что, вероятно, Степан направляется к такому попу, прикочевавшему, быть может, к границе своего огромного прихода, чтобы удовлетворить заветному желанию Маруси.

Скоро темная точка на горной тропе исчезла... Наши лошади бежали опять колеями якутской дороги, срывая сочную траву с луговыми цветами...

V

ВОЙНА

Я ничего не узнал о результате переговоров Степана с попом.

Степан и Марья были два раза в слободе и останавливались у нас, как уже знакомые. Степан оживлялся на людях, Маруся была По-прежнему молчалива и необщительна. Год выдался плохой, хлеб во многих местах побило ранними заморозками, но у Маруси все уродилось хорошо. Ее огурцы, которые она солила каким-то особенным способом, пользовались известностью даже в городе, и случалось — за ними приезжали нарочные казаки за полтораста верст. Этому не следует удивляться: расстояния совсем не пугают в этих дальних, редко населенных местах. Один американский путешественник по Сибири с удивлением рассказывал в своей книге, как однажды около Колымска его нагнал посланный губернатором казак, чтобы почтительно вручить ему портсигар и круг мороженого масла, забытые им на станции в Якутске. А от Якутска до Колымска более полуторы тысячи верст!

Впрочем, по большей части Маруся сбывала свои продукты поляку-торговцу, который торопился доставить их приискателям. Дела свои она вела спокойно, деловито и твердо.

— Кремень баба! — говорил о ней торговец, причем в тоне его слышалось благоволение к красивой смуглянке и уважение к хорошей хозяйке.

Степан без особого дела бродил по слободе, заходил к татарам и приценивался к лошадям, делая вид, что хочет выменять своего буланка. Иной раз он возвращался к ночи чуть-чуть навеселе, но не пьяный. Вообще я присматривался к своим гостям и спрашивал себя с удивлением: неужели то, что мелькнуло передо мной в белую ночь на дальнем озере, — только моя фантазия?..

Между тем незаметно подходила осень. Уже с августа утренники крепко стискивали землю. К середине дня она едва успевала оттаять под косыми лучами солнца, как уж с ранних сумерек ее опять начинало примораживать. Воздух был чист и прозрачен, звуки неслись отчетливо, ясно, далеко, копыта лошадей звонко стучали по голой, но уже скованной земле...

В один из таких дней телега Маруси и Степана опять остановилась у наших ворот. День был холодный и ясный,

31

кроме того, была суббота, и на улице виднелись кучки татар. Прямо против нашего двора, на завалинке, сидел мой сосед, татарин Абрашка, тот самый, которого Маруся выпроводила от себя ухватом. Он был навеселе и как-то иронически окликнул Степана, когда тот стал снимать жерди наших ворот. В татарской фразе мне послышалось также имя Маруси.

Молодая женщина сохранила презрительное молчание. По ее лицу можно было подумать, что она даже не слышала. Но лицо Степана внезапно вспыхнуло, белокурые усы и брови выступили резко и неприятно. Он ничего не ответил и стал вводить лошадь в открытую городьбу.

Абрашка громко засмеялся. Его поддержали сидевшие рядом соседи.

Абрам Ахметзянов был человек в своем роде замечательный. Как сам он, так и его жена Гарифа, которую, впрочем, в слободе называли Марьей, совсем не были похожи на монголов. У него было круглое лицо, очень смуглое, правда, но с мягкими правильными чертами, и большие, ласкающие, добрые глаза... Она же представляла из себя типическую русскую красавицу, несколько располневшую, с бойким и, что называется, "бедовым" взглядом. Абрашка любил ее до безумия, но про нее говорили, что она нередко ему изменяла. Однажды ночью, вернувшись неожиданно домой, он зачем-то стрелял около своей юрты. Говорили на другой день, что меховая шапка некоего Абдула Сабитуллина оказалась простреленною дробинами и что только густо вышитая тюбетейка спасла его лысую голову. Сабитуллин был богатый старик... Некоторое время он опасался ходить мимо избы Абрама, а однажды последний, неожиданно встрясь с ним на улице, кинулся на него, как кошка. Старого Абдула едва вырвали из рук исступленного Абрашки. Но я видел Абрама и Марью на третий день после выстрела: она держала себя с таким же сознанием своей опьяняющей, чувственной красоты, а он смотрел на нее таким же покорно влюбленным взглядом.

Он пользовался репутацией самою отчаянного головореза и ловчайшего вора. Я долго не хотел верить этому. Он был нашим ближайшим соседом и нередко оказывал мне и моим товарищам соседские услуги. При этом в глазах его светилось такое простодушное расположение, что я не мог примирить с этим молву об его подвигах. Только однажды, после какого-то нового двусмысленного происшествия с Марьей, он сильно пил несколько дней и пришел ко мне под вечер возбужденный и несколько дикий.

Некоторое время он сидел на лавке, глухо стонал,

покачивался и глядел перед собой мутным взглядом. Потом вгляделся в меня и, как будто узнавая, где находится, сказал:

— А! вот это я у кого. Так! Слушай, русский, что я тебе буду говорить.

— Говори, Абрам, что тебе нужно?

— Уезжаете вечером... приезжаете ночью... Дом бросаете пусто.

— Так что же?

— Тронули у вас что-нибудь татаре?

— Нет, не тронули.

— Водки поставь... Одну бутылку. Выпей, брат, с Абрашкой!..

— Нет, Абрам, — ответил я по возможности спокойно. — Водки я не поставлю.

— Почему не поставишь?

— Ты сам знаешь: мы к вам водку пить не ходим. Чаю, если хочешь, заварю, а откупаться от вас мы не станем.

В глазах Абрама промелькнуло сознание.

— Что ты! Брат! — сказал он как-то страстно. — Неужто, сохрани бог, я за этим. Абрам Ахметзянов не каплюжник... Пьян только Абрашка. Сердце загорелось... водки надо... много водки надо. А Марья, брат, не дает...

Последнюю фразу он произнес каким-то жалким шепотом. Потом, внезапно поднявшись, он подошел ко мне, положил руку мне на плечо и, крепко сжав его, наклонил ко мне свое пылающее лицо. Глаза его были такие же добрые, только стали как будто больше и искрились почти восторженно...

— Что вы за люди? — сказал он. — Я не знаю, что вы за люди... А я вот какой человек... Ах, бр-рат!.. Ежели бы мне не Марья... давно бы я себе каторгу заработал!

Я был поражен глубиной и непосредственностью этого восклицания. Тут была и тоска пропадающей удали, и глубочайшая нетронутая уверенность, что каковы бы там ни были еще люди и взгляды, все-таки наиболее стоящий человек тот, кто смело носится по самым крутым стремнинам жизни... Только оступись... попадешь прямо на каторгу.

Только в эту минуту я понял настоящим образом Ахметзянова со всей его "невинной" преступностью, — право, я не подыщу тут другого слова... С этими взглядами Абрам вырос и сжился. Он чувствует в себе силы для крупной роли в родной сфере, а между тем приходится тратить их на мелкие подвиги баранты и воровства, в то время как его имя могло греметь наравне с именами Никифорова и Черкеса — весьма известных в те годы на Лене спиртоносов и хищников золота... Я понял также, почему Тимоха ставил имя Степана рядом с Абрашкой... В жизни обоих "бабы" играли почти одинаковую роль и, как это часто бывает, Абрам Ахметзянов презирал Степана за то самое, за что, вероятно, презирал и себя...

В этот самый день Степан все-таки зашел к Ахметзянову, который занимался корчемством. Ушел он туда в отсутствие Марьи, но она вернулась от торговца раньше. В лице ее я заметил какое-то нервное беспокойство. Она ждала, тревожно прислушиваясь, и внезапно вздрогнула, когда снаружи донесся к нам глухой смешанный шум.

Я вышел на двор и увидел Степана. Необыкновенно возбужденный, он быстро шел от избы Абрама. Видимо, он сейчас выдержал свалку с кучкой татар, которые скалили зубы и смеялись вдогонку.

Дойдя до середины улицы, он обернулся и погрозил кулаком.

— Посмеетесь вы у меня, погодите! — бормотал он, уже войдя в наш двор и не обращая внимания на меня.

Не заходя в избу, он вывел плохо отдохнувшую лошадь и стал запрягать ее в телегу.

— Куда вы так торопитесь, Степан? — спросил я.

— Надо домой... Только вот как бы снег не застиг. — Он глазами указал на небо.

Я тоже взглянул кверху. Едва перевалив через цепь отлогих холмов на северо—западе, к нам ползло тяжелое свинцовое облако. Оно было громадно и странно своим одиночеством на холодном и ясном небе. Вверху резко отграниченное, точно спина огромного животного, внизу оно спустило несколько темных отростков, которые тихо, зловеще шевелились, опускаясь все ниже, точно чудовище перебирало гигантскими щупальцами. Но что было всего страннее, облако ползло совсем низко над землей, вздрагивая, как будто теряя силы в своем полете и готовое упасть на слободу всей своей грузной массой.

Слобожане уже обратили на него внимание. В юртах хлопали двери, люди выбегали с любопытством или тревогой. Впрочем, аборигены смотрели на небо довольно спокойно, но татары, и особенно киргизы, волновались и переговаривались громко и тревожно. Полусумасшедший киргиз, живший невдалеке, прицелился из ружья и выстрелил...

Облако, все так же вздрагивая, как будто с напряжением, раскинулось уже над крайними юртами слободки. Все кругом потемнело и потускло. Все притихли, когда над нашими головами, тихо волнуясь и шевеля мглистыми отростками,

34

темно—свинцовое, с опаловыми просветами, проползало туманное чудовище, готовое, казалось, задеть за крыши притихшей слободки... Через несколько минут оно пронеслось над рекой. Плотные очертания тучи закрыли оскалины и леса горного берега... Когда туча исчезла за гребнем, — на уступах, точно нарисованные гигантскою кистью, белели густые полосы снега...

Я очнулся точно после странного сна... Над слободкой опять играли последние лучи скупого осеннего солнца... Люди еще волновались, громко обсуждая значение странного явления. В дверях нашей избы стояла Маруся с омертвевшим, испуганным лицом... Она опять показалась мне постаревшей и изменившейся... Увидев, что Степан запряг лошадь, она наскоро собрала свои пожитки и, не прощаясь, не глядя на меня, как будто болезненно стыдясь показать свое лицо, вышла из избы и села в телегу.

Я попробовал было остановить их. Мой товарищ на время уехал, в юрте было довольно свободно, а я чувствовал себя одиноким, но Степан отказался наотрез.

— Нет, господин! — сказал он, выводя лошадь. — Теперь начнутся метели, пора пойдет темная... А я, кстати, с татарами тут расплевался...

Он ударил лошадь и, проехав по широкой улице, спустился с луга. Там мне еще некоторое время виднелась телега с двумя темными фигурами, постепенно утопавшими в сумерках...

А пора действительно началась темная. Осень круто поворачивала к зиме; каждый год в этот промежуток между зимой и осенью в тех местах дуют жестокие ветры. Бурные ночи полны холода и мрака. Тайга кричит не переставая; в лугах бешено носятся столбы снежной колючей пыли, то покрывая, то опять обнажая замерзшую землю.

И вместе с темнотой, с бурями и метелью в слободе и окрестностях водворилась тревога.

Почти половину населения слободки составляли татары, которые смотрели на этот сезон с своей особой точки зрения. Мерзлая земля не принимает следов, а сыпучий снег, переносимый ветром с места на место, — тем более... Поэтому то и дело, выходя ночью из своей юрты, я слышал на татарских дворах подозрительное движение и тихие сборы... Фыркали лошади, скрипели полозья, мелькали в темноте верховые... А наутро становилось известно о взломанном амбаре "в якутах" или ограблении какого-нибудь якутского богача.

Якуты старались защищаться, иногда мстить. Один мой приятель, полуякут Сергей, знакомивший меня на первых порах с особенностями местной жизни, так характеризовал взаимные отношения слободы и ее окрестностей в это темное время:

— Война! Татар у джякут воровай, джякут у татар воровай... взад вперед.

Но, в сущности, полной взаимности в этих отношениях не было. Якуты — народ мирный и робкий: они старались только защищаться. Правда, — стоило татарской лошади забежать в улус, подальше от слободы, и она тотчас же попадала в якутский котел на общую пирушку. Но в остальном якуты ограничивались защитой, почти всегда неумелой и трусливо—наивной. Их одинокие разбросанные юрты переживали весь ужас беззащитного ожидания. Проезжая иной раз ночью по наслежным дорогам, можно было услышать вдруг отчаянные вопли, точно Где-то режут сразу несколько человек. Это население юрты, в которой две или три семьи сошлись на долгую холодную зиму, предупреждало неведомого путника, едущего мимо по темной дороге, о том, что они не спят и готовы к защите. Только эти угрозы производили скорее впечатление испуга, почти мольбы. Порой за ними следовали беспорядочные, такие же испуганные выстрелы в воздух. Все это, разумеется, было только на руку предприимчивым и смелым татарам, выжидавшим, пока якуты настреляются и накричатся, и тогда они тихо, но свободно шли на добычу.

А осень все злилась, снег все носился во тьме, гонимый ветром, стучал в наши маленькие окна, и кругом нашей юрты по ночам все слышалось тихое движение то в одном, то в другом татарском дворе. Мой верный Цербер, которого я брал к себе в юрту из чувства одиночества, то и дело настораживал уши и ворчал особенным образом, — как природные якутские собаки ворчат только на татар или поселенцев...

Я чувствовал себя, в своей юрте на отшибе, в своеобразном положении, точно на островке, кругом которого в мглистом туманном море кипела своеобразная деятельность пиратов. Порой я догадывался, кто именно из моих добрых соседей выезжает "в якуты" на промысел или в лес с добычей, которую необходимо спрятать... Порой во мне закипало глухое негодование...

Однажды в слободу, занесенные снегом, постукивая перед собой палками, вошли слепые старик со старухой. Это были несчастные, бездомные старики, ходившие по богатым якутам и зарабатывавшие пропитание помолом зерна на ручных мельницах, на каких, вероятно, мололи еще рабыни Одиссея. Такая мельница есть в каждой якутской юрте. На стойке, в половину человеческого роста, укреплен неподвижно небольшой жерновой камень. Другой свободно ходит над ним на железном стержне и цевке. Длинная палка, одним концом укрепленная у потолка, другим может вращать верхний камень. Человек вертит ею жернов, засыпая горстью зерна в отверстие. Камни тихо и скучно жужжат, мука медленно, почти незаметно струится на стол кругом жернова. За помол пуда платят от пятнадцати до двадцати копеек. Этой работой старики долго копили деньги и наконец купили себе теплые шубы и одеяла в виде мешков на зиму и на старость. Это была для них настоящая драгоценность, о которой они долго мечтали. Я видел, как летом они выносили свои сокровища и вытряхивали из них пыль. Разложив их на земле, старик нащупывал левой рукой место, а правой ударял гибким прутом. По инстинкту слепого, он редко ошибался, но все-таки порой удар попадал по кисти... Потом он передвигал руку и ударял рядом... Эту же работу старики исполняли у других, когда не было помола.

Теперь они шли по улице, озябшие и несчастные. Слезы текли из слепых глаз старухи и замерзали на лице. Старик шел с какой-то горестной торжественностью и, постукивая палкой по мерзлой земле, поднимал лицо высоко, как будто глядя в небо слепыми глазами. Оказалось, что они шли "делать бумагу" в управе. В эту ночь из амбара якута, у которого они зимовали, украли их сокровища, стоившие нескольких лет тяжкого труда...

Выходили слобожане, выходили татары и смотрели на эту чету и слушали переходивший из уст в уста рассказ. Абрам тоже стоял у своих ворот и смотрел на стариков своими добрыми ласкающими глазами.

— Здравствуй, — окликнул он меня, — что идешь мимо, не говоришь?

Я как-то невольно повернулся и подошел к нему вплоть.

— Слушай, Абрам, — сказал я. — Хорошо это?

Он посмотрел немного вкось и ответил обычным ласковым голосом:

— Брат! Не я ведь это сделал.

И потом, поглядев вслед старикам, он прибавил задумчиво:

— Видно, положили свое добро с хозяйским вместе...

— Не отдадите ли теперь? — усмехнулся я желчно.

Абрам не сказал ничего. Но через несколько дней он как-то встретился мне на улице. С ним рядом шел незнакомый татарин, длинный, как жердь, и тощий, как скелет. Поравнявшись со мной, Абрам, под влиянием какой-то

37

внезапной мысли, вдруг шагнул в сторону и очутился передо мной.

— Слушай, теперь я тебе буду говорить, — сказал он. — Вот этого татарина пригнали в наслег. Жена померла дорогой... четверо детей... ничто нет... голодом сидели, топиться нечем...

— Правда! — глухо сказал высокий татарин и мотнул головой. Но мне не нужно было это подтверждения: голод и застывшее отчаяние глядели у него из глубины впалых глаз, а от темного лица веяло каким-то смертельным равнодушием.

— Просил, кланялся на собрании... Наконец принес детей в управу и кинул, как щенят: делайте что хотите. Хошь, говорит, бросьте в воду...

— Сама сюда гулял, — пояснил татарин.

— Понял ты мое слово? — спросил Абрам, глядя на меня загоревшимся, пылающим взглядом. Я понял, что это ответ на мой упрек по поводу стариков и что в слободе прибавился еще один предприимчивый человек.

Но это было, как я сказал, несколько дней спустя. В тот вечер я возвращался домой весь еще под впечатлением слепого горя обокраденных стариков. Ночь спускалась ненастная и бурная. Кругом юрты все гудело, над крышей отчаянно бился хвост искр и дыма, которые ветер нетерпеливо выхватывал из трубы и стлал по земле. На втором дворе, куда я пошел, чтобы дать лошади сена, мой Серый метался как бешеный. Сначала и от меня он кинулся в испуге, но потом подошел, храпя и вздрагивая, и положил мне голову на плечо. Он стриг ушами и в испуге прислушивался к протяжному крику тайги, налетавшему с темных холмов и ущелий.

А кругом бесновалась какая-то волнистая муть, быстро мчавшаяся с холмов за реку... Слобода притаилась под метелью, как вообще привыкла притаиваться под всякой невзгодой. По временам только среди белого хаоса мелькал вдруг сноп искр из трубы или в прореху метели открывалось и опять исчезало смиренно светившееся оконце...

Я начинал понимать в эту минуту настроение наших деревень, то смиренно выносящих непокрытую наглость любого молодца, освободившегося от совести и страха, то прибегающих к зверскому самосуду толпы, слишком долго испытывавшей смиренный трепет... Половина слободки держит в таком трепете не только другую, большую половину, но и все окрестности. И вот теперь, в эту метель, то в той, то в другой юрте робко скрипит дверь, — хозяева осторожно выглядывают, — что это стучит у амбара, грабитель или непогода? А Где-то плачут двое обездоленных стариков, и на

38

много верст кругом раздаются бессмысленные вопли и не менее бессмысленные выстрелы запуганных людей... И я стою здесь среди метели... Я не пловец в этом море, моего места нет в этой борьбе; я здесь не умею ступить ни шагу. И казалось мне, что нигде, во всем этом, затянутом метелью, беззащитном мире нет никого, кто встал бы смело и открыто за свое право... Те, казалось мне, кто хотел бы что-нибудь сделать, — неумелы, бессильны, малодушны. А те, кто могут, — не хотят... Каждый только дрожит за себя, и нет никого, кто бы понял, что его дело — часть общего дела...

С этими мыслями я вернулся в свою юрту, но не успел еще раздеться, как моя собака беспокойно залаяла и кинулась к окну. Чья-то рука снаружи смела со стекла налипший снег, и в окне показалось усатое лицо одного из моих соседей, ссыльного поляка Козловского.

— Спите себе! — сказал он шутливо. — А лошадь-то где?

Я наскоро оделся и выбежал наружу. Первой моей мыслью было, что лошадь мою угнали. Но это оказалось неверно. Испуганная метелью и непривычным одиночеством, она перепрыгнула через высокую городьбу и побежала в луга. Козловскому сообщил об этом Абрам, видевший, как лошадь промчалась мимо его двора. Оба они были уверены, что она убежала за реку в якутские наслеги. В спокойное время это было не особенно опасно, но теперь якуты могли счесть лошадь татарской... Приходилось тотчас же ехать на поиски. Козловский дал мне свою лошадь, а на другой вызвался сам ехать со мною...

Это был крестьянин, замешанный в восстании и отбывший каторгу. После этого многие из его товарищей возвратились на родину, а он, попав в эти дальние места, почувствовал, как и Тимоха, что это очень далеко и что ему отсюда уже нет возврата. Он женился на слобожанке—полуякутке, его девочки говорили только По-якутски, а сам он пахал землю, продавал хлеб, ездил зимой в извоз и глядел на жизнь умными, немного насмешливыми глазами. Ему казалось смешным многое в прошлом и настоящем, а между прочим, и то, что он, Козловский, хотел когда-то спасти свое отечество, и что он живет в этой смешной стороне с пятидесятиградусными морозами, и что его собственная жена полуякутка, и что его дети лепечут на чужом для него языке. К нам он чувствовал какое-то снисходительное расположение, любил молча слушать наши споры, но при этом всегда под его огромными усами шевелилась мягкая насмешливая улыбка...

— Помяните мое слово, — сказал он мне, когда мы

39

тронулись в путь, — эту ночь татары опять собираются за добычей... Плачут якутские амбары.

— Почему вы думаете?

— Абрашка ладит сани и две верховые во дворе. А вы еще скажите — слава богу: Абрам спал бы, лошадь бы вашу не увидел... В какую только сторону поедут?..

Дорога наша подбежала к реке и прижалась к береговым утесам. Место было угрюмое и тесное, справа отвесный берег закрыл нас от метели. Отдаленный гул слышался только на далеких вершинах, а здесь было тихо и тепло. Зато тьма лежала так густо, что я едва различал впереди мою белую собаку. Лошади осторожно ступали по щебню...

Вдруг Козловский наклонился и остановил за повод мою лошадь.

— Тише, — сказал он. — Слышите?

Я прислушался, и мне показалось, что с другого берега реки, которая здесь была очень узка, неслось к нам, точно эхо, осторожное постукивание копыт.

— Вот проклятые! — сказал он с оттенком удовольствия в голове. — Взялись за ум!

— Что это значит? — спросил я.

— Якутский караул. Прослышали, видно, якутье, что татары собираются... ждут гостей... Эх! Вот только неприятно: как бы нас за татар не приняли. Пожалуй, сдуру грохнет который из ружья... Эй, догор! — крикнул он По-якутски. — Не попалась ли вам тут серая лошадь?

Шаги на той стороне стихли, но, когда мы подъехали к броду, на темной реке послышалось шлепанье и появились какие-то силуэты. Через несколько минут к нам приблизился всадник, ведя в поводу серую лошадь. Когда он подъехал вплотную, я с удивлением узнал Степана.

— Как вы тут очутились? — спросил я с невольной радостью.

— Да так... дело тут... у якутов, — ответил он уклончиво. — Гляжу: лошадь знакомая переправляется. Поймал уже на том берегу... думаю: надо обождать маленько, может, хватитесь, приедете. А это кто с вами? — спросил он, наклоняясь в седле и вглядываясь в моего спутника.

— Человек божий, обшитый кожей, — ответил мазур своим веселым голосом. — Поехал вот с ними, думаю: может, бог даст, и моя конячка найдется.

— Тоже пропала? Когда? — спросил Степан.

— Да уже года два... Убежала с покосу, да еще, подлая,

40

поселенца на себе унесла. Лошадь — бог с ней. Боюсь, как бы за поселенца не ответить.

Мне показалось, что шутка Козловского немного задела Степана, и, чтобы прекратить разговор, я поблагодарил за услугу и спросил:

— А вам не по пути в слободу? Переночевали бы у меня.

— Нет, — ответил Степан. — Я тут... к приятелю...

— Абрашка тоже к приятелю наладился, — насмешливо кинул Козловский, когда мы тронулись в обратный путь. Степан, отъехавший на некоторое расстояние, остановился было, как будто с целью спросить или сказать что-то, но затем ударил лошадь и съехал с берега.

— Счастье людям! — сказал Козловский, весело ухмыляясь. — У других воруют, вам возвращают. Один вор увидел, как лошадь сбежала, другой поймал...

— Ну, Степан не вор, — сказал я.

— Разумеется... А как вы думаете: кого он тут дожидается? У Абрашки с утра конь на привязи, у Абясова, у Сайфуллы, у Ахмета... Черт их бей всех. Давайте скорее выезжать из узкого места, как бы не встретиться.

— Но ведь с татарами Степан в ссоре?..

— Ну, мужик с бабой тоже весь день ссорились. А, глядишь, к ночи помирятся...

Замечания Козловского поразили меня самым неприятным образом. Мне импонировала уверенность, с какой он читал все среди этой темной ночи, точно в открытой книге... И действительно, его предсказание оправдалось. Выехав из-за последнего берегового утеса в луга, мы вдруг наткнулись на несколько темных верховых фигур. Они сначала остановились, как будто в нерешительности...

— Что, нашел своего серого? — сказал один из них, и по голосу я узнал Абрама. — Скоро же! Я думал, до утра проездишь.

Потом, когда они отъехали несколько саженей, он повернул лошадь, догнал нас и сказал своим ласковым, приятным голосом:

— Вот что, парень... Мы ведь соседи... Не сказывайте никому, что нас здесь видели...

— Нам какая надобность, — угрюмо ответил Козловский, не останавливаясь.

Остальную дорогу мы ехали молча. Меня тяготило положение этого невольного, почти дружественного нейтралитета, который выпадал на нашу долю... Может быть, Козловский думал то же.

41

VI

СТЕПАН

Проснувшись на следующий день, я сначала считал всю эту ночную поездку просто сном. Только кинутое беспорядочно на полу седло и не успевшее высохнуть верхнее платье убедили меня в действительности моего маленького приключения.

Несмотря на то, что все окна были занесены снегом, я чувствовал, что день стал светлее вчерашнего. У дверей лаяла собака, и когда, наскоро надев валенки, я впустил ее, она радостно подбежала к постели и, положив на край холодную морду, глядела на меня с ласковым достоинством, как будто напоминая, что и она разыскивала со мною лошадь, которая теперь ржала на дворе, привязанная в наказание к столбу...

Настроение у меня было бодрое, радостное. Однако скоро под этим настроением оказалась какая-то маленькая змейка, которая шевелилась и шипела, напоминая о чем-то отравляющем и печальном...

"Да! Это о Степане", — вспомнил я внезапно...

"Неужто Козловский прав? — подумал я с ощущением острой грусти. — Неужели Степан оказал мне услугу именно потому, что ожидал татар? Не выдержал наконец говора своей тайги, прозаической добродетели своей Маруси и ровной невозмутимости Тимохи?.. Захотелось опять шири и впечатлений? Что мудреного? Ведь вот даже мое легкое приключение освежило и обновило мое настроение, застоявшееся от тоски и одиночества...

Что же теперь станет делать Маруся? Как пойдет ее жизнь? Бурные сцены или покорные слезы?.. Примирение и подчинение или разрыв? Неужели тихая заимка на дальнем озере превратится в склад краденых вещей и в передаточный пункт конокрадства? Уйдет ли при этом Тимоха или будет делать свое дело, не вмешиваясь в хозяйские дела? И скоро ли нагрянут на заимку власти из Якутска и для Марьи со Степаном опять пойдут этапы, тюрьмы, новые попытки побегов? А на заимке воцарится запустение, и Марусины грядки зарастут наподобие губернаторских огородов?.."

В моих сенях послышался топот, в дверь хлынула струя свежего воздуха, и в юрту вошел Козловский. Он был несколько похож на гнома: небольшого роста с большой головой; белокурая борода была не очень длинна, но толстые пушистые и обмерзшие теперь усы висели, как два жгута. Серовато—голубые глаза сверкали необыкновенным добродушием и живым, мягким юмором.

— Ну, вставайте, — сказал он, усмехаясь. — Давайте чаю. Новости расскажу.

— Что такое?

— В слободе что делается, — страх! — говорил он, отряхая на пол белые комки свежего снега.

И, опять весело засверкав глазами, он сказал:

— Смотрите: татары теперь скажут, что непременно это вы сделали! А я с вами, помните, не был!..

Затем он рассказал новость, поразившую слободу, как громом. Оказалось, что в эту ночь татары предпринимали один из очень смелых набегов на юрту зажиточного якута, именно в том направлении, куда мы вчера ездили. Очень часто якуты знали заранее о сборах татар, но последние почти всегда направляли их внимание в ложную сторону. На этот раз, однако, смельчаки встретили противников готовыми. Когда, оставив лошадей в определенном месте, они стали подходить к амбару, навстречу им раздался дружный ружейный огонь, и в то же время другой отряд якутов кинулся к татарским лошадям. Бросившись назад, татары успели отбить двух лошадей, а две, и притом лучшие, остались военной добычей победителей. Садясь попеременно на оставшихся коней, четверо татар с позором притащились в слободу едва на заре...

В числе потерпевших был и Абрам Ахметзянов. Каурого конька, которым он гордился, как лучшим бегуном в слободе, теперь в его дворе не было.

Слобода кишела, точно муравейник. Двери то и дело хлопали в наклонных стенах юрт, соседи и соседки перебегали от двора к двору, кое-где татары громко ругались друг с другом. Татарское население слободы было самое разношерстное. Тут были и киргизы, и ачинские татары из азиатской степи, и старинные поселенцы Иркутской губернии. Всех их привела сюда, выбросив из более или менее мирной среды их соотечественников, не заглушенная культурой страсть к баранте. Здесь их объединили религия и нужда, — но и в их среде были подразделения, вражда и ссоры. Теперь, при этом поражении, деморализация среды сказалась с особенной силой: татары закидывали друг друга упреками и подозрениями в измене. Они не могли себе представить, чтобы трусливые и недогадливые якуты могли провести эту кампанию по своей инициативе.

43

— А знаете что, — задумчиво сказал мне Козловский, когда мы сидели за чаем. — Вы пока никому не говорите о Степане.

— Почему?.. Не ждете ли вы, что начнется следствие?

— Ка-кое следствие! А все-таки помолчите.

И он прибавил, улыбаясь:

— Я его святому должен поставить свечку... Кажется, вчера я его обидел напрасно.

— Так вы думаете, что это он... помогал якутам?..

— Ага! А По-вашему, якутье сами бы так распорядились? Никогда! Уж был у них кто-нибудь за генерала!.. Ну, теперь пойдет потеха!

Действительно, с этих пор якуты переменились, как будто кто вдохнул небывалое мужество в сердца этих робких и запуганных людей. Абрам Ахметзянов с товарищами выезжал ночью на место своей неудачи, и, остановясь в отдалении, они кричали и грозили, требуя возвращения лошадей; но якуты только звали их подойти поближе, а на следующую ночь, как было известно в слободе, — устроили засаду у брода. Но удалой Абрашка уже не решился выехать туда вторично, и угрозы татар остались неисполненными...

За первой неудачей последовали дальнейшие. Два раза якуты ловили воров на месте и, связанных, отвозили в город, провожая их, на всякий случай, целыми отрядами. Такими же отрядами являлись они иной раз в слободу, представляя в "правление" ясные указания и улики. Проезжая по улицам, мимо татарских домов, якуты держались насмешливо и гордо, посмеиваясь и вызывая.

Теперь татары уже боялись отлучаться в улусы даже днем, а отдельные татарские семьи, поселенные среди якутов, покидали места поселения и стягивались к слободе. Якуты прекратили им всякие пособия, которые выдавали прежде. При этом, разумеется, пострадали и мирные татары, к которым все-таки относились подозрительно, опасаясь сношений с соотечественниками.

В это именно время Абрам остановил меня указанием на злополучного татарина, бросившего своих голодных детей...

Борьба, видимо, обострялась. Обоюдное ожесточение росло. Прежде татары воровали, но убийств не было. Теперь они шли уже на все, и при перестрелках бывали раненые с той и другой стороны. Был и еще один косвенный результат наслежной войны: кражи в самой слободе значительно участились.

Однажды Козловский пришел к нам, видимо озабоченный, и сказал, улыбаясь и почесывая в голове:

— Нельзя ли, господа, как-нибудь... удержать этого вашего приятеля?

— Что такое? Какого приятеля?

— Да якутского генерала. Беда ведь это: прежде, когда татары ездили в якуты, — у нас хоть воровали, да все-таки жить было можно. А ведь теперь — съедят начисто. Эту ночь сломали два амбара...

Один из амбаров принадлежал смотрителю почтовой станции. Это была жалкая станция, конечный пункт почтовой дороги, которая не шла дальше слободы и куда почта приходила раз в две недели. Но смотритель имел все-таки чин и в некоторых торжественных случаях надевал даже шпажонку. К неприкосновенности почтовой корреспонденции он относился весьма своеобразно и считал себя в полном праве присланные кому-нибудь из поселенцев (чаще всего скопцам) золотые заменять тем же количеством кредиток. Но, конечно, о взломе своего амбара он тотчас же послал самые энергические жалобы в областной город.

Между тем имя Степана, хотя ни мы, ни Козловский ничего не говорили о нем, было на всех устах. В слободе об этом сначала говорили шепотом, в виде догадок, потом с уверенностью. Теперь даже дети на улицах играли в войну, причем одна сторона представляла татар, другая якутов под предводительством Степана... А по улусам, у камельков, в долгие вечера а белоглазом русском уже складывалась чуткая, протяжная былина, олонхо...

Мы, конечно, тоже с большим интересом относились и к эпизодам этой небывалой борьбы, и к новой роли нашего знакомца. Мой желчный товарищ хотя и объяснял все дело личными счетами Степана с Абрашкой, но все-таки переменил о нем свое мнение.

— Как бы там ни было, а молодчина! Проявляет искру, здоровую искру проявляет...

— Да, чем только это кончится? — озабоченно прибавлял Козловский. — На собрании решили на ночь наряжать большие караулы. Придется и вам, господа, из-за приятеля померзнуть...

В конце ноября, в ясный зимний день, в слободу явились гости. Утром, возвращаясь из поездки в город, приехал тунгусский поп. Вскоре после этого у наших ворот остановились санки, в которых сидели Маруся и Тимоха. Их сопровождали три верховых якута, — может быть, случайно, но всем это показалось чем-то вроде почетного эскорта, которым наслег снабдил жену своего защитника. Маруся была одета По-праздничному, и в ее лице показалось мне что-то особенное.

А под вечер того же дня по дороге из города опять послышался колокольчик. День был не почтовый: значит, ехало начальство. Зачем? Этот вопрос всегда вызывал в слободе некоторую тревогу. Природные слобожане ждали какой-нибудь новой раскладки, татары в несколько саней потянулись зачем-то к лесу, верховой якут поскакал за старостой... Через полчаса вся слобода была готова к приему начальства...

Приехал заседатель Федосеев и тотчас после приезда пригласил нас к себе на въезжую избу. Передав нам несколько писем, он попросил других присутствующих удалиться и сам запер за ними дверь. Подойдя затем к столу, он расстегнул форменный сюртук, как будто ему было душно, и стал набивать себе трубку. Он был, казалось, в каком-то затруднении и даже в некотором замешательстве.

Это был местный уроженец из казаков, человек средних лет, отличный служака, превосходно знавший местные условия. Из личных его особенностей мы знали его слабость к выпивке — из слободы его иногда увозили, уложив в повозку почти без сознания, — и к книжным словам, которые он коллекционировал с жадностью любителя и вставлял, не всегда кстати, в свою речь. Человек он, впрочем, был, в общем, добрый, и все его любили. С нами он был не в близких, но все же в хороших отношениях.

Набив трубку и закурив ее от сальной свечи, горевшей на столе, он некоторое время усиленно затягивался и наконец сказал:

— У меня к вам, господа, дело, так сказать... партикулярное. Я буду с вами говорить прямо: вы знакомы с этим поселенцем из бродяг, Степаном?

— С Дальней заимки? Да, знакомы.

— Так!.. Пожалуйста, не думайте что-нибудь такое... Он, кажется, у вас останавливался, приезжая в слободу?

— Да, нередко.

Заседатель засосал свою трубку, как будто в данную минуту это для него было самым важным делом, и сказал:

— Странный человек!

— Чем же, собственно?

— Да как же, помилуйте: вмешивается не в свои дела, распоряжается тут в наслегах, как начальство, заварил кашу...

Он встал со стула, видимо в дурном расположении духа, и, беспокойно пройдясь по комнате, сказал уже с явным неудовольствием:

— Помилуйте, что же это такое. Прежде был самый спокойный улус — теперь не проходит недели без происшествия. Там стреляют, там ранили человека, там поймали татарина, волокут в город. Только и слышишь: где происшествие? В участке Федосеева. Гнездо какое-то.

Я начинал понимать настроение заседателя. Каждая профессия имеет свою специфическую точку зрения. Семен Алексеевич Федосеев не мог не знать, что каждый год окрестные наслеги являлись ареной той же борьбы. Но прежде одна сторона относилась к ней пассивно. Взломан амбар, уведена лошадь, зарезана корова, поступает жалоба, виновные не найдены... Дело предается воле божией, даже не доходя до города; в каждый свой приезд в слободу он приканчивал несколько таких дел простой подписью под заранее составленными постановлениями о прекращении дел "за необнаружением виновных"... Это и значило, что в его участке было все спокойно. Теперь каждое дело приобретало громкую огласку, доставлялись пойманные с поличным, происходили перестрелки; толки о необычайном обострении борьбы наслегов с татарами обращали внимание. Проникнув в эту сущность дела, я невольно улыбнулся.

— Позвольте, — сказал я, — но ведь Степан не ворует и не грабит, а защищает и некоторым образом содействует обнаружению виновных.

Семен Алексеевич уселся и посмотрел на меня в упор.

— Ну, вот-вот. Это самое... Это-то вот и есть, как сказать... центр... именно: центр вопроса... Скажите, пожалуйста: бродяга, непомнящий, обыкновенный, извините, варнак... Откуда у него вдруг эти... эти...

— Идеи, — подсказал я, догадываясь, куда клонится его мысль.

— Идеи-то идеи, но как это еще?..

— Рыцарские.

— Ну, вот-вот, — сказал он с облегчением, и лицо его несколько просветлело... — Вот в городе — извините, я уже буду говорить прямо... — и рассуждают: из простого варнака делается вдруг этакой, знаете, необыкновенный, как его?.. Ринальдо Ринальдини своего рода. Как? Почему? Откуда? Книг он не читает... Разными этими идеями не занимается... Очевидно, тут действует (он искоса посмотрел на нас) постороннее влияние...

— Прибавьте, Семен Алексеевич, "вредное", — сказал я, улыбаясь.

Он слегка поперхнулся дымом своей трубки.

— То есть, я, конечно, не говорю... Это очень благородно...

Даже, можно сказать, аль... аль... труистично... Ну, да!.. Но согласитесь сами...

И, стукнув себя чубуком несколько раз по затылку, он произнес с большим оживлением:

— Вот где у нас эта защита сидит, вот—с! То и гляди, из Иркутска запрос прискачет на курьерских... Кто заседатель в участке? Как мог допустить такое положение вещей!.. А, ч-черт! А я только тем и виноват против других, что у меня тут... не угодно ли... защитник угнетенных явился...

Его отчаяние было так искренно и комично, что оба мы с товарищем не могли удержаться от откровенной улыбки.

Заметив это, Федосеев сам улыбнулся.

— Ну, хорошо, господа! Все это верно-с и справедливо! Донельзя справедливо! До нек плюс ультра![1] Признаюсь вам откровенно: сам в городе говорил, что останусь в дураках... А все-таки вот у Петриченки амбар сломали...

— Ну, это еще не самое печальное из бедствий... Почему это, Семен Алексеевич, вам амбар Петриченки дороже крестьянских или якутских?

— Сломают еще ваш, потом примутся за другие. Да если подумать так, по человечеству... так ведь больше им и делать нечего.

— Ну, положим, — работники они отличные.

— На чем работать? — уныло сказал заседатель, принимаясь набивать другую трубку. — Областное правление завалено их просьбами об отводе земли... Просьбы совершенно законные...

— Отчего же их не удовлетворяют?

— Откуда? Вы знаете, что у слобожан у самих земли немного. Насилу удалось склонить крестьян уступить по три четверти десятины покоса... Что такое три четверти десятины?

Он закурил и заговорил в совершенно другом тоне, просто и уже действительно вполне партикулярно.

— По закону нельзя поселять ссыльных больше чем на одну треть против местного населения. А их тут теперь почти столько, сколько слобожан. Где же взять земли?

— Вот об этом в городе и следовало подумать.

— А, батюшка, думали! Даже писали много раз, потому что это ведь не от нас. "Для удобства надзора, — поселить в одном месте при слободе..." Вот вам и удобство надзора.

— Повторять... добиваться.

— Повторяемо было многократно!.. (Он махнул рукой с

---

[1] Nec plus ultra (лат.) — до последней степени.

48

видом полной безнадежности.) А теперь я вот вам прямо скажу: всех захваченных якутами татар мы выпустили.

— Да? А ведь, кажется, улики полные.

— Тюрьма еще полнее. Недавно прислали партию спиртоносов из отряда Никифорова. Эти молодцы в Олекминской тайге дали правильное сражение приисковым казакам. Это поважнее якутских амбаров. А в остроге яблоку упасть некуда... Эх, господа, господа!.. Надо судить по человечеству... Мы тут так опутаны... Приезжай сейчас какой-нибудь ревизор из того же Иркутска: мы тут в "нарушениях", как в паутине... А если бы разобрать хорошенько, по человечеству...

Расстались мы совершенно дружески. Мы объяснили заседателю, что наше влияние едва ли должно быть принимаемо в расчет в этом случае...

— А ведь сразил он вас, признайтесь, — сказал дорогой мой товарищ, молчавший почти все время нашего разговора.

— Признаюсь охотно, — ответил я. Действительно, вторая половина нашей беседы произвела на меня сильное впечатление.

— И главное, чем сразил, — продолжал мой приятель, — вы говорили то, что должен был говорить он, а он — то, что, в сущности, должны были сказать вы...

И это было вполне справедливо. Короткий разговор с заседателем отбросил опять мое настроение в область того нейтралитета, который по какому-то инстинкту признала за нами сама среда... Но что же делать? Живому человеку трудно ограничиться ролью свидетеля, когда жизнь кругом кипит борьбой... Печать? корреспонденции? освещение общих условий? Долго, далеко, неверно!..

Остальную дорогу мы оба шли молча. По сторонам тихо переливались огни сквозь ледяные окна... Слободка кончала обычным порядком свой бесхитростный день, не задаваясь ни думами, ни вопросами... Она жила как могла, и нам выпала роль безучастных свидетелей этой жизни. И никогда еще эта роль не казалась мне такой тяжелой...

На улице нас остановил Козловский, который дожидался у своих ворот, чтобы узнать о результатах переговоров наших с заседателем... Умный поляк выслушал внимательно наш рассказ и сказал с убеждением:

— А что вы думаете: ей—богу, это правда! Что нужно этому Степану, в самом деле? Какое у него шило сидит, что он эту кашу заварил? Не поверю я, что это он из-за якутов.

Я рассказал то, что знал сам. Вспомнил Дальнюю заимку,

болезненный приступ Степана ночью над озером, его жалобы на пустоту жизни, его порывания на прииски, от которых его удерживало упорное сопротивление Маруси...

— Мудрено все это, — задумчиво сказал Козловский и прибавил решительно: — Ну, помяните мое слово, долго это все равно не протянется... А я был у вас: там теперь поп в гостях... Чего они святить собираются?

Я догадывался, о чем шли переговоры с бродячим священником, и мы в некоторой нерешительности остановились невдалеке от нашей освещенной юрты, чтобы не мешать этим переговорам, решавшим участь Маруси. Вечер был морозный, но безветренный и тихий, и мы думали еще пройтись по улице или даже уйти на время к Козловскому, как вдруг дверь нашей юрты открылась и из нее вышел Тимоха. Его приземистая фигура, в полушубке и неизменном треухе, вся облитая холодным светом луны, показалась мне как-то особенно устойчивой, кряжистой и крепкой. Когда он поравнялся с нами, в морозном воздухе пронеслась струйка винного запаха.

— Куда вы это, Тимофей? — спросил я.

— Да что, братцы... Сам не знаю: запрягать, что ли... Ведь уж дело-то видно: ни черта не выйдет. Не бывать, видно, плешатому кудрявым.

— О чем вы это говорите?

— Да все о том же. Она, конечно, хочет, чтобы как По-хорошему, как, словом сказать, у людей. А ему бы, лодырю, играть... Нельзя ему без Абрашки и быть.

— Да ведь они с Абрамом теперь на ножах!

— То-то и я говорю... Не мытьем, так катаньем... Всю татарскую силу поднял. Чужих, вишь ты, амбаров жалко... Свой-то убережешь ли, говорю, Степанушко... Сказано: ненатуральный человек... Игрун!

Потом, наклонясь к нам, он прибавил тише:

— Дело-то, почитай, на мази было. Бычка да двух телок уж я к якутам свел на станцию. Попу, значит, мимо ехать, — взял бы. Да денег пятнадцать рублей. Все ведь припасла Марья-то... А ни к чему.

— Отчего же?

— Да вот, по тому самому: боек очень. Теперь об нем не то что... в городу молва идет. Обвенчай эдакого хахаля, — будешь у праздника. Чай, тоже не о двух головах хоть и поп этот...

В это время дверь юрты открылась опять, и на пороге появилась высокая фигура, вся в мехах и с посохом в руке. Это был священник. Я уже раз видел у знакомых эту своеобразную

50

фигуру, всю проникнутую колоритом холодной и дикой пустыни. Родом с далекой Камчатки, настоящий подвижник своей трудной миссии, он разучился даже говорить полными предложениями и выражался кратко, однословно, но по-своему определенно и сильно. Никогда я не видел человека, который бы мог пить так много, и притом без всяких последствий. Другие собеседники валились кругом один за другим, а он продолжал, все такой же крепкий и молчаливый. Только черные глаза его немного разгорались, а лицо чуть-чуть бледнело. На многое он смотрел слишком упрощенно, но мне казалось, что под этой грубой оболочкой бьется недурное сердце...

Заметив нашу группу во дворе, он подошел близко и сказал с грубоватым простодушием, отрубая слова:

— Плачет. Глупая. Жаль. Баба хорошая.

— Баба как есть... Хоть в Расею возьми, — отозвался Тимоха.

— Мог бы, обвенчал бы. Не венчаны. Побожилась. Верю. За грех не почитаю. Имена ты, господи, веси... А мне пятнадцать рублей деньги...

— Как не деньги! — убежденно поддержал опять Тимоха. — По здешним местам где возьмешь?

— Так в чем же дело, батюшка? — спросил я.

— Нельзя... Человек заметен. Не тот человек.

— Правильно! — подтвердил Тимоха.

— И ей не такого бы. Жаль. Ну, нельзя.

Он сунул нам свою огромную руку и пошел к воротам, кидая по белому снегу гигантскую черную тень.

— Ха-а-роший батька, — сказал Тимофей с какою-то особенной теплотой в голосе...

Он пошел к лошадям, а мы вошли в свою юрту. Здесь еще ярко пылал огонь, на столе виднелись пустые бутылки и остатки угощения. Маруся лежала за перегородкой, уткнувшись лицом в изголовье...

Прошло минут двадцать. За перегородкой усилились глухие сдержанные стоны... Мы начинали уже бояться какого-нибудь болезненного припадка, но в это время, к общему облегчению, вошел Тимоха и сказал как-то просто и решительно:

— Ну, хозяйка! У меня лошади готовы. Едем, что ли.

В его грубом голосе я различил непривычно мягкую ласковую ноту.

— Куда же это вы на ночь глядя? — сказал мой товарищ. — Да и опасно, смотрите.

— Чего это? — спросил Тимофей. — Это ты насчет татар? Эва! Чего им от нас нужно. Не-ет! Нас не тронут. А в случае чего у меня дубина. Ну, полно тебе, хозяйка! Вставай! Домой надо.

За перегородкой несколько секунд еще стояло молчание, потом Маруся поднялась как-то вдруг, и ее фигура появилась в темном четырехугольнике двери. Ее праздничная одежда была слегка измята, лицо искажено мучительной судорогой и, как мне показалось, — выражением глубокого, мучительного стыда... Тимоха помог ей одеться. Она застенчиво поклонилась нам, и они вышли...

На следующее утро мы стояли с Козловским у ворот, разговаривая о событиях прошедшего дня... День был сравнительно мягкий, градусов пятнадцать, что для тех мест соответствует нашей оттепели, и на улице виднелось немало народу...

Вдруг мы заметили около середины длинной слободской улицы какое-то оживление. Лаяли собаки, выбегали люди, стайка татарчат бежала за всадником, ехавшим по самой середине улицы почти шагом.

— А ведь это, смотрите, Степан, — сказал, вглядываясь, Козловский.

Я сначала не поверил, но стоявший рядом слобожанин Сергей, обладавший чисто рысьей дальнозоркостью, с уверенностью подтвердил мнение поляка.

— Ну, смелая шельма, — сказал с одобрением Козловский. — Едет себе среди дня, как ни в чем не бывало. Пьяный, должно быть... Вот будет штука, если увидит Абрашка.

Абрашка в это время колол дрова. Заинтересованный шумом, он равнодушно вышел за ворота, пригляделся и вдруг со всех ног кинулся в дом. Через минуту дверь отворилась. Мне показалось, что оттуда мелькнуло дуло ружья, но тотчас же дверь захлопнулась опять. Не прошло и минуты, как из юрты появилась красивая жена Абрама, а за ней — сам Абрам покорно шел с пустыми руками...

Толпа за Степаном росла. Он ехал не торопясь, конь порывался и играл под ним, пугаясь шума и толкотни, но Степан сдерживал его и, казалось, не обращал внимания на все происходившее. Мне показалось, что он действительно несколько пьян. Я заметил, что в толпе было больше всего татар. Слобожане и якуты, наоборот, скрывались в юрты. Степан испытывал еще раз участь героя, оставляемого в трудную минуту теми самыми людьми, которые всего больше ему удивлялись. Сергей тоже с замешательством почесался...

— Уйти, однако, — сказал он, озираясь; но наше присутствие и любопытство пересилило, и он остался.

Степан тотчас же заметил Абрашку и его жену, которые двинулись ему навстречу. Я подумал даже, вспомнив при этом Тимоху, что вся эта бравада Степана имела главным образом в виду Абрашкину юрту и ворота, мимо которых ему приходилось ехать. Заметив своего противника, Степан нервно дернул повод, но затем в лице его показалось легкое замешательство и как будто растерянность. Он, вероятно, ждал чего-нибудь более бурного.

Между тем красивая татарка шла прямо на лошадь плавной походкой полной женщины, — и Степану пришлось остановиться. Толпа тоже остановилась, но было видно, что это просто толпа любопытных. Вдруг среди нее послышался дружный смех, после двух или трех слов Марьи, сказанных По-татарски.

— Что она сказала? — спросил я.

— Ничего, — ответил Сергей, тоже улыбаясь. — Она говорит: "Здорово, Степанушка...", больше ничто не сказал...

— А он разве понимает По-татарски?

— Тюрьма сидел с ними... Знает.

Толпа опять загрохотала.

— Что такое? — спросил я опять.

— Ничего, — ответил мой переводчик. — Конфузил больно... Ты, говорит, якутской вера...

— А теперь что?

Он слушал и переводил мне, пока Степан тихо прокладывал себе путь среди толпы, а Марья, держась немного поодаль, продолжала свои язвительные речи.

Через некоторое время к ней присоединился Абрам. Он говорил страстно и все повышал голос.

— А! Че! — восклицал Сергей при каждой новой фразе. — Больна конфузил.

— Да что же такое? — спрашивал я с нетерпением.

— Ты, говорит, с нами хлеб ел.

— Ты, говорит, с нами спал вместе.

— Ты, говорит, нам считался все одно брат.

— Ты, говорит, за джякут заступил, за нас не заступил...

— Тебе, говорит, джякут лучше татарина стал...

— Ты, говорит, научил поганых якутов украсть моего каурка...

Я слушал с удивлением перевод этих речей, в которых, в сущности, не было ничего, кроме изложения действительных фактов. Все, что тут говорилось, была правда, все это было хорошо известно и нам, и Степану, и всей слободе. И я не мог понять, почему эта толпа торжествовала над этим человеком, которому стоило только поднять голову и сказать несколько слов. Я так и ждал, что Степан остановит коня и крикнет:

— Да, я сделал все это и опять сделаю... Собаки!..

Но Степан не говорил этого. Наоборот, его глаза, еще недавно дерзко искавшие опасности и кидавшие вызов, — теперь потупились; он густо покраснел, причем резко выступили опять светлые усы и брови, и, По-видимому, все свое внимание сосредоточил на мундштуке коня, как будто ехал над пропастью. Конь по временам, видимо, просился, поднимал голову и, оскалив зубы и брызжа пеной, тряс над головами шнырявших перед ним татарчат своей красивой головой с страдальческим выражением.

Марья уверенно шла немного в стороне и впереди и продолжала выкрикивать нараспев с какой-то проникающей страстностью... Такая же страстность и такая же изумительная уверенность в своей правоте слышалась в тоне Абрама. Его прекрасные глаза горели и, казалось, метали искры, а голос звенел и заражал глубокой искренностью негодования.

Голоса мужа и жены становились все возбужденнее, смех толпы все громче. Опасаясь, что в случае задержки все это может кончиться какой-нибудь катастрофой, я быстро перебежал через небольшую площадку и стал открывать свои ворота, в уверенности, что Степан едет к нам, и с намерением у своих ворот заступиться за него и остановить толпу.

И действительно, он уже стал было поворачивать за угол городьбы, как вдруг произошло что-то совсем неожиданное. Красавица татарка, державшая себя всегда с таким солидным достоинством, вдруг выступила вперед и перед всеми сделала по направлению к Степану бесстыдный жест...

Толпа неистово загоготала.

На наш взгляд такой поступок опозорил бы только женщину, но я замечал много раз, что простые люди принимают это наоборот, как самое тяжкое оскорбление своей личности. И действительно, Степан вздрогнул, конь его, казалось, сейчас кинется на татарку. Но он удержал его, подняв на дыбы. Толпа шарахнулась, расчистив путь, и через минуту Степан исчез за околицей в туче снежной пыли, под грохот и улюлюканье торжествующей толпы.

Увы! Это была полная нравственная победа одной стороны и поражение другой. Победа уверенного в себе и цельного в своей простодушной непосредственности злодейства над неуверенной и стыдящейся себя добродетелью...

Недели через две мы с товарищем решили съездить на Дальнюю заимку. Обоим нам хотелось повидать Степана и, прямо или косвенно, выразить ему свое сочувствие.

Выехав задолго еще до рассвета, мы только к ночи подъехали к Дальней заимке.

Теперь трудно было узнать эту местность. Кругом все было занесено снегом, тайга стояла вся белая, за нею, едва золотясь краями на лунном свете, высились скалы, озеро лежало под снегом, и только у берега высились мерзлые края проруби.

Малорусская хатка стояла пустая, с белыми обмерзшими окнами. За нею виднелась небольшая юрта с наклонными стенами, казавшаяся кучей снега. Летом я не обратил на нее внимания. Теперь в ее окнах переливался огонь, а из трубы высоко и прямо подымался белый столб дыма, игравший своими бледными переливами в лучах месяца.

Все было бело, бледно и прозрачно. Злой лай собаки приветствовал нас еще издали, и навстречу нам вышел, скрипнув дверью, Тимоха. В руках у него была здоровенная дубина. Очевидно, он полагался на нее более, чем на ружье.

Маруся приняла нас с грустной приветливостью, все-таки стыдясь чего-то и отворачивая лицо. Степана не было...

В юрте даже как-то незаметно было его отсутствие. Все было тесновато, но уютно, и, По-видимому, Маруся с работником жили довольно удобно... Они ничего еще не знали о происшествии в слободе. Степан домой не являлся. Очевидно, его жизнь начала отделяться от жизни Дальней заимки...

Пришлось все-таки рассказать Марусе о причине нашего посещения.

— Ну, теперь закрутит и еще пуще, — сказал Тимоха.

На шитье, с которым в это время сидела Маруся, капнула слеза... Она зашивала Тимохину рубаху...

Еще недели через две мы узнали, что Степан ушел на прииски.

VII

ЗАКЛЮЧЕНИЕ

Прошло года полтора. В самом начале осени приехал заседатель Федосеев. Отдав нам письма и газеты, он попросил нас присесть и сказал:

— Да, кстати. Какое неприятное происшествие.

— Что такое?

— На Дальней заимке... Какой-то там Тимофей у них... Работник, что ли, черт его знает...

— Да, работник.

— Ранен или ранил себя по неосторожности. Вообще таинственная история. Вы ничего не слыхали?

— Нет, не слыхали. Тяжело?

— Нет, легко. Уже поправляется. Я узнал стороной, — они сами скрывают. Что, Степан у вас не бывал?

— Нет, он давно на приисках.

— Приходил не так давно за паспортом... Но, по нашим сведениям, он ушел опять недели за две до происшествия...

И вдруг, переходя в "партикулярный" тон, он сказал:

— Между нами сказать, — я уверен, что это его рук дело.

И, лукаво засмеявшись, прибавил:

— Вот оно — женское сердце! Помните, я-то распинался: любовь... как это еще... идиллия, верность. И ведь работник-то, заметьте, рожа несказанная... Настоящий... Ну, как это?.. Ква... Ква...

— Квазимодо...

— Ну, вот—вот. Я ведь прямо оттуда. Отобрал показания.

— Что же?

— Сам, говорит, по нечаянности; ружьем баловался... Но рана такая, что этого никоим образом допустить нельзя... Понимаете?

— А тюрьма у вас переполнена?

— Как селедок в бочке, — сказал он, махнув рукой. — К тому же... Только уж это, пожалуйста, вполне партикулярно, между нами!

Он оглянулся на запертую дверь и прибавил:

— Пришлось бы, пожалуй, и другое дело подымать... А жаль батьку, батька-то простяк...

— Неужели бродяжий брак? — спросил я.

— А вы почему догадались?

— Я знал об их намерении венчаться. Значит, все-таки Степану удалось это устроить?

— Как Степану?

— А то кому же?

— Ну, там, кто устраивал, не знаю. А только обвенчался все он же, работник этот... На кого, подумайте, променяла! Тот все-таки был действительно молодец!

Мне вспомнилась пророческая вражда Степана и его отзыв о хитрости работника. А между тем я и теперь был уверен, что роль Тимохи была, как всегда, пассивная: наверное, Маруся просто женила его на себе... Изломанная, смятая какой-то бурей, она стремилась восстановить в себе женщину и хозяйку. Для этого ей нужно было ее хозяйство, весь этот уголок. Для хозяйства нужен хозяин. Все это — лишь внешняя оболочка, в которую, как улитка, пряталась больная женская душа...

А впрочем... Кто знает? Иногда мне вспоминалось время, проведенное нами на заимке, рассказ Тимофея, горящие глаза Маруси и почти страдальческое участие ее к этому рассказу. И мне приходило в голову, что, быть может, в ней, стремившейся восстановить в себе крестьянку, этот Тимоха, так полно сохранивший в себе все особенности пахаря, — мог задеть и другие сердечные струны...

Все это, однако, показалось мне слишком туманным и сложным, чтобы делиться этими соображениями с заседателем Федосеевым.

Недавно я получил из тех мест длинное письмо. Моя знакомая отвечала подробно на мои вопросы о местах и людях. "...О Степане мне трудно было узнать что-нибудь. О нем все как-то забыли. Марья же (по мужу Захарова) живет на Дальней заимке. Это место пользуется некоторой известностью, и начальство охотно поселяет там русских, на которых можно рассчитывать, как на земледельцев. Пожалуй, что это начало будущего значительного поселения. У Марьи два сына, один — подросток, отличный работник. Оба говорят По-малорусски лучше, чем По-русски. Тимофей тоже хороший работник, но, по общему мнению, настоящая хозяйка — Марья. Впрочем, она выказывает ему наружные знаки почтения. Иногда он напивается и под пьяную руку поколачивает ее. Она охотно рассказывает об этом, как будто гордится побоями "своего мужика", или, как она называет, "чоловіка"... В смехе Маруси ничего особенного не заметно... Вообще она, По-видимому, человек вполне нормальный".

"Выпрямилась", — подумал я по прочтении этого письма. Мне опять вспомнилась молодая искалеченная лиственница...

Даже эти побои... Вероятно, Марье приходит при этом в голову, что, — не будь всего того, что вырвало ее из родной среды, — какой-нибудь "чоловік Тиміш" где-нибудь в своей губернии так же напивался бы, так же куражился, так же поколачивал бы ее в родной деревне... На то он "чоловік", свой, родной, "законный".

У всякого свои понятия о счастье...

Во времена моей юности один товарищ рассказал мне следующую историю. Как-то, лишившись уроков, он дошел до крайней нужды и не ел почти два дня. В это время ему предложили работу. Он вяло шел по улицам на приглашение и думал, что вряд ли в силах будет исполнить заказ. Вот если бы задаток!.. Хоть рубль... именно рубль!.. И вдруг в его воображении с необыкновенной яркостью нарисовалась желтенькая бумажка. С этим заманчивым образом в уме он слушал объяснение заказчика. В заключение тот сам предложил задаток и протянул... десять рублей. Студент вяло посмотрел на бумажку. Это было не то, что ему нужно.

— Рупь... — сказал он с выражением тупой жадности в голосе.

— Но позвольте...

— Рупь, рупь, рупь, — повторял он настойчиво. Заказчик пожал плечами, студент получил желаемое. И в эту минуту он был счастлив...

Маруся тоже отвоевала у судьбы свой рубль и — значит, тоже счастлива.

Известия эти доставили мне чувство некоторого удовлетворения: героические усилия молодого надломленного существа не пропали даром. Но когда я гляжу теперь на несколько пожелтевших листочков, на которых я тогда набросал в коротких чертах рассказ Степана, — сердце у меня сжимается невольным сочувствием. И сквозь благополучие Дальней заимки хочется заглянуть в безвестную судьбу беспокойного, неудовлетворившегося, может быть, давно уже погибшего человека...

НОЧЬЮ

I

Было около полуночи. В комнате слышалось глубокое дыхание спящих детей.

В углу комнаты, на полу, стоял медный таз. На дне его было немного воды и стояла сальная свеча в подсвечнике. Свеча сильно нагорела, фитиль покрылся темною шапкой и тихо потрескивал. Кроме того, на стене стучал маятник, а на полу, в освещенном кружке около таза, разместились несколько тараканов. Сдавшись на задние лапки и подняв голову кверху, они смотрели на огонь и шевелили усами.

На дворе бушевала непогода.

Дождь стучал по крыше, трепал листья в саду, плескался на дворе в лужах. По временам он стихал и уносился вдаль, в темную глубину ночи, но после этого прилетал к дому с новой силой, бушевал еще больше, сильнее обливал крышу, хлестал по ставням, и порой казалось даже, что он струится и плещет уже в самой комнате... Тогда в ней водворялось какое-то беспокойство: маятник как будто смолкал, свеча готовилась погаснуть, с потолка сползали тени, тараканы тревожно водили усами и, видимо, собирались бежать.

Но бурные порывы непогоды продолжались недолго. Казалось, дождь решил про себя никогда уже не прекращаться, и когда ветер оставлял его в покое, он принимался гудеть широко и ровно — и на дворе, и в саду, и в переулке, и в пустыре по полям... Гул этот, просачиваясь сквозь запертые ставни, стоял в комнате то ровным жужжанием, то тихими всплесками.

Тогда маятник принимался опять отчеканивать свои удары с резким упрямством, свеча тихо кряхтела, тараканы успокаивались, хотя, повидимому, упрямство дождя наводило на них грустное раздумье.

Все это слышал и глядел на все это из-под своего одеяла один из двух братьев—погодков, которые спали в освещенной комнате. Старшего звали Васей, младшего — Марком. В семействе был обычай давать шутливые прозвища. У Васи было очень большая голова, которою он в раннем детстве постоянно стукался об пол, поэтому его прозвали Голованом. Марк был некрасив и смотрел несколько исподлобья, отчего получил название Мордика.

Мордик сладко спал, а Голован уже с полминуты прислушивался к шуму дождя.

Он был большой фантазер и часто думал о том, что происходит на свете, когда все спят: и он, и Марк, и девочки, и старая нянька,— и, значит, некому смотреть... Неужели комната остается все такая же, и маятник продолжает стучать, хотя его никто не слушает, и свеча продолжает светить, хотя светить некому, и тараканы только бессмысленно сидят на полу, уставившись на огонь?.. Не раз уже просыпаясь с этою мыслью, он осторожно выглядывал из-под одеяла... На этот раз он сам не заметил, когда проснулся, и ему показалось, что, наконец-то, он застигнет комнату врасплох. Вот уже с полминуты он смотрит на нее, не шевелясь, полуприщуренным глазом, а в ней все продолжается какая-то особенная, таинственная жизнь, которая прячется обыкновенно, когда на нее смотрят.

Все в ней живо, удивительно, необычно и страшно... Дождь мечется и злится снаружи, отбиваясь от ветра, маятник спорит с шумом дождя, свеча уныло кряхтит, тараканы хранят разумный вид, как будто сейчас только разговаривали между собой и решили единогласно, что положение свечи действительно жалкое, а дождь буянит совершенно напрасно. Кроме того, Вася сознавал, что все они вместе — вся комната со всеми предметами — смотрят недоброжелательно на детей, которые спят, ничего не подозревая, в своих постелях.

Однако было и еще что-то самое странное, что Голован никак не мог уловить. Когда же он раскрыл совсем глаза и шевельнулся,— все сразу исчезло.

Маятник застучал тише и без особенного выражения, свеча просто трещала, а не кряхтела, комната спохватилась и приняла обычный, будничный вид.

А между тем он все же чувствовал, что что-то такое странно... в нем самом, или в комнате, или, может, от этого шума. Нет, это простой дождь — шумит вовсе не громко, точно бормочет кто-то вяло и неразборчиво. Что-то струится и каплет, точно кто плачет под стеной, и чьи-то вздохи проносятся по деревьям сада... А в саду теперь темно меж деревьев, и в беседку ни один человек не решился бы пойти в полночь, да еще в дождь. Марк хвастался раз, что пошел бы, если б ему позволили... Но и то, конечно, не в такую ненастную, бурную ночь...

По спине у Васи пробежали мурашки, он припал к подушке и завернулся с головой в одеяло.

Тогда ему показалось, что Где-то в стене, или за стеной, или под полом происходит странное движение и говор. Слышались чьи-то голоса и шум чьих-то шагов.

Что это такое? Он высунул голову, чтобы яснее слышать, но тогда звуки опять исчезли. Ему казалось, что он должен бы знать, что это такое, и тогда он понял бы и то, отчего ему кажется странно. Но он забыл и не может вспомнить, потому что во сне ему снилось совсем другое.

Тогда им стала овладевать тревога.

— А знаешь, Маркуша, что я скажу тебе? — сказал он вкрадчиво, обращаясь к спящему брату.

Но Марк ответил только продолжительным храпом.

II

В детской существовали некоторые традиции. Каждую ночь около часу оба мальчика просыпались и сходились у таза со свечой. Это было нечто вроде ночного клуба, который иногда посещался и девочками. Последнее случалось не часто: для этого девочкам недостаточно было проснуться во-время,— нужно было еще обмануть бдительность старой няньки, спавшей с ними в соседней темной комнате. Если это удавалось, то старшая, иногда при

помощи братьев, вынимала из постельки самую младшую, Шурочку, и обе они, жмурясь и протирая глаза, появлялись в дверях и бежали на огонь свечи. Тогда тараканы совсем удалялись от таза и только издали сердито уставлялись своими усищами на детвору, которая, как и они, выползала из углов и отвоевывала у них место.

Тогда начинались долгие и очень занимательные разговоры. Никогда детям не говорилось так дружно и хорошо: казалось, тихий ночной час придавал беседе особую прелесть мечты и фантастической неопределенности, а общая забота о том, чтобы не разбудить няньку, сплачивала мальчиков и девочек в тесный кружок ночных заговорщиков.

Впрочем, девочки говорили очень мало: они прихватывали с собой одеяла, простыни, платья и напяливали все это на себя как попало. Старшая помогала младшей, а та беспрекословно повиновалась. Чем эта костюмировка бывала нелепее, тем больше доставляла наслаждения. В особенности, если удавалось прихватить нянькины башмаки и ее красный, с большими цветами, головной платок, тогда обе девочки замирали в молчаливом самосозерцании. Протянув ножонки в огромных башмаках, не шевеля головой в фантастическом уборе, Шура сидела солидно и молча, а старшая, Маша, делала какие-то гримасы. Она воображала себя большою дамой, а мальчики в одних рубашонках казались ей кавалерами во фраках.

Старая нянька много воевала с этою привычкой, но окончательно победить ее не могла. Путем многих столкновений между обеими сторонами установилось нечто вроде компромисса. Никто не имел права будить других. Но, проснувшись самостоятельно, мальчики могли сходиться у таза, лишь бы вести себя тихо. С девочками история была сложнее. Заслышав малейший шорох в их кроватках, нянька, как-то даже не давая себе труда окончательно проснуться, схватывала беглянку и укладывала обратно. Тогда дело считалось проигранным и вторичная попытка — нечестной. Пойманная вскоре засыпала.

Но если беглянке удавалось уже сойти на пол и добежать до порога, тогда няньке приходилось махнуть рукой. Когда она пускалась в погоню, подымался страшный рев, мальчики вскакивали и бежали на защиту, крича, что Маня уже вошла в их комнату, что нянька почему-то "не имеет права" и т. д. Происходил страшный кавардак, и обе воюющие стороны подвергались опасности высшего вмешательства. Беда, если шум достигал до слуха отца. Но если даже одна мать замечала возню в детской, она на следующее утро призывала детей и няньку.

— Что у вас там было опять? — спрашивала она с выражением неудовольствия, которое огорчало всех даже больше отцовского гнева.— Никогда больше не смейте собираться у свечки!— говорила она детям и тотчас же, обратясь к няньке, прибавляла: — И вечно ты... старая.

Эти последние слова почему-то совершенно уничтожали в глазах детей смысл первого запрещения.

— Ну, что взяла, с-с-старая?!— тихо, но с чрезвычайною язвительностью дразнили они ее, возвращаясь гурьбой в детскую. Нянька сердито возражала:

— Вечно мне за вас достанется, за баловников.

— А ты зачем поймала ее в нашей комнате?

— Неправда, я ее схватила в темной, а она вырвалась.

62

— Ах, неправда! Вот уже неправда!— горячо протестовала Маша.— Вовсе я была уже за порогом.

Няньке приходилось сдаться, тем более что спросонок она, по совести, не могла утверждать точно, где именно схватила беглянку. Вообще разбирательство возвращало весь вопрос на почву компромисса, который опять укреплялся и который дети исполняли вообще довольно честно.

III

Теперь Вася хитрил: он показывал вид, что не будит Марка, а считает его проснувшимся.

— Знаешь, что я скажу тебе?

Но ответом был лишь вздох и сонное бормотанье. Старуха тоже бормотала в соседней комнате. Дождь все лил, хотя немного тише. Теперь яснее слышались струйки, падавшие с крыши и с водосточных труб.

Глаза Голована стали невольно обращаться к темной комнате. Он всегда удивлялся, как это девочки не боятся спать в темноте, в которой ему всегда чудились странные фигуры. Некоторые- из этих фигур были ему давно знакомы и теперь начинали уже роиться, хотя еще не были видны. Казалось, пока только еще шевелится сама темнота, переполненная начинающими определяться призраками.

Тихое всхрапывание няньки вспугивало их, они вздрагивали, смешивались и исчезали, но тотчас же возникали опять, каждый раз с большею настойчивостью.

Это было очень мучительно, и Головану становилось даже легче, когда, наконец, они появлялись яснее...

Прежде других появился, как и всегда, высокий щеголеватый господин, весь в зеленом, с ослепительно белыми воротничками и манжетами. Лица у него не было, и это-то казалось особенно страшно. Кроме того, он не имел выпуклостей, а как-то странно отграничивался от темноты, как будто темная пустота просто окрасилась в зеленый цвет. Иногда же Васе казалось, что господин вырезан из зеленого и белого картона, что не мешало ему прохаживаться очень чопорно и с большою важностью "фигурять", как выражались дети, которым Вася днем передразнивал его походку.

В первые мгновения зеленый господин появлялся в глубине комнаты, чуть видный. Он проходил по круговой линии, точно его кто передвигал на пружине, скрывался в левом углу и мгновенно опять появлялся у правой стороны, чтоб опять пройти по кругу, но уже ближе и яснее. Тогда-то Вася начинал его бояться. Сначала он старался не видеть зеленого господина, потом с язвительною иронией уверял себя, что господин вырезан из картона. Но когда он подходил каждый раз все ближе, Васе становилось все страшнее: а что, если у него окажется лицо и он взглянет прямо? Тогда уже придется окончательно отказаться от предположений о картоне...

Вместе с тем, около зеленого господина начинало шевелиться еще что-то маленькое и беспокойное. Оно уже вовсе не имело никакой формы и казалось просто комком темноты, которая копошилась и производила разные движения, смешные на вид, но, в сущности, страшные. Вася подозревал тут враждебную хитрость: сначала кажется смешным, чтобы привлечь внимание, а потом вдруг и у этого окажется лицо,— что тогда?

Окликнув еще раз Мордика и опять не получив ответа, Голован решил, что если он будет все лежать и смотреть в темноту, то ничего хорошего из этого не выйдет. Нужно было отряхнуться от душевного застоя, из которого возникал кошмар, поэтому он встал и подошел к свечке. Тараканы, торопливо .семеня ножками, перебежали на другую сторону таза.

Это заняло Голована на время, потом он стал прислушиваться к шуму дождя.

Дождь заметно потерял силу. Шопот его то стихал, то опять повышался, точно сонное дыхание. Зато подымался ветер, пробегал по вершинам деревьев, и тогда слышался резкий шелест. Вася представлял, как деревья клонятся среди ночной темноты и лепечут листвой; но потом он говорил себе, что это вовсе не деревья и не ветер, а гигантский лист бумаги кто-то ворочает на дворе, отчего и слышен шелест. Ему очень нравилось, что тотчас же выходило именно так, и даже самый звук менялся и, вместо шороха влажной листвы, слышалось сухое шуршание бумаги. Потом он опять менял предположение: это среди ночи кто-то сыплет зерно из громадного мешка в гигантскую бочку. И тоже выходило. Когда ветер стихал, Голован говорил себе: "Пошел за новым мешком, сейчас принесет". И действительно, тотчас же опять слышалось ясно, как зерно сыплется, шуршит, падает на дно и бьется о стенки.

Хотя от этих произвольно изменяемых предположений

ощущение, что есть что-то странное в доме, не прошло, но зато Головану удалось забыть о зеленом господине. Весь его кругозор теперь ограничивался освещенною частью пола, тазом, свечкой и тараканами, дремавшими напротив. Это однообразие наводило и на него дремоту. От пламени свечки потянулись лучами к его глазу золотые нити; свеча стала расплываться.

IV

Но в эту минуту он вдруг почувствовал, что теперь он не один в комнате. Он вздрогнул, обернулся и увидел, что Марк стоит на своей кровати, опершись о стенку, и смотрит перед собой таким взглядом, точно он не совсем еще проснулся. Но когда Вася радостно обратился к нему, он тотчас вспомнил, что днем они поссорились из-за колоды карт. Поэтому он быстро лег в кровать и уткнулся в подушку. Васю это огорчило.

— Ты разве не пойдешь к свечке? — спросил он упавшим голосом

— Не пойду! — решительно ответил Марк.

— Отчего?

— Ага, отчего? А карты помнишь?..

— Ну, выходи, завтра отдам.

— Врешь?

— Право, отдам. И еще дам трубу, играть до обеда.

— Ей—богу?

— Ну, ей-богу.

— Скажи три раза.

— Оставь.

— Нет, скажи три раза, а то сейчас засну.

В душе Васи подымалась глухая досада: разве мало одной клятвы? Но Марк был задира и иногда любил поломаться, а теперь, вдобавок, вымещал вчерашнюю досаду, сознавая, что Голован в его руках и исполнит его бесцельное требование. Действительно, покраснев от стыда, Вася скороговоркой произнес трижды: "ей-богу, дам карты".

Тогда Мордик вылез из кровати и подошел к свечке, к большой радости брата.

Обыкновенно Вася просыпался первым, и промежуток одиночества казался ему ужасно долгим. Пока он старался не глядеть никуда по сторонам и ни о чем не думать, кроме свечи, тараканов и таза,— ему казалось, будто кто-то склоняется над ним, кто-то ходит сзади, кто-то глядит на него и дышит. Воображение чутко настраивалось, и он чувствовал себя совершенно одиноким в освещенном пространстве, точно это была вершина горы, а кругом раскинулась темная и враждебная бездна.

Зато, когда неробкий и положительный Марк подходил к свету, призраки тотчас же исчезали, и воображение направлялось в другую сторону: теперь в нем являлись другие образы, более спокойные и доставлявшие Васе величайшее наслаждение. По большей части это были рассказы из семейных преданий, которые Голован схватывал из отрывочных воспоминаний матери и отца в каком-нибудь беглом разговоре с гостями, в зале. Он ловил эти отрывки с бессознательною жадностью, и в ночные часы, у свечки, когда напуганное призраками воображение несколько успокаивалось, странное вдохновение охватывало юного сказочника: обрывки семейных преданий соединялись в стройное целое непонятным для него самого образом. Как это выходило, он не знал. Он не знал также, откуда брались некоторые подробности, которых никто ему не рассказывал, но только он был уверен, что все это истинная правда. Он говорил легко и свободно о том, что было с отцом и матерью, "когда нас еще не было", а порой — что было и с ним самим, когда его еще не было. Мать и отец в этих рассказах, правда, и самому Васе, и его слушателям казались не совсем такими, как теперь. Они были те же, но немножко иные. Ведь, в сущности, все должно было быть немножко иное, "когда нас не было". Трудно, например, представить себе, что мама когда-то была такая же маленькая, как Шура, и играла куклами, а папа — было время — вовсе не ездил в должность, а скакал верхом на палке, в бумажном колпаке. Это было так странно и удивительно, что девочки хохотали, а самая младшая хлопала даже в ладоши, рискуя разбудить няньку. После этого ничто уже не казалось удивительным, и Голован свободно распоряжался событиями этого мира, с которыми дети свыкались, как свыкаешься, глядя в цветные стеклышки, с тем, что небо кажется красным, и деревья тоже, и красный кучер погоняет красную лошадь, причем красные колеса подымают красную пыль по дороге... У мамы был тогда большой козел, который всех убивал насмерть рогами, а мама водила его на ленточке, как собачонку. И когда папа задумал жениться на маме, то маме было еще только четырнадцать лет, и козел чуть не убил папу насмерть. Но папа

66

все-таки украл маму из окна и женился. А потом, когда Вася был уже на свете, маму хотели у папы отнять, отдать в монастырь и чтоб они опять были не женаты, а Васи тогда опять не было бы, потому что у неженатых никогда не бывает детей. И все это он помнит. Ему кажется также, что он помнит, как папа украдывал маму из окна. Он в это время привстал в кроватке. Отец раз назвал его за этот рассказ дураком. Когда же он рассказал, какая была кроватка, и где она стояла, и какая была комната, то отец назвал его дураком вторично, потому что его тогда не было на свете, а в кроватке, которую он описывает, спала сама мама, когда еще была маленькой девочкой, и комната была та, где мама жила девочкой, а отец женился на ней в другом городе. И, должно быть, мама ему рассказывала о своей комнате, а он теперь врет, что сам ее видел. Все выходило как будто и так, и отец оказывался прав; но Вася с горечью думал про себя, что взрослые всегда оказываются правы, а в сущности это не так: стоило ему зажмурить глаза, и перед ним являлась какая-то комната, и окно, и папа несет из окна маму. При этом луна светила как-то странно, потому что и луна была, конечно, немножко иная, как и люди.

Все это и многое другое оживало ночью, и каждый раз, всматриваясь в эти картины, Вася открывал в них все новые подробности. Каждый раз новооткрытая мелочь срасталась с прежними так крепко, что при следующем рассказе ее уже нельзя было отделить, и Васе казалось, что он все это непременно видел и помнит. Это обстоятельство подавало иногда повод к недоразумениям: Марк, скептический и положительный, напоминал порой, что раньше Вася рассказывал иначе, и начинал утверждать, что все это враки и "не может быть". Вася страдал и старался смягчить Марка мягкостью и заискиванием; но иногда это не действовало, и Мордик, со свойственными ему упрямством и жестокостью, начинал отрицать все. Во—первых, он утверждал, что он все-таки был бы, если бы даже папу с мамой сделали опять неженатыми. Он все-таки был бы себе, да и только, знать бы ничего не хотел... Мало ли что!.. Потом он говорил, что Вася не видал, как папа украдывал маму через окно, потому что Васи тогда не было; папа с мамой были еще не женаты, а сам же Вася говорит, что у неженатых не бывает детей. Потом он шел еще дальше и подвергал сомнению самый факт "украдывания". Женятся всегда днем и выходят прямо в двери; он видел, как на соседнем дворе женился лакей. Он сошел с крыльца и сел на извозчика, а горничная, которая тоже с ним женилась, села в барскую коляску.

— Ну врешь... ну вот и врешь! — горячо вступалась за Васю Маша.— Я сама слышала, папа говорил в гостиной, что мама — краденая и что ее хотели отнять.

— Нет, не краденая... нет, не краденая! — упрямо твердил Мордик.

— Значит, По-твоему, папа солгал, скажи: солгал? — наступала горячо Маша.

— Папа смеялся, а вы, дураки, верите!.. Что взяла?.. И козла не было,— все это одни выдумки и враки и не может быть...

— Нет, не враки, нет не "не может быть", а ты — противный спорщик, гадкий Мордик!..

— Враки, враки, враки!..— твердил Марк с холодным озлоблением.

— Не враки, не враки, не враки!..— старалась переспорить его Маша, а маленькая Шура, всегдашняя сторонница сестры, начинала плакать.

Шум будил няньку... Но если даже этого не случалось, беседа все же была совершенно испорчена. Дети в эту минуту ненавидели Мордика, как и тогда, когда они с трудом возводили карточные домики, а он упрямо стрелял в них каждый раз из угла бумажными шариками.

Фантастические домики Голована тоже рушились от скептического прикосновения, и дети расходились от свечки в кислом и охлажденном настроении. Вася огорчался до слез, тем более, что он понимал, в сущности, что Мордик, пожалуй, прав. Но только дело-то не в этом. И Вася тоже прав, и он вовсе не лгун. И потом: как же не было козла, когда козел был наверное, и мама сама говорила?..

V

Подойдя теперь к свече, Марк первым делом изловчился и щелкнул одного из тараканов так ловко, что тот несколько раз перевернулся в воздухе и, как шальной, побежал в угол.

Марк держался смело и свободно. Не особенно красивые черты производили впечатление уверенности и некоторой положительности. Вася был любимцем матери, Марк — отца, который любил его за положительность и храбрость. Он не боялся темной комнаты, не боялся холодной воды, кидался в реку так же свободно, как и взбирался на полок жарко натопленной бани. Между тем воображение у Васи настраивалось уже заранее; заранее он пожимался от холода, и от этого, казалось, самая кожа делалась у него чувствительнее; он дрожал от холода там, где Марку было только прохладно, и обжигался тогда, когда Марк утверждал, стоя во весь рост на полке, что ему "ничего не жарко". Впрочем, исключая случаи, вроде вышеприведенного, братья были очень дружны и понимали друг друга с полуслова, а иногда и без слов.

— Ну, что, видел опять? — спросил Мордик.

— Зеленого? — видел.

— Врешь, я думаю.

— Ей—богу, видел.

— Ну?

— Ничего не лгу! Видел, больше ничего... Без лица.

— Из бумаги?

— Как будто... не надо говорить.

— Вот глупости! Я не боюсь. Чего же бояться, если он из картона? Ну, ты, зеленый, выходи! — храбрился он, повернувшись к дверям. Однако вид черной темноты подействовал и на него; он отвернулся и добавил уже тише: — Я бы его разодрал, больше ничего.

Вася поспешил переменить разговор.

— А тебе кажется странно? — спросил он. Мордик подумал.

— В самом деле, кажется. А тебе?

— И мне кажется. Отчего бы это?

— Оттого, что... на дворе ветер,— сказал Мордик, прислушиваясь к шелесту листьев.

— И дождь шел большой. И теперь еще идет, но поменьше. Но это не оттого. А кажется тебе,— живо прибавил он,— что это шелестят листом бумаги... о—о—ог—ромным?

Мордик прислушался и сказал:

— Нет, не кажется.

— А кажется тебе, что это сыплют зерно в бочку? Мордик опять послушал.

— Вовсе не кажется, потому что это ветер.

— А мне иногда кажется. Но, все-таки, сегодня странно не от этого.

— А отчего?

— Не знаю. Знал, да забыл. Теперь не знаю.

— И я не знаю. Оба помолчали.

В это время на другой половине дома, отделенной длинным коридором, скрипнула быстро отворенная дверь.

Ей отозвалась в детской оконная рама, пламя свечи колыхнулось, и дверь опять захлопнулась.

— Слышал? — спросил Вася.

— Да, слышал... Постой-ка.

Действительно, в несколько мгновений, пока дверь открывалась и закрывалась, с другой половины донеслись каким-то комком смешанные звуки. Очевидно, там не спали и, пожалуй, не ложились всю ночь. Чей-то голос требовал воды, кто-то даже голосил и плакал, кто-то стонал... При последнем звуке у мальчиков сердца забились тревожно.

— Знаешь, что это там? — живо спросил Вася.

— Знаю. У мамы скоро родится девочка.

— А может, мальчик

— Н-ну... может и мальчик.

Мордик помнил два случая рождения, и оба раза это были девочки. Потому ему и теперь казалось, что должна родиться непременно девочка. Впрочем, так как он помнил рождение девочек, а своего и Васина не помнил, то порой ему приходила в голову неосновательная идея, что рождались только девочки, потому было время, когда их вовсе не было. А они, мальчики, никогда не родились и всегда были. Он не особенно верил сам в эту теорию, но она возвышала его в собственном мнении и давала преимущество перед девочками, которые тоже хотели бы "всегда быть", но должны были смириться перед недавностью факта рождения Шуры.

— Вот отчего и кажется странно...— сказал опять Вася.

— Вре-ешь...— протянул было Мордик, но потом согласился: — а пожалуй, твоя правда.

— Конечно, от этого. Видишь, там никто не ложился. И потом ведь это всегда бывает странно... Оба задумались.

— Вдруг не было девочки, вдруг есть...— сказал Голован.

— Да,— повторил и Мордик,— вдруг не было, вдруг есть... Странно: откуда берутся?.. Постой, я знаю,—поторопился он с открытием: — подкидывают!

Объяснение было просто, но не удовлетворительно.

— Нет,— сказал Голован.

— Отчего это нет?

— Оттого что... оттого... вот отчего нет: потому что откуда же тот человек возьмет, который подкинет?

— Он у другого.

— А другой?

— Еще у кого-нибудь.

— А еще кто-нибудь где возьмет?

70

— Н-не знаю... Няня говорит: меня под лопухом нашли. Пустяки, я думаю.

— Конечно, глупости. Кто туда положит ребенка? И насчет золотой нитки... будто на золотой нитке спускают,— тоже глупости.

— Уж эта старая скажет!.. Ну, а как По-твоему: откуда?

— Конечно, с того света.

Мордик задумался. Мысль показалась ему очень простой и ясной... Понятно: на этот свет попадают с того света.

— Ну, а как?

— Может быть, приносят ангелы.

— Ангелов, может, еще и нет.

— Ну, уж это ты не говори. Это грех. Уж это все знают, что есть.

— А дядя Михаил...

— Мало ли что. Когда люди видели...

— Кто видел?

— Многие видели. Я тоже видел... во сне...

— Какой он?

— Белый-белый. Летел от сада Выговских, все с дерева на дерево, а потом перелетел через огород, через площадь. А я смотрю, где он сядет. Сел на крышу на лавчонке Мошка и стал трепыхать крыльями. Потом снялся и полетел далеко-далеко.

— Хорошо летает?

— Отлично. Я потом говорю Мошку: я видел во сне, что на твоей крыше сидел ангел.

— А Мошко что?

— А Мошко говорит: ай-вай, какая важность! У меня каждый шабаш бывают в доме ангелы, а черти насядут на крышу, все равно как галки на старую тополю...

— Хвастает.

— Н-нет, едва ли. У евреев многое бывает. А помнишь Юдка?

VI

Юдка был огромный жид, с громадною бородой и страшными полупомешанными глазами. Он разносил по домам лучшие сорта муки и продавал ее в розницу. Отмерив муку гарнцами, он потом прикидывал еще по щепотке — "для деток, для кухарки, для няньки, для кошки, для мышки". При этом его борода тряслась, а глаза вращались в орбитах. Как только его громадная фигура с мешком на согнутой спине являлась в воротах, детьми овладевало ощущение ужаса и любопытства. Они дрожали перед Юдкой, но не могли себе отказать в удовольствии посмотреть, как Юдка будет прикидывать "на кошку, на мышку". Он ходил каждую неделю и каждый раз производил на детей чрезвычайно сильное впечатление.

Как-то однажды Юдка вдруг исчез и не являлся несколько недель И мать, и дети сильно недоумевали и думали, что старый жид умер. Оказалось другое, а именно в судный день Юдку схватил жидовский чорт, известный в народе под именем Хапуна. На кухне рассказывали историю со всеми подробностями. В судный день евреи собираются к вечеру в синагогу, оставляя "патынки" (туфли) у входа. Потом зажигают множество свечей, закрывают глаза и начинают жалобно кричать от страха. В это время Хапун на них налетает, как коршун, и хватает одного. Потом, когда выходят из синагоги, все разбирают свои патынки, но одна пара всегда остается. В этот раз остались громадные патынки старого Юдки, а потому все узнали, что Юдку схватил Хапун.

Потом Юдка вдруг опять появился, но он хромал и казался разбитым, а дети его стали бояться еще больше. Оказалось, что Юдку спас его приягель мельник из Кодни. Мельник этот вышел вечером на свою греблю и стоял спокойно, почесывая брюхо и слушая, как вода шумит в потоках и бугай бухает в очеретах. А вечер был ясный. Вдруг видит: летит "какое-то" по небу. Присмотрелся, а это Хапун тащит огромного жида. "Ну,— думает мельник,— другого такого крупного жида не найти. Не иначе только Хапун моего покупателя, старого Юдку, на этот раз сцапал". Конечно, если бы не то, что Юдка всегда брал у мельника муку, никогда мельник не стал бы вмешиваться в это дело. Но тут он—таки пожалел старого знакомого.

Поэтому, затопав ногами, он крикнул вдруг во весь голос:

"Кинь, это мое!" Хапун выпустил ношу и взвился кверху, трепыхая крыльями, как молодой шуляк, по которому выстрелили из ружья (голос у коднинского мельника-таки мое почтение!). А бедный жид со всего размаху шлепнулся на греблю и сильно расшибся.

Юдка был налицо, и все видели, что он действительно хромал после этого происшествия. Поэтому и Мордик не стал спорить: действительно, у евреев многое бывает. Кроме того, напоминание об Юдке и вообще рассеяло в нем зачатки скептического упрямства.

— Да, так вот тогда Мошко много мне рассказывал... и то, как родятся дети.

— Ну?

— Он говорит, у бога есть два ангела: один вынимает из людей душу, а другой приносит новые души с того света. Вот когда надо у кого-нибудь родиться ребенку, та женщина делается больна.

— Отчего?

— А оттого, что бог посылает обоих ангелов: марш оба на землю к таким-то людям и ждите моего приказа. Если на тех людей бог не сердится, то говорит: положите ребенка около матери и ступайте оба назад. Тогда мать опять выздоравливает. А иногда говорит: возьми ты, смерть, душу у матери. И тогда мать умирает. А иногда говорит: возьми и мать, и ребенка,— тогда оба умирают.

— А знаешь что,— добавил Голован,— может, это и правда, потому что всегда боятся, когда надо ребенку родиться, и мама недавно говорила: а может, я умру.

— А тетя Катя и умерла.

— Ну, вот видишь.

— Должно быть, этот ангел страшный?

— Нет, зачем... я думаю, не очень страшный. Ведь он не по своей воле. Думаешь, ему очень приятно, когда через него все плачут? Да что ж ему делать? Бог велит,— он должен слушаться. Он ведь не от себя.

— А заметил ты, после того как Катя умерла, какие у Генриха глаза стали?

— Темные.

— Нет, не темные,— большие.

— Большие и темные. И никогда он с нами так не шалит, как бывало.

— И все ссорится и спорит с Михаилом.

— Я знаю, отчего он сердится. Я слышал, как они сильно ссорились. Михаил говорил: когда человек умрет, то из него сделается порошок, и человека нет вовсе. А Генрих говорит, что человек уходит на тот свет и смотрит оттуда, и жалеет...

— Так что? за что ж тут сердиться?

— Э! видишь: если из человека делается порошок, то, значит, и из Кати тоже. А он этого не хочет... Он ее любит.

— Как же любит, когда ее нету?..

— Любит...

Оба помолчали. Так как ни одному из них не приходило в

73

голову снять со свечи, то она нагорела так сильно, что фитиль стал словно гриб. Придавленное пламя тянулось кверху языками, точно ветки дерева с обстриженною верхушкой; от этого освещенное пространство стало еще ограниченнее. Не было видно ни стен, ни потолка, ни окон. Темнота шатром нависла над мальчиками, и шатер этот вздрагивал и колебался. А плеск дождевых капель и шорох деревьев теперь, казалось, проникли в самую комнату и раздавались в ее темноте. И оба мальчика чувствовали, что такой странной ночи не было еще никогда.

Теперь оба уже уяснили себе содержание этого ощущения странности. Нездоровье матери и ее предчувствие, тревожная нежность отца, воспоминание о смерти тети Кати, потом это необычайное движение, говор и топот шагов на той половине, и чей-то плач, и чьи-то стоны — все это было сведено к одному и получило форму. Несмотря на сомнительный авторитет лавочника Мошка, даже скептический Марк не находил возражений против теории, только что развитой Голованом. Новая жизнь готовилась войти в их дом, а идущая с ней об руку смерть простерла над домом свои темные крылья; вместе с слабым стоном матери, ее веяние пахнуло в детские души сострадание"! и ужасом.

— Слушай!— тихо сказал Марк.

— Что? — еще тише спросил Вася.

Марк наклонился к нему, как будто боясь, чтобы звук его слов не проник туда, за темный купол над их головами.

— Слушай... ведь если это правда, то, значит, оба они...

— Да... где-нибудь тут...— Оба почувствовали внезапную дрожь.

— Разбудим девочек.

— И няньку... ступай разбуди.

— Я... боюсь.

— И... и я тоже,— признался бесстрашный Марк, Оба брата инстинктивно подвинулись друг к другу и свечке. Темнота, до сих пор нависавшая сверху, теперь поглотила и печку, и стену, и кровати, и соседнюю комнату с девочками и нянькой, и даже самое воспоминание о них отодвинулось куда-то далеко. А шорох и шопот окончательно вошли со двора, и кто-то тихо говорил над головами двух братьев что-то непонятное, но очень важное.

Так прошло несколько минут. Может быть, прошло бы и больше, если бы Марку не пришло в голову снять нагар со свечки. Но как только он сделал это, пламя сразу выровнялось, купол над головами быстро раздвинулся, открывая потолок, стены, знакомую старую печку с задымленным отдушником, кровати с измятыми подушками и брошенными на пол одеялами и дверь в соседнюю спальню девочек. Вместе с тем шорох ушел из комнаты и, вместо важного голоса, слышался плеск разрозненных струек на дворе.

— Пойду разбужу,— сказал Мордик, подымаясь и направляясь в комнату девочек.— Нянька, нянька, вставай! — тормошил он старуху.

Нянька быстро села на своей постели, с выпученными, удивленными глазами.

— А что? Разве уже? — спросила она испуганно.— Ах я, старая, проспала!

Она поправила на голове кичку, из-под которой выбились седые космы, и, быстро надев башмаки, накинула на плечи свитку.

— Кыш у меня!.. Сидите от—тут смирно. Я скоро приду. И старуха торопливо вышла в коридор. Вскоре ее шаги смолкли, и Марк смотрел на брата в печальном разочаровании.

— Ушла!.. Вот дура! — сказал он.

— Да, лучше было не будить. Как же теперь мы одни?

— Разбудим девочек.

Но девочки, разбуженные возней, проснулись сами.

Слышно было, как старшая помогает младшей выбраться из кроватки, и вскоре обе они появились в дверях, держась за руки.

— Здравствуйте, судари, вот и мы! — сказала Маша весело и немного жеманясь. Заметив, что няньки нет, она говорила радостно и громко.

— Тише, дура! — оборвал ее Марк.— У мамы родится новая девочка, а ты тут кричишь.

— Тише, все! — сказал старший, к чему-то прислушиваясь. Девочки смирно уселись около свечи и тоже смолкли.

VII

Дождь, очевидно, совсем перестал. Прежний непрерывный шум разорвался, и из-за него яснее выступили дальние звуки: колыхание древесных верхушек, лай сонной собаки и еще какой-то тихий гул, который, начавшись Где-то очень далеко, на самом краю света, теперь понемногу вырастал и подкатывался все ближе.

— Кто-то едет,— сказал Мордик.

— Далеко, в городе...

Среди сна и тишины ночи, нарушаемой только плеском воды из водосточных труб да шелестом ветра, этот одинокий звук колес невольно приковывал внимание. Кто едет, куда, в эту странную ночь?.. Вася задумался. Ему представилась в отдалении катящаяся по темным и пустым улицам маленькая коляска, непременно маленькая, с маленькими коваными колесиками, потому что и этот мелодичный рокот казался маленьким и тихим, хотя долетал ясно. Маленькие лошадки быстро отбивают дробь копытами по мостовой, и маленький кучер заносит руку с кнутом. Кто же это едет в поздний час по улицам спящего города?

Колеса рокотали, катились ближе, быстрее... Потом шум сразу оборвался, и послышалось только тихое тарахтение по мокрой немощеной дороге; то лязг обода о камешек, то скрип деревянного кузова прорывались время от времени и каждый раз все ближе...

— Полем едет... к нам,— сказал Мордик. Дом стоял на краю города, рядом с широким пустырем, заросшим бурьянами и травой. Кто же это мог ехать к ним ночью, да еще в такую ночь, когда все так странно и у них должен родиться ребеночек? И сразу этот стук подъезжавшего экипажа присоединился ко всему, что было необычно, что творилось у них только в одну эту ночь...

Затаив дыхание, дети слушали, как отворились ворота, как колеса шуршат по двору и подъезжают к крыльцу. После этого суетня усилилась, участилось хлопанье дверей и движенье на той половине.

— Это привезли ребеночка? — спросила Маня.

— Молчи!..

Вася прислушался, и в его воображении рисовалась странная картина: ангелы вылезли из коляски. Они бережно несут ребеночка, отдают его маме и поздравляют:

все слава богу, все слава богу! Берите его себе, все будут живы...

Но только странно: в доме все так тихо, и никто не радуется. Суета смолкла, двери перестали хлопать. Кто-то осторожно подошел в коридоре к ближайшей двери, где жила старая тетка, никогда не выходившая из своей комнаты, и Вася слышал разговор:

— Слава богу, приехал! Теперь все будет хорошо.

— Ох, барыня, погодите радоваться! Сама-то в обмороке... Боже мой, как трудно...

Потом дверь скрипнула, и все стихло. Еще через минуту в детскую вбежала нянька. Космы седых волос окончательно выбились из-под головного платка, по сморщенному лицу текли слезы. Не обращая внимания на детей, она пошарила в сундуке, потом забралась к себе на постель, и, когда она опять выбежала, дети увидели в спальной красноватый отблеск. Перед иконой тихо разгоралась "страшная свеча", "громница"...

Девочки ничего не понимали и только смотрели перед собой широко открытыми глазами. Братья смотрели друг на друга и ждали: кто из них заплачет первый. Тогда детская сразу переполнилась бы неудержимым ревом... Но было слишком страшно... На дворе кто-то гудел протяжно и сердито, и дети уже не узнавали в этом гудении голос ветра, пролетавшего над садом.

Но вдруг дальняя дверь опять отворилась, и чей-то странно спокойный, уверенный голос сказал громко:

— Отлично, отлично! Поздравляю! — и долгий облегченный вздох, какого никогда в жизни не приводилось слышать детям, тихо пронесся по всему дому и угас...

Васе вдруг стало как-то радостно, хотя в голове путалось еще больше... Он не знал, что значит этот странный голос, и ему казалось, что он засыпает. Напряжение этой ночи брало свое, Шура дремала сидя, и дети не замечали, как идет время...

— А я знаю, кто приехал,— сказал вдруг Марк, не поддавшийся дремоте, но слова замерли у него на устах. Дверь опять отворилась, но теперь никаких звуков не было слышно, кроме детского плача. Плакал маленький ребеночек каким-то особенным, тонким, захлебывающимся голосом, но упрямо и громко...

Это было так неожиданно, и плач слышался так ясно, что даже маленькая Шура очнулась, подняла голову и сказала:

— Де'тинька... па'цит.

Впрочем, ее это, повидимому, нисколько не удивило. Зато все остальные повскакали с мест. Маша захлопала в ладоши, а Марк кинулся к дверям.

— Пойдем туда!

Вася пошел за ним, но у порога остановился.

— А заругают?

— Ну, один раз ничего...— успокоил Марк. Он хотел сказать, что именно этот раз, в эту ночь, все позволительно.— А вы, девочки, оставайтесь...

Но Маша думала иначе:

— Вот какой умный! Оставайся сам, если хочешь... Пойдем, Шурочка, пойдем, милая! — и она торопливо подняла Шуру.

— Пускай идут,— поддерживал Вася, понимавший хорошо, что он и сам ни за что бы не остался.

Когда они открыли дверь в коридор, на них пахнуло теплым и влажным ветром. Сверх ожидания, коридор оказался освещенным: в самом конце у входной двери кто-то забыл сальную свечу в подсвечнике. Она вся оплыла, ветер колыхал ее пламя, летучие тени бегали по всему коридору, то мелькая по стенам, то скрываясь в углах, а черное отверстие печки, находившееся посредине, тоже как будто шевелилось, перебегая с места на место. Вообще и коридор в эту ночь стал совем иной, необычный. В полуоткрытую дверь виднелась часть синего ночного неба, и черные верхушки сада качались и шумели.

Когда дета подошли к концу коридора, ветер обвеял их голые ноги.

Дверь "на ту половину" была недалеко от входа, направо. Марк шел впереди и первый, поднявшись на цыпочки, тихо открыл эту дверь. Дети гуськом шмыгнули в первую комнату.

Знакомые прежде, комнаты имели теперь совсем другой вид. Прежде всего дети обратили внимание на дверь маминой спальни. Там было тихо, слабый свет чуть-чуть брезжил и позволял видеть фигуру отца, нежно склонившегося к изголовью кровати... Темная фигура незнакомой женщины порой проходила неясною тенью по спальне.

Марк дернул Васю за рукав.

— Видишь теперь, кто это приехал?

— Кто?

— Смотри: дядя Генрих и... Михаил.

Вася отвел глаза от дальней двери и взглянул в среднюю комнату, отделявшую переднюю от спальной. Это была прежде гостиная, но теперь в ней все было переставлено По-иному. Дядя Генрих сидел задумчиво на стуле, под висячей лампой, и на его бледном лице выделялись одни глаза, которые, казалось детям, стали еще больше. Михаил без сюртука, с засученными рукавами вытирал полотенцем руки.

— Что теперь делать? — спросил растерянно Вася. Во всех практических начинаниях он предоставлял первенство Марку.

— Не знаю,— ответил тот, отодвигаясь в тень. Дети последовали за ним. Присутствие Генриха и Михаила их озадачило. Генрих прежде был весельчак, играл с детьми, щекотал их и вертел в воздухе. Около двух лет назад у него родилась Шура, а жена умерла. С тех пор он уехал в другой город и редко навещал их, а когда приезжал, то дети замечали, что он сильно переменился. Он был с ними попрежнему ласков, но они чувствовали себя с ним не попрежнему: что-то смущало их, и им не было с ним весело. Теперь он глубоко задумался, и в глазах его было особенно много печали.

Михаил был гораздо моложе брата. У него были голубые глаза, белокурые волосы в мелких кудрях и очень белое, правильное, веселое лицо. Вася знал его еще гимназистом, с красным воротником и медными пуговицами, но это, все-таки, было давно. Потом он появлялся из Киева в синем студенческом мундире и при шпаге. Старшие говорили тогда между собой, что он становится совсем взрослый, влюбился в барышню, сделал раз "операцию" и уже не верит в бога. Все студенты перестают верить в бога, потому что режут трупы и ничего уже не боятся. Но когда приходит старость, то опять верят и просят у бога прощения. А иногда и не просят прощения, но тогда и бывает им плохо, как доктору Войцеховскому... Такие всегда умирают скоропостижно, и у них лопается живот, как у Войцеховского...

Михаил никогда не обращал на детей внимания, и детям всегда казалось, что он презирает их по двум причинам: во—первых, за то, что они еще не выросли, а во-вторых — за то, что сам он вырос еще недавно и что у него еще почти не было усов. Впрочем, когда теперь он подошел к лампе и надел совсем новый мундир, дети удивились, как он переменился: у него были порядочные усики и даже бородка, и он стал на самом деле взрослый. Лицо у него было довольное и даже гордое. Глаза блестели, а губы улыбались, хотя он старался сохранить важный вид... Надев мундир, он-таки не вытерпел и, крутя папиросу, сказал Генриху:

— Ну, что скажешь, Геня, каково я справился?.. А случай трудный, и этот старый осел, Рудницкий, наверное отправил бы на тот свет или мать, или ребенка, а может быть, и обоих вместе...

Генрих отвел глаза от стены и ответил:

— Молодец, Миша!.. Да, мы приехали с тобой вовремя. Может быть, если бы два года назад... у моей Кати...

Но тут голос его стал глуше... Он отвернулся.

— А все-таки,— сказал он,— рождение и смерть... так близко... рядом... Да, это великая, тайна!.. Михаил пожал плечами.

— Эту тайну мы, брат, проследили чуть не до первичной клеточки...

Дети недоумевали и не знали, на что решиться. Во—первых, все оказалось слишком будничным, во—вторых, они поняли, что и в эту ночь им может достаться за смелый набег, как и всегда; а даже выговор в присутствии Михаила был бы им в высшей степени неприятен. Неизвестно, как разрешилось бы их двусмысленное положение, если бы не вмешался неожиданный случай.

Входная дверь скрипнула, приотворилась, и кто-то заглянул в щелку. Дети подумали, что это няня, наконец, хватилась их и пришла искать. Но щель раздвинулась шире, и в ней показалась незнакомая голова с мокрыми волосами и бородой. Голова робко оглянулась, и затем какой-то чужой мужик тихонько вошел в переднюю. Он был одет в белой свитке, за поясом торчал кнут, а на ногах были громадные сапожищи. Дети прижались к стене у сундука.

Мужик потоптался на месте и слегка кашлянул, но будто нарочно так тихо, что его никто не услыхал в спальной. Все его движения обличали крайнюю робость, и дверь он оставил полуоткрытой, как будто обеспечивая себе отступление. Кашлянув еще раз и еще тише, он стал почесывать затылок. Глаза у него были голубые, бородка русая, а выражение чрезвычайной робости и почти отчаяния внушало детям невольную симпатию к пришельцу.

Отчасти тревожный шопот детей, отчасти привычка к полутьме передней указали незнакомому пришельцу его соседей. Он, видимо, не удивился, и в его лице появилось выражение доверчивой радости. Тихонько на цыпочках, хотя очень неуклюже, он подошел к сундуку.

— А что мне... коней распрягать прикажут? — спросил он с видом такого почти детского доверия к их "приказу", что дети окончательно ободрились.

— А это вы привезли маленького ребеночка? — спросила Маша.

— Э! какого ребеночка? Я привез пана с паничом... А что мне, не знаете ли, коней распрягать или как?

— Не знаем мы,— сказал Мордик.

— А ты вот что: ты, паничку, поди в ту комнату, да и спытай у панича, у Михаила, что он скажет тебе?

— Сходи сам.

— Да я, видите ли, боюсь... Мне того, мне не того... А вы бы сходили-таки, вам-таки лучше сходить. Не бог знает, что с вами сделают.

— А с тобой?

— Э, какой же ты, хлопчику, беспонятный. Иди-бо, иди...

Он выдвинул Марка из угла и двинул к дверям. Марк предпочел бы лучше провалиться сквозь землю, чем предстать теперь перед всеми — и в особенности перед Михаилом — в одной рубашке и так неожиданно. Но рука незнакомца твердо направляла его вперед.

— Что это, откуда-то дует...— послышался тихий голос матери. Тогда Михаил повернулся на стуле, и Марк понял, что участь его решена. Поэтому он со злобой отмахнул руку незнакомца и храбро выступил перед удивленными зрителями.

— Он говорит, вот этот...— заговорил Марк громко и с очевидным желанием свалить на мужика целиком вину своего неожиданного появления,— узнай, говорит, что, мне лошадей распрягать или не надо?..

— Кто? где? — спрашивал отец, повернувшийся на говор.

— Там вот, мужик.

Но мужик в это время предательски отодвинулся к выходной двери и, наполовину скрывшись за ней, политично ожидал конца сцены. Маша, увидев этот маневр, пришла в негодование.

— А ты зачем прячешься? Вот видишь какой: вытолкнул Маркушу, а сам спрятался!..

Это вмешательство выдало всех. Михаил взял с комода свечку, поднял ее над головой и осветил детей.

— Эге,— сказал он,— тут их целый выводок. И дурень Хведько с ними. Хведько, это ты там, что ли?

— А никто, только я. Я бо спрашиваю, чи распрягать мне коней?

— Дурень, запирай двери! — крикнул Михаил.— Да не уходи пока! Погоди там в передней. Мужик с большой неохотой повиновался.

— Ну, теперь расправа: как вы сюда попали, пострелята? Ты зачем их привел, Хведько?

— А какой их бес приводил... Я вошел спытать, чи распрягать мне коней. Гляжу, а их там напхано целый угол. Вот что! А мне что? Вот и маленькая панночка говорит: "Ты ребеночка привез"... Какого ребенка, чудное дело...

Все засмеялись.

— Ну, теперь вы говорите: как сюда попали? Оба мальчика угрюмо потупились... Они ждали чего-то необычайного, а вместо того попали на допрос, да еще к Михаилу.

— Мы услышали, что ребеночек плачет,— ответила одна Маша.

— Ну, так что?

— Нам любопытно,— угрюмо ответил Марк,— откуда такое?

— Ого, ото! — сказал на это Генрих, который, между тем,

взял на руки свою Шуру.— Вот что называется вопрос! Спросите у него,— кивнул он на Михаила,— он все знает.

Михаил поправил свои очки с видом пренебрежения.

— Под лопухом нашли,— сказал он, отряхивая свои кудри.

Пренебрежение Михаила задело Марка за живое.

— Глупости,— сказал он с раздражением.— Мы знаем, что это не может быть. На дворе дождик, она бы простудилась.

— Ну вот, одна гипотеза отвергнута,— засмеялся Генрих,— подавай, Миша, другую...

— Спустили прямо с неба на ниточке.

— Рассказывайте...— возразил Марк, входя все в больший азарт.— Видно, сами не знаете. А мы вот знаем!

— Любопытно. Верно, от старой дуры, няньки?

— Нет, не от няньки.

— А от кого?

— От... от жида Мошка.

— Еще лучше! А что вам сказал мудрец Мошко?

— Расскажи, Вася,— обратился Марк к Головану.

— Нет, рассказывай сам.— Вася был очень сконфужен и чувствовал себя совершенно уничтоженным насмешливым тоном Михайловых вопросов. Марк же не так легко подчинялся чужому настроению.

— И расскажу, что ж такое? — задорно сказал он, выступая вперед.— У бога два ангела...

И он бойко изложил теорию Мошка, изукрашенную Васиной фантазией. По мере того как он рассказывал, его бодрость все возрастала, потому что он заметил, как возрастало всеобщее внимание. Даже мать позвала отца и попросила сказать, чтобы Марк говорил громче. Генрих перестал ласкать Шуру и уставился на Марка своими большими глазами; отец усмехнулся и ласково кивал головой. Даже Михаил, хотя и покачивал правою ногой, заложенною за левую, с видом пренебрежения, но сам, видимо, был заинтересован.

— Что же, это все... правда? — спросил Марк, кончив рассказ.

— Все правда, мальчик, все это правда!— сказал серьезно Генрих.

Тогда Михаил, еще за минуту перед тем утверждавший, что ребят находят под лопухом, нетерпеливо повернулся на стуле.

— Не верь, Марк! Все это — глупости, глупые Мошкины сказки... Охота,повернулся он к Генриху,— забивать детскую голову пустяками!

— А ты сейчас не забивал ее лопухом?

— Это не так вредно: это — очевидный абсурд, от которого им отделаться легче.

— Ну, расскажи им ты, если можешь...

— Ты знаешь, что я мог бы рассказать...

— Что?

Михаил звонко засмеялся.

— Физиологию... разумеется, в популярном изложении... Надеюсь, это была бы правда.

— Напрасно надеешься...

— То есть?

— Ты знаешь немногое, а думаешь, что знаешь все... А они чувствуют тайну и стараются облечь ее в образы... По-моему, они ближе к истине.

Михаил нетерпеливо вскочил со стула.

— А! Я сказал бы тебе, Геня!.. Ну, да теперь не время. А только вот тебе лучшая мерка: попробуйте вы все, с вашею... или, вернее, с Мошкиной теорией сделать то, что, как ты сейчас видел, мы делаем с физиологией... Вы будете умиляться, молиться и ждать ангелов, а больная умрет...

— Ну, умирают и с физиологией, я знаю это по близкому опыту...— сказал Генрих глухо.

— Частный факт, и физиология плохая...

— Этот частный факт для меня — пойми ты — общее всех твоих обобщений. Погоди, ты поймешь когда—нибудь, что значит смерть любимого человека, и частный ли это факт.

— Истина выше личного чувства! — сказал Михаил и смолк. Он понял, что с Генрихом нельзя теперь продолжать этот разговор.

VIII

В комнате стало тихо. Дети недоумевали. Они не поняли ни слова из того, что говорилось, но ощутили одно: это спорность их теории. Они были смущены и нерадостны.

В это время Хведько, о котором все забыли, высунул опять голову из-за косяка двери.

— А что, мне распрягать коней, чи нет? — произнес он с глубокою тоской в голосе.

Это вмешательство показалось всем очень кстати. Михаил весело засмеялся.

— Ага! — сказал он,— вот еще один мудрец. Попробуем сейчас маленькую индукцию... Как ты думаешь, Хведор, куда мы с тобой ехали?

— Да я ж думаю никуда, только сюда. Он внимательно, не отрывая выпученных глаз, смотрел на Михаила, как будто боялся его шутливых расспросов.

— Ну?

— А что ну?

— Ну, приехали мы сюда или нет?

— Э, вы бо все смеетесь. Чего бы я спрашивал, когда оно само видно?

— Так зачем же лошадям стоять на дожде, дурню?

— От и я так думал,— обрадовался Хведько.— Оно хоть дождя уже нет, а таки лошадям стоять не для чего. Пойду распрягать. Так и говорили бы сразу...

И он поторопился уйти с видимым облегчением.

— Ну, и вы тоже... марш обратно! — сказал отец.

— А... а деточку? — сказала Маша печально. Виновница всей кутерьмы находилась в спальне. Мать тихо сказала что-то, и вскоре бабка вынесла ее на руках в хорошеньком белом свивальнике.

Среди кучи белья виднелась маленькая головка. Глаза смотрели прямо, на лице было то странно сознательное выражение, которое порой делает лица детей почти старческими. Девочка зевала и потягивалась.

— Гордячка какая! — неизвестно почему решила про нее Маша, поднимаясь на цыпочки.

Если б мама была здорова, она, наверное, вспомнила бы, что детям нужно принести платье. Но теперь никто не обратил внимания на то, что они вышли, как и вошли, в одних рубашонках, Шура осталась на руках отца.

Выйдя в коридор. Маша тотчас же побежала в детскую, но мальчики замешкались. Марк увидел в наружную дверь, что около конюшни стоит бричка, а Хведько распряг уже лошадей и ведет их под навес. Это его заинтересовало, и он юркнул на крыльцо; Вася пошел за ним.

Хведько привязал лошадей, потом его белая свита замелькала около брички, и он вынес оттуда громадный чемодан. Втащив его на крыльцо и поставив на верхней ступеньке, он, По-своему, с наивною фамильярностью обратился к Марку:

— А то, видно, у вас родилось тут что-то?

— Не что-то, а девочка.

— Вот и я говорю. А о чем это паничи спорились?

— А это, видишь ты... Мы говорим: у бога два ангела...

— Ну-ну, не два,— много... Мало ли их у бога... богато...

— Правда? А Михаил говорит: глупости!

— Но!.. Молодой панич иной раз скажет, так будет над чем посмеяться! — И он сам засмеялся. Дети почувствовали к нему полное доверие.

— А правда, что детей приносят ангелы?

— Оно... того... так надо сказать, что детей приносят бабы... таки не кто другой... А душу ангелы приносят. Вот уж это так ваша правда. Вот что, хлопчики: душу... Ну, а мне, хлопчики мои, надо сундук нести, вот что. А то я бы тут вам все это отлично рассказал...

И Хведько взвалил себе на плечи тяжелый чемодан. Мальчики очень жалели об этой необходимости. Там, в кабинете, их теория, успешно выдержавшая в детской их собственную критику, как-то помутилась. Они чувствовали недоумение и растерянность. Здесь же короткая беседа с Хведьком опять восстановила ее в прежнем порядке и стройности.

И оба они посмотрели на небо в одно время. Только теперь они обратили внимание, что и на дворе тоже все странно. Первая странность состояла, конечно, в том, что они стоят на крыльце босые и неодетые, в такую пору, и что их обдувает прохладный и сырой ветер. Кроме того, на дворе, там и сям, странно светились лужи, каким-то особенным, загадочным отблеском ночного неба, а сад все колыхался, точно он еще не мог окончательно успокоиться после волнений ночи. Небо светлело, но тем резче выделялись на нем крупные, тяжелые и будто взъерошенные облака. Точно кто-то пролетел по небу, все раскидал, все перерыл, и теперь так трудно привести все в порядок до наступления утра. А между тем всюду заметна была торопливость. Одно тонкое облако, вытянувшееся до самой середины неба громадным столбом, быстро наклонялось, столб ломался и закрывал одни звезды, между тем как из-за него бойко выглядывали другие. Какие-то раскиданные по небу лохмотья стягивались к одному месту, в сплошную тучу, которая все оседала книзу; и по мере того как туча спадала, становилось светлее, и можно было разглядеть, как осина в саду то и дело меняется от ветра, взмахивая своими, белыми снизу, листьями.

И детям чудился в светлеющем небе неуловимый полет светлого ангела, между тем как другой распростер темные крылья там далеко, под низкими тучами. Обоим мальчикам хотелось встретить тут восход солнца,—это так любопытно,— и они простояли бы еще долго, если бы нянька, наконец, не спохватилась. Ворча, в каком-то исступлении, она неслась по коридору с совершенно несвойственною старым ногам быстротой. Однако она не добежала до крыльца, а остановилась в трех шагах от дверей, отстранившись к стенке, так что осталось узкое место для прохода детей.

— А кыш, а кыш! — кричала она.— Ах, проклятые гультяи, куда забрались, нет на вас холеры великой!.. А кыш!..

Мальчики охотно не пошли бы опасным проходом, но они понимали, что их поступок выходил совершенно из рамок всякого компромисса и что нянька имеет право на возмездие. Оставалось только надеяться на свою ловкость.

Голован был любимец няньки, и хотя бежал первым, но получил удар снисходительный. Зато шлепок, отпущенный Марку, отдался по всему коридору. Тем не менее, отбежав на середину коридора, он остановился и сказал довольно равнодушно:

— Думаешь, очень больно? Ничего не больно, только громко.

Через полчаса все в доме успокоилось, хотя спали далеко не все.

Отец думал о том, что прибавились еще расходы, а жалованья и так нехватает. Мать думала о том же. Она велела поднести к себе девочку, смотрела на нее и плакала, потому что она не знала, можно ли ей радоваться новой жизни при таких маленьких средствах. Михаил начинал дремать и в дремоте думал о жизни, что она хороша. А Генрих не спал, смотрел в темноту и думал о смерти: что же она такое?

Только дети спали безмятежно и крепко.

ТАЛАНТЫ

— Талант, талант... Что такое в самом деле талант?.. Вот вы, господин артист, можете нам это объяснить?

— Да, да... Ну вот, Илья Андреевич, — объясните в самом деле... — лениво поддержал другой собеседник...

— Гм, — отозвался Илья Андреевич, откашливаясь и наливая чай из полуостывшего самовара... — Слово латинское... А смысл глубокий... У нас, скажу вам, в труппе, из-за этого слова раз большая потасовка вышла.

— Да?..

— Именно да.

— Ну, и расскажите... Господи, скука какая...

— Рассказать можно... Действительно скука... И еще... посмотрите в окно... Кажется, опять дождь...

В окна стучало что-то серое, — дождь или снег, — разобрать было трудно. По стеклам тихо стекали слезливые струйки...

— Помрем мы здесь, в этом проклятом "трахтире". Ну, рассказывайте, что ли...

— Да ведь что... и рассказывать почти нечего...

Говорил это господин с плохо выбритым, несколько одутловатым лицом, обличавшим актера. Разговор происходил в сельском трактире с вывеской: "Трахтир Вена с горячими напитками". Трактир стоял на горке над небольшой рекой, притоком Волги, и его теперь со всех сторон било ветром, дождем и изморозью. Внизу, в долинке, сиротливо ютилась деревенька. В окна в одну сторону виднелась река Сура, еще покрытая некрепким льдом, в другую — большая дорога из уездного города N на Симбирск. Дорога сбегала полого вниз, терялась из виду за косогором и потом из глубокого оврага тяжело подымалась на довольно крутой лесистый склон грязной, раскисшей лентой. Кругом по черному пару лежали пятна "изнывающего" снега. Висело низкое небо, тяжело носились вороны. Было еще рано, но казалось, что уже вечереет...

В деревенском придорожном трактире, по какому-то капризу хозяйской фантазии названном "Веной", уже третий день праздно проживала компания из трех человек. Илья Андреевич, довольно известный провинциальный актер, человек, видимо, усталый от беспокойной профессии, несколько потертый, с низким грудным хрипловатым голосом.

Ему нужно было спешить в Симбирск, к началу осеннего сезона, но задержала распутица. Его собеседники были: молодой изящный блондин с умным лицом, светлой зарослью и красивыми синими глазами. Это был богатый человек, мечтавший о литературной профессии, но пока печатавший только стихи в местном губернском органе... Он больше лежал в постели, часто зевал, но вообще держался с достоинством. Третий — маленький человечек, с видимым расположением к полноте, с породистым нерусским лицом, лысый, с толстыми усами над очень полными пунцовыми губами, — на первый взгляд производил впечатление несколько комическое. Он был очень нервен, часто вскакивал со стула, бегал по комнате, глядел в окно и проклинал погоду. Несмотря на малосолидную внешность и на то, что его близкие и даже не одень близкие знакомые звали Грегуаром и даже уменьшительно Горчиком, — это был человек очень дельный, воротила N-ского земства и уездный предводитель дворянства. Его любили, а кто и не любил, все равно обойтись без него не могли. Он был человек "передовой", остроумный, мнения свои выражал открыто, и его остроты порой "прилипали". И все же его прекрасно выбирали каждое трехлетье.

В "Трахтире Вена с горячительными напитками" они съехались случайно. Осень, казалось, установилась ранняя, санный путь встал сразу и даже реки стали быстро и крепко. Но затем вдруг повеял теплый ветер, растопил снег, погнал его ручьями, точно весной, и расквасил дороги. Ехать черноземным немощеным "трактом" оказалось невозможно. "Хошь бы на ночь подморозило, — говорили мужики, — утречком и перебрались бы, господи благослови, как ни то, через Мокрый враг"... Но и ночи стояли все такие же: сырой, пронизывающий ветер с дождем или тут же тающим снегом.

Всех спокойнее мирился с задержкой актер. Полная превратностей жизнь приучила его к философии. Он весь день пил чай с плохим трактирным ромом, раскладывал пасьянс или спал. Порой развлекал собеседников анекдотами, которые рассказывал с ленивой полусерьезностью.

Трудно сказать, почему в этой обстановке зашла речь о таланте...

— Ну, что же, черт возьми, — нетерпеливо сказал Грегуар, безнадежно рванувшись опять от окна. — Расскажете вы нам, наконец, о вашей потасовке из-за таланта?..

— Расскажу, — спокойно ленивым баском ответил Илья Андреевич, — но если вы ждете, что это надолго разгонит ваш сплин, то разочаруетесь. Просто, видите ли, дело в одном разговоре, тоже вот, — как и у нас сейчас, — о таланте. Такая уж волнующая тема... Была у нас в труппе актриска одна... Любецкая. В провинции имеет успех.

— Бездарность, — авторитетно сказал поэт.

— Ну, нет... Не скажите, — возразил, оживляясь, Грегуар. — Я ее видел в N-ске... Что-то есть...

— Вот именно, как вы изволили выразиться, что-то... В роли, какую ни дайте, действительно, пожалуй, бездарность... Досада одна. А что-то чувствуется... Особенное этакое, женское...

— Сорокапятилетняя баба... — отозвался опять поэт.

— И сорокапятилетняя, правда. И вот, изволите видеть, — в этом, пожалуй, и вся штука. Ведь привлекает. И не только одних воздыхателей, "поклонников", — эти, как мухи на мед... А и публику, ту, которая нам интереснее, которая дает сбор...

— В чем же, по—вашему, дело?

— По—моему? Дело все-таки... в таланте-с...

— Да ведь сами же вы его отрицаете...

— А вы вникайте... В том-то и дело-с: что такое талант? Разные ведь и таланты бывают. Вот, как-то в Астрахани, в свободный вечер пошел я в цирк. В своем деле собратья тоже, артисты, как и мы грешные. Так там у них молодой человек был. Скачет на спине лошади, затянутый в трико... Между пятками держит шар от бильбоке, а чашку приделал, каналья, к носу. На всем, представьте, скаку поддает шар пятками кверху, а носом ловит...

— Черт знает что! — сказал поэт с видом возмущения.

— Сам видел, — спокойно ответил Илья Андреевич. — И не черт знает что это, а именно талант. Дайте эту задачу гениальнейшему математику: по механике-то пусть он рассчитает... А тот без теорий вероятностей одной этой отгадкой мускулов... делает!.. И посмотрел я в это время на лицо его... Ну, лицо, положим, ничего особенного, а во всей фигуре — легкость, беструдность эта, порыв, восторг, вдохновение... И ведь как захватывает толпу... Дамы, уж не говорю: лавочник поблизости от меня сидел, — толстый, заматерелый за прилавком... Поверите, — весь так и трепещет и устремляется в пространство... Это что значит? А значит это, милостивые государи, психическое воздействие... Да, да! Талант, почти гениальность мускулов. Она бессознательно накоплялась предками этого жонглера в течение многих поколений, как предками Ньютона накоплялась для него способность математических обобщений, как предками Кина — драматическое дарование... Постойте, Грегуар, не волнуйтесь...

потому что я прав. Что делал Кин: плакал и заставлял плакать толпу... Другой смеется и заставляет смеяться. Ну, а этот летает и... подъемлет, так сказать, за собою несчастных мещан, порабощенных притяжением земли.

Грегуар и поэт засмеялись. Илья Андреевич деловито разбавил холодный чай коньяком.

— Ну, а Любецкая? — спросил Грегуар. — В чем же ее талант? Кого и куда она за собою подъемлет?

Актер посмотрел на него и сказал:

— Вас первого... Да. Признавайтесь: не вы ей в N—ске серебряный сервиз поднесли?.. И теперь вот как вас захватило любопытство... Любопытно? Захватывает?

— Что ж... Действительно любопытно, — сказал Грегуар, слегка покраснев. — Нет, не шутя. Я чувствую, что вы правы. Игра, действительно, посредственная. А что-то есть.

— Ну, вот—вот, — сказал Илья Андреевич поощрительно. — И это что-то — есть талант... Пожалуй, даже драматический, хотя не театральный...

— Непонятно...

— Женская драма, настоящая, коренная, сердечная. И женская игра, захватывающая невольно зрителя. Кто это сказал: женщина стара только тогда, когда сама это захочет признать... Ну, а если она женщина настоящая, или скажу по-иному, — если у нее женственность есть преимущественный талант, — так когда же она захочет это признать? Ну, и идет борьба... как это хохлы говорят: піп свое, черт свое. Так и тут: годы свое, женщина свое: не хочу!

— Мало ли что: не хочу, — равнодушно сказал поэт. — Приходится... Много на свете крашеных дур.

— Много-с, это верно. Бездарностей вообще больше, чем талантов. Ну, а талант вот вам: самая эта Любецкая. Вы изволили сказать: сорокапятилетняя баба. Скажу вам, так и быть, по секрету, — сорокавосьмилетняя... Сама мне раз призналась: "сорок восемь, голубчик Илья Андреевич, сорок восемь". И заплакала. И так это вышло трогательно, и так она была тогда хороша, что я ей ручки расцеловал... Да, вот и подите! Ведь и знаю, что сорок восемь, а играет она... не на подмостках только, а и в жизни, — восемнадцатилетнюю институточку.

— Ну, уж...

— Да-с, вот вам и ну уж... Иду как-то рано утром по улице: гляжу, идет с базару, платочком повязана, а театральная горничная за ней с корзиночкой. "Куда это, Калерочка?" — говорю. "На базар, представьте. Теточка (есть такая теточка у

90

нее, — все с нею ездит. Удобная: когда надо, она есть, когда не нужно, нет ее. Что нужно, видит, чего не надо, — слепа...) захворала, говорит. Мне нужно самой идти покупать... это... это... (и пальчиками так мило делает в воздухе). Ну, что в суп кладут".

— Говядину, Калерочка?

— Ну вот... Такое противное слове...

— Шарж, — сказал поэт с гримасой.

— Пожалуй, но шарж-то какой... талантливый. И знаешь, что шарж. Шарж тоже имеет свое место в искусстве, и если художественно, — то и за шарж поцеловать хочется.

— Я понял бы еще, если бы вы говорили ну хоть о мадам Рекамье. Это действительно... талант неувядающей молодости...

— Ну, что Рекамье. Явление другого порядка—с. Это непосредственность, натура, так сказать... А я говорю об искусстве.

— То есть?

— Да... Искусство никогда не бывает непосредственно... Вы думаете, Рашель в самом деле сливалась целиком с изображаемой героиней?.. Да если бы она на подмостках хоть на минуту стала Федрой, — ее бы вывели из театра за бесчинство... Величайший актер всегда раздвоен: он чувствует, конечно, то, что изображает, и чувствует также — свою публику... Это уж поверьте: ...Как только эта ниточка, связывающая актера с публикой, разорвана, — кончено! Роль испорчена...

— Ну, допустим... — сказал поэт, — но вы, кажется, уклонились.

— Нимало. Вот я и говорю: то Рекамье, а то Калерочка. Рекамье — непосредственное явление природы. Калерочка — талантливая женственность. Создала себе образ Калерочки—институтки и играет его чудесно: заражает верой в него. Заражает себя, меня — человека, гм... довольно преклонного возраста. Заражает публику... И не одних ведь мужчин. Дамы тоже чувствуют этот драматизм женственности в борьбе с роком и тоже валом валят смотреть Калерочку. Взгляните тогда на театр, на эти молодые лица в ложах. Какое участие, какое сочувственное оживление. Вы думаете, это они следят за тем, как героиня драмы справляется с ответственными монологами?.. Нет-с. Их интересует, как Любецкая играет молодую, как женщина побеждает годы... Есть в этом что-то захватывающее для всех... Удалось ей, — вся женская половина торжествует... своим этим сочувственно женским торжеством... Вот, дескать, мы какие бываем в сорок пять лет.

— А мужчины?

— А мужчинам, думаете, тоже не приятно видеть еще и еще это мелькание вечно женственного? Как бы там ни было, — все захвачены. Мы вот, "товарищи". Видим ее за кулисами... интриги у нас и все такое, а спросите меня, старого дурака... Ведь влюблен... Вижу ведь: и морщинки кремом заштукатурены, и глаза подведены... А поглядит из этой рамки трогательный взгляд, лучистый и как будто напуганный... так и хочется приласкать и утешить... Калерочка, милая, институточка ты, не баба сорокапятилетняя, как вот этот господин изволит говорить... Эх, вы, а еще поэт... Чего вам, если мы, травленые звери, поголовно ею, как говорится, затронуты...

— Ну, а она? — с интересом спросил Грегуар.

— Г—м, как вам сказать... Ну, влюбляется, конечно, но с удивительным тактом. И прежде всего — никогда в молокососов. Чувствует, что это старит, а она ничему, даже любви не отдаст в жертву своего культа, то есть образа этой неувядающей красоты, который носит в душе... Было один раз: начала увлекаться юным одним балбесом...

— все-таки было? — сказал Грегуар и подсел к рассказчику.

— Ну да. И парень-то остолоп совсем, и рожа идиотская, удивительно пошлая. Сердце у меня за Калерочку изболело... Кончено, думаю, сразу он ее старой бабой сделает... Пробовал даже с нею по душе говорить, как друг: "Калерочка, говорю, милая... Знаете, кто с гимназистами связывается?.." Побледнела даже, бедная, а совладать с сердцем трудно. Главное, — победил он ее действительно замечательным талантом...

— Черт знает что, — расхохотался Грегуар. — То вульгарный остолоп, то замечательный талант...

— А вы думаете, не бывает? Эх вы, наивность!.. Этак же вот знакомая одна юная актрисочка, за которой приударил было один известный писатель. Действительно известный, даже портреты в иллюстрациях печатались... Ну, наша бедная Анюточка сразу размякла... Глаз с него не сводит, когда он за кулисами появится, в публике только его глазами ищет. Потом пошли прогулки при луне... На реке, в гондоле... Это у нас так старая рассохшаяся лодка называлась... Только вдруг замечаю: в глазах у Анюточки недоумение какое-то... Точно вопрос какой разрешает. А один раз вбегает ко мне, лицо не то смешливое, не то испуганное. Вбежала и сразу хохотать... — Анюточка, что с тобой? Истерика, что ли? Может, обидел тебя "знаменитый" твой?.. Так ты мне скажи. Я ему, такому—сякому, пожалуй, и

92

бока намну. — Она руками замахала: "Не то, не то!" Успокоилась, наконец, посмотрела на меня и говорит почти с ужасом: "Илья Андреевич, ведь он... совсем дурак!" — Кто? — говорю. "Да он, знаменитость наша". — Ну, что ты, говорю, Анюточка, побойся бога... Ты это в каком-нибудь особом, своем смысле, что ли?.. Глупо тебе свои чувства изъяснил? В науке любви против гимназиста нынешнего не выстоит? Так ведь это и с очень умными мужчинами бывает. Это от отсутствия практики. — "Да нет, говорит, просто дурак набитый, в обыкновенном смысле... Какие бывают обыкновенные дураки". — Что ты, что ты это?.. Тебе ли, Анюточка, судить? Напрасно, что ли, портреты в иллюстрациях печатают, опомнись! — "Илья Андреевич, говорит, разве я не понимаю?.. Я ведь и сама испугалась было. Сама себе вот это все говорила. Но что же делать: ей—богу, дурак..." И пошла рассказывать... И вижу я, действительно дурак. А ведь герои у него порой говорили очень неглупые вещи...

— Как же это может быть?

— Талант... Воображение-то выше его ума. Так живо умного человека себе представит, что тот даже и умные вещи говорит, которых сам-то он, автор, своим умом и не придумал бы никогда... Так вот оно что. Можно ли после этого удивляться, что наш-то идиотик умных и интересных людей на сцене представлял? И так играл, представьте, что рецензенты называли его "умным актером". Завоевал всех, да и только. В том числе и бедную Калерочку. Любил ли он ее действительно, потянуло ли его, как зеленого гимназиста тянет иной раз к даме бальзаковского возраста, только наш гений стал оказывать милостивое внимание примадонне. Нахал... Избалованный общими этими овациями, он и тут держал себя Тамерланом. Ах, очень мне горько бывало минутами... Ломается он, а она любуется. Он глупости говорит, а она каждое слово ловит, как на икону смотрит... Преклонение, благоговение, восторг... Он ломается несносно, а она за каждым его жестом устремляется... Не знаю, чем бы и кончилось, да Граматин, спасибо, выручил. Вы Граматина не видывали? Резонеров играл. Умно, но не талантливо. Человек очень образованный, тактичный, джентльмен на сцене и в жизни, роли обдумывал со всех сторон, всем давал полезные советы, но в игре его не было того непосредственного огонька, той отгадки, которая была у дурачка Смирнова... И странно, заметьте: природа не обделила и его талантливостью, только этот дар поднесла ему в другой форме: положительное дарование ко всем видам спорта. Велосипед, трапеция... верхом ездил, как кавалерист, на рапирах не имел соперников даже в среде немецких буршей... И был он, надо сказать, давно и сильно предан Калерочке. Много страдал, но нес свой крест с достоинством. Всего тяжелее досталось бедняге это увлечение Калерочки юным пошляком Смирновым... Тут уже не мог сдержаться, стал заметно ревновать, осунулся, потерял сон. Смирнова ненавидел от всей души... Однажды в свободный вечер собрались мы у Калерочки чай пить. Говорили о том, о другом, и не помню уж по какому случаю, вот так же, как у нас теперь, — зашла речь о таланте. Принялись судачить о своей братии, преимущественно отсутствующих, хотя и присутствующим тоже не давали спуску. Смирнов говорил мало, но глупо, и, что было всего глупее, — держался совершенным властителем. Ему, видите ли, было неприятно, что в этот вечер у Калерочки он не один. Может быть, он как раз возлагал на него надежды, — только он явно выказывал всем нам оскорбительное пренебрежение, не скрывал дурного расположения духа, много пил и начинал пьянеть. Между прочим, когда заговорили о талантах, он вдруг как-то вульгарно грубо вмешался в разговор...

— Слушаю я, слушаю, — говорит, — и все это пустяки... Никто не знает, что такое талант... Ведь вот и вы, господин Граматин, не знаете? А? — И посмотрел на Граматина нахальными глазами... Бывают такие взгляды, в которых как-то сразу отразится вся, так сказать, ситуация. И на этот раз в пренебрежительной фразе Смирнова все мы сразу услышали и то, что он, Смирнов, всех нас считает ничтожествами, и что он недоволен нашим присутствием, и что он торжествует над Калерочкой, а Граматина считает бездарностью. И сразу стало как-то особенно тихо.

Граматин сидел весь вечер молча, не принимая участия в разговоре. На вопрос Смирнова он поднял голову и очень спокойно, даже вежливо ответил:

— Я могу, если вы непременно желаете, удовлетворить ваше любопытство, господин Смирнов.

— Н-ну-с, — тот говорит. — Это оч-чень любопытно, что господин Граматин может сказать о... таланте!..

— Талант, — ответил все так же спокойно Граматин, — есть драгоценная ноша, которую судьба часто взваливает на спину осла!

— Ха-ха-ха! — захохотал Грегуар. — Это замечательно.

— М-да... остроумно, — поддержал поэт.

— А главное, — ведь удивительно верно! Афоризм, и сам по себе имеющий цену, удивительно шел к данной минуте.

Анюточка, наивное существо, как услышала это, так из груди у нее вырвалось этакое выразительное: а-а-х... и даже руками всплеснула... Граматин сказал это так просто и вежливо, точно совсем не подозревал, куда попадает его ответ. Положение вышло такое, что и умному человеку впору. А Смирнов был, говорю вам, остолоп. Услышав ответ Граматина, он даже несколько разинул рот, повел глазами, как бык, увидевший красное сукно, и сказал:

— Это вы... милсдарь, — по моему адресу?

Граматин сдержанно ответил:

— Вам лучше знать, насколько вас тяготит этот груз...

Анюточка прыснула так выразительно, что не могли удержаться и другие. Улыбнулась даже Калерочка, и Смирнов увидел эту улыбку. Лицо его сразу сделалось свирепо, он поднялся, слегка покачнувшись, из-за стола и... неожиданно для всех, кинулся на Граматина с кулаками... Ну, тут произошла неожиданность. Граматин, высокий этакий и стройный, как стальная пружина, сразу поднялся, сделал что-то, и через несколько секунд Смирнов с недоумением на лице лежал на полу, под стенкой... Граматин без суеты, без возни, уложил его как-то спокойно, как можно уложить бревно под стенкой сарая...

— Превосходно! — сказал экспансивный Грегуар, вскакивая со стула. — Ну, и что же?..

— Да что же, — дуэль. Оба учились в одном университете, только Граматин лет на двадцать ранее... Ну, два бурша... Час и место... рапиры... Их предложил на свое несчастье сам Смирнов.

— Неужели Граматин убил его?

— Нет, только после дуэли у Смирнова оказался отрезанным самый кончик носа... Положим, хирурги ему опять этот кончик пришили... И, представьте, — даже пришили недурно. Однако... карьера его оказалась совершенно испорченной... Точно вместе с кончиком носа Граматин отрезал у него драматический талант...

Грегуар опять захохотал:

— Ну, послушайте! Ну, это невозможно... Вы нас просто дурачите...

— Я вам рассказываю то, что было. И что же тут невероятного? Артистический талант, — это своего рода двусторонний гипноз. Артист гипнотизирует массу, а она обратным, так сказать, током гипнотизирует его самого. И у Смирнова этот самогипноз был в степени превосходной. Первый любовник!.. Он был уверен, что он Адонис. И в жизни, и на сцене. Манера у него была чисто кавалерийская: шел уверенно в атаку в самообаянии красоты. И особенно гордился — носом. А тут — чувствует: уязвлен в самое ответственное, так сказать, место. Стал все смотреться в зеркало и щупать кончик носа. Товарищи, вдобавок, народ подлый. То и дело пристают с вопросами: "Ну что, ну как?.. Покажите, пожалуйста..." — "Удивительно, — ведь совсем почти незаметно". — "Нет, все-таки заметно..." — "Говорят, со временем станет лучше". — "Нет, со временем станет хуже..." Ну, и т.д. Бедняга сосредоточился весь на этом: стал спрашивать у посторонних, как они находят его нос, и понемногу обратился в посмешище. На сцене тоже потерял весь апломб, ежился под биноклями, отворачивался... Одним словом, потерял эту гипнотическую уверенность в своей власти над публикой, а с нею потерял и власть.

— А Любецкая?

— Ну, она еще до дуэли, непосредственно после скандала, очень холодно просила его не приходить к ней больше... Вот, господа, и вся история. А теперь давайте опять скучать. Я — за свой пасьянс. Грегуар, посмотрите в окно: дождь?

— Дождь, — безнадежно сказал Грегуар. — Э! Да что это? Кажется, судьба посылает нам еще кого-то.

ХУДОЖНИК АЛЫМОВ

I

Солнце уже село за синие вершины береговых гор, когда наш пароход, гулко шлепая колесами, прошел так называемые "Самарские ворота" и пошел Жигулями. Публика толпилась на правом борту, разглядывая в бинокли причудливый Царев—Курган, точно каравай хлеба, разлегшийся в широкой лощине. Вот и он остался позади, затягиваясь холодноватою вечернею мглою, и шум пароходных колес отдавался близким эхом от подступившей к самым бортам Соколовой горы.

"Стрела" бежала из всех сил против течения. В то время отчаянные гонки пароходов были на Волге самым обычным явлением. Поволжские газеты были полны негодующими описаниями всевозможных столкновений, поломок и аварий, а порой какой-нибудь особенно громкий взрыв котла, сопровождаемый человеческими жертвами, отдавался отголосками даже в столичной прессе. Но ничто не помогало. Пароходные расписания были составлены таким образом, что с каждой значительной пристани отваливало одновременно по нескольку пароходов. Стоило раздаться свистку на одной из пристаней, как тотчас же гудели другие, капитаны, угрюмо посматривая на соперников, торопили погрузку, пароход отваливал за пароходом, и дымок за дымком исчезал в речной дали, точно летящие вперегонку птицы. Все дело было в том, чтобы первому достигнуть следующей пристани, где уже нетерпеливо дожидаются толпы пассажиров, вглядываясь навстречу. Стоило показаться из-за извилистого яра первому дымку, первой мачте, первому флагу, лишь только первый торжествующий свисток прокатывался над безмолвной рекой, как уже на пристанях начиналось движение: публика сразу узнавала победителя и тянулась к одной пристани, на которой весело взвивался флаг, Все это было, пожалуй, довольно интересно и красиво со стороны, но на этой почве разыгрывались порой безобразные и даже трагические эпизоды. Случалось, что в пылу состязания противники кидались друг на друга, точно в морской баталии.

Теперь за нашей "Стрелой" гнался "Коршун". Оба парохода были неважные, и у обоих силы были почти равны, поэтому состязание имело характер особенно напряженный и неприятный. Команда была сосредоточенна и зла, капитан неприветлив, публика скучна и недовольна. "Коршун" то и дело наседал на нас, и перед каждым перекатом, где мы поневоле замедляли ход, его нос среди белой пены появлялся вплоть за нашей кормой. Тогда "Стрела" начинала "рыскать", загораживая узкий фарватер, и капитан советовался с лоцманами: его тактика состояла в том, чтобы каким-нибудь способом "отжать" соперника на мель. Такие же христианские намерения до очевидности ясно обнаруживалась и в тактике противника. Порой капитаны вооружались рупорами и обменивались такими сочными и здоровыми непечатными приветствиями, что, казалось, вся пустынная река, сжатая с обеих сторон зелеными горами и темными ущельями, внезапно оживала. Как будто в каждой лощине — и вблизи и вдали, и вверх и вниз по течению — стояло по такому же капитану с рупором, и все они обстреливали узкое русло своими гулкими ругательствами.

Порой с какой-нибудь отмели или с встречного каравана отделялась лодочка и робко выбегала на русло. С лодочек махали картузами и платками, прося, очевидно, захватить пассажиров. Но пароход только отмахивался и летел дальше, сердито качая лодку разбегавшимся валом. Можно было видеть, как злополучные пассажиры повторяли ту же попытку и с таким же успехом назади: "Коршун" тоже проносился мимо, и лодочка опять сиротливо направлялась к берегу или к каравану барок, тянувшихся между пустынными берегами.

Наконец "Коршун" начал сдавать. Может быть, машинист был более осторожен, или публика более настойчиво грозила протоколом, но только "Коршун" отстал и долго шел, прижимаясь к крутояру, так что казалось, будто он бежит по самому берегу.

Правда, порой он отделялся от гор, выказывая намерение кинуться наперерез, и вообще держался настороже, карауля каждый промах противника, но все же расстояние между пароходами понемногу растягивалось, и напряжение гонки слабело.

На мачтах зажглись огни, так как день, видимо, угасал. По временам на длинных прямых плесах нам еще видно было солнце, висевшее в пылающем багровом облаке, насыщенном огнем и золотом. Но сзади нас догоняли холодные сумерки, быстро поглощавшие все краски угасающего дня; сумерки же выползали на реку из-за каждого уступа, из каждого ущелья, ютились в молчаливых расщелинах и долинах, спускались неуловимой для глаза сеткой сверху.

Река в этом месте удивительно молчалива и пустынна... Кой-где клок тумана над болотом, кой-где дымок деревеньки, или новая труба затерявшегося в Жигулях алебастрового завода, кой-где рыбацкая лодка и костер на песке... И опять безлюдие, тишь, мерное колыхание реки, чуткое эхо, смена синих и зеленых теней, и какие-то неясные, неуловимые, но манящие и беспокоящие воспоминания, реющие в сумерках над великою рекою, колыбелью нашего русского романтизма... Вскоре угасли и пылающее облако и Волга. На закате недолго тлели еще несколько узких облачков, но и они быстро остывали и меркли. Река похолодела, потемнела, черта берега исчезла и потерялась между темными силуэтами Жигулей и повторившим их в задумчивой реке колеблющимся отражением. Казалось, вершины опрокинутых гор тихо дремлют внизу, а между ними узкой полоской светится там, в глубине, другое, далекое, угасающее небо... Только порой колыхание и трепет, пробегавшие по заснувшей поверхности, взламывали этот мираж, отделяя неподвижную действительность от хрупкой иллюзии... И все это тихо выступало из сумрака, надвигалось, проплывало мимо и поглощалось мглой назади.

Было что-то почти томительное в этой немой, чарующей красоте, заснувшей или мертвой. Какие-то бесформенные образы вставали, теснились, дразнили чуткое воображение и проносились, не давая ни разгадки, ни удовлетворения... Волга, Волга!.. Есть что-то особенное, какое-то ей только свойственное ощущение, неопределенное и, однако, необыкновенно сильное, неясное и, однако, замечательно цельное, которое охватывает душу только на ее просторе... Вся печаль и все обаяние родной земли, вся ее скорбная история и ее смутные надежды нигде не овладевают сердцем так полно и властно, нигде с такой щемящей настойчивостью не просят образа и выражения, как на Волге, особенно в тихий, сумрачный, немного мглистый вечер, с догорающим закатом и с надвигающейся из-за дальних вершин холодною, темною, быть может, грозовою тучей.

II

Однако несколько дней среди молчаливых красот волжского пейзажа все-таки утомляют. Слишком мало определенных впечатлений, и слишком много неясных, туманных, призрачных, не успевающих пробиться к сознанию. Точно та самая дымка, что заволакивает волжские берега, ложится также на воображение и на сердце. Что-то в ней шевелится, и мелькает, и дразнит, но что именно — сказать трудно. А пароход все идет, все так же глухо шумит машина, все так же тянутся берега, и маленький пловучий мирок двигается, весь обвеянный особенной, щемящей скукой...

В этот вечер я долго не мог найти себе места и шатался по пароходу. В третьем классе при слабом свете между колонками и тюками товара виднелись обычные фигуры и слышалось жужжание обычных разговоров.

— И воста, например, в виде змия от земли и до небеси. На небеси жена рождает младенца, а змий простреся его поглотити. И увидевши гадину, ангел...

В первом классе ужинает какой-то желчный господин, страдающий печенью и предпринявший поездку по Волге для здоровья; запах рыбной селянки гонит меня и из второго класса, где несколько молодых людей пьют пиво и играют в карты. На галлереях видны полоски света из окон, за которыми тоже пьют чай или ужинают. Трепетные огоньки чуть освещают бегущую воду внизу, и та же тоска неопределенного очарования глядит отовсюду. Я спасаюсь наконец на верхнюю площадку и сажусь у капитанской рубки...

Здесь тихо и спокойно. Чуть виднеются две молчаливые фигуры лоцманов, то и дело пошевеливающих штурвальное колесо, а из глубины по временам доносится невнятный, как будто сонный, басок капитана. Он говорит что-то один, лишь изредка старший лоцман подает короткие реплики... Но вот понемногу монолог переходит в диалог, постепенно приобретающий все большее оживление.

— Да тут Морщиха-то еще далече, что ли? — говорит капитан с оттенком неудовольствия.

— Эво! Морщиха-то верст еще с десять. А тут только горы да буераки...

— Да верно ли, что спускают?

— Погляди хоть сам...

Капитан неохотно привстает, и на минуту в рубке все смолкают.

Я посмотрел вперед, но ничего не видел. Горы совершенно потемнели, узкая полоска реки чуть светилась, сзади из-за гор тихо развертывались бесформенные тучи, покрывая реку еще более густой тенью.

Через минуту, однако, я различил между горами и их отражением несколько огоньков, двоившихся и вздрагивавших у самого берега. Можно было угадать, что это двигается вереница плотов...

— Спустили, подлецы, верно! — сказал капитан с неудовольствием, откладывая бинокль.— Не приму я... Отмахни, Степа, налево.

Младший лоцман взял зеленый фонарь с кожуха и, став на боковом мостике, замахал им в воздухе. В то же время резкий свисток грянул среди молчаливого вечера, будя гулкое эхо.

— Выгребает на стрежень,— сказал опять лоцман.

Я вгляделся и только теперь наконец заметил, что один огонек, отделившись от остальных, двигался по реке наперерез нашему пути. Вот он достиг края совершенно черного отражения гор, и вдруг темной полоской лодочка вырезалась на фоне узкого просвета реки.

— Клади право,— сказал капитан.— Чай, обойдем.

Загремела штурвальная цепь, корма сильно подалась влево, нос поворачивался к правому берегу. Пароход, видимо, старался обойти эту искорку, качавшуюся на светлой полоске.

— Подгребают, — сказал опять лоцман уверенно.

— Может, все-таки проскочим.

— То-то вот, проскочим ли, Степан Евстигнеич? Отчаянные какие-то, или уж вовсе без понятия...

Несколько отрывистых, громких свистковопять неприятно и гулко покатились над рекой... Не довольствуясь этим, капитан схватил рупор и крикнул:

— Лодка – дол-лой!..

Река опять ожила, опять заговорили вверху и внизу чуткие ущелья... "Коршун" внезапно отделился от яра, выровнялся, и его два разноцветные огня уставились на нашу "Стрелу", точно глаза просыпающегося чудовища. Когда эхо затихло, можно было расслышать издали торопливые удары его колес, точно частые взмахи крыльев тревожно летящей птицы.

— Ах, подлецы, чего делают,— произнес капитан встревоженным голосом и, наклоняясь к говорной трубе, скомандовал:

— Средний ход.

— К-куда вас несет, еретики проклятые? — крикнул он опять в рупор и тотчас же опять нагнулся к трубе:

— Тихий ход, стоп машина.

Пароход осел и стал как-то вздрагивать изнутри. Наступила тишина, короткая и зловещая, потом поднялось движение. Выбегали из кают пассажиры с салфетками в руках, на ходу вытирая губы, внизу забегали матросы, прибежал помощник капитана и тотчас же стремглав кинулся опять вниз, капитан выскочил на боковой мостик и совсем повис в воздухе, ухватившись за перила. Лодка, между тем, оказалась уже совсем близко и, как будто подхваченная какой-то невидимой струей, полетела нам навстречу и исчезла из пределов зрения, скрытая бортами и обносом парохода.

Несколько секунд прошло в томительном ожидании, и затем снизу кто-то сказал грубым, сердитым голосом:

— Давай легость,— принимайте, что ли, дьяволы...

Вслед за этим решительным окриком что-то взвилось в воздухе, и тонкая "легость" с гирькой на конце шлепнулась около лодки в воду.

Все вздохнули с облегчением.

— Кто такие?— спросил с недоумением капитан, видимо, озадаченный.

— Так какие-то,— ответил снизу матрос.

— Какое имеют полное право останавливать пароход? — постепенно закипая, продолжал капитан и, вдруг вскипев окончательно, крикнул:

— Не давай мостков, не принимаю. Пусть к "Коршуну" пристают.

Внизу началась легкая возня. Матросы начали отталкивать лодку, и неизвестно, чем бы окончилось оригинальное столкновение, если бы снизу не раздался вдруг новый голос:

— Постойте, да никак это "Стрела". Степан Евстигнеич, это вы, что ли, на мостике?.. Мое почтение, милейший Степан Евстигнеич!..

Голос был звонкий и приятный, с какими-то смешливо-ласкающими нотами. Капитан, человек простодушный и не особенно быстрый на заключения, видимо вновь был настигнут самым искренним недоумением.

— Что еще? — спросил он с неудовольствием.— Кто меня величает по батюшке?

— Я это, Степан Евстигнеич, вас по батюшке величаю, я, Алымов. Неужто забыли?

— Ксенофонт Ильич?

Внизу радостно замелькала светлая фетровая шляпа.

— Именно, именно, он самый. Прикажите скорее спустить мостки. Право, "Коршун" нагоняет.

— Ах ты, б-боже мой!

И вдруг, чтобы дать исход смешанным ощущениям, волновавшим его простую душу, капитан неистово накинулся на матросов:

— Что рты разинули, дьяволы! Давай мостки, живо! Что вы со мной делаете, черти болотные?

— Есть!

Инцидент казался законченным. Публика уходила в каюты. От скуки я сошел вниз, где матросы при свете фонаря принимали новых пассажиров.

Лодка колыхалась внизу, нос ее мне не был виден, и только на корме, в полосе света выделялась фигура рулевого, рослого, угрюмого человека в широкополой шляпе и шведской кожаной куртке, короткой и узкой. Я заметил энергичные черты, слегка тронутые оспой, и угрюмый взгляд глубоко сидевших глаз. Должно быть, это он так сердито требовал "легость".

Из темноты лодочник подавал наверх багаж пассажиров. Сначала появился дорожный саквояж, довольно щегольского вида, за ним последовал полированный ящик, с какими странствуют художники—пейзажисты, за ящиком — переносный мольберт и зонтик. Очевидно, в лодке находился художник. Но вслед за этим полетел узел, увязанный простыней, за ним — чемодан с распертыми боками и плохо увязанный бечевкой. Из чемодана, а также из следующего узла что-то шлепнулось в воду, и какой-то белый предмет начал тонуть, увлекаемый течением. За ним последовала самоварная труба, выпавшая из какой-то прорехи...

Наконец, за последним узлом появилась фетровая шляпа, покрывавшая красивую голову, с русыми кудрявыми волосами. Большие голубые глаза, щеки с густым загаром, небольшие усы, не покрывавшие полного, несколько чувственного, но очень красиво очерченного рта, небольшая курчавая бородка и какое-то открытое, слегка насмешливое выражение делали очень приятной всю эту фигуру, облеченную в сиреневое, немного выцветшее пальто... Ксенофонт Ильич Алымов остановился на середине лесенки и заботливо протянул руку навстречу подымавшейся за ним новой фигуре.

Это была молодая девушка с миловидным, несколько застенчивым или испуганным лицом, в простом платочке. Она как будто колебалась секунду, но затем протянула Алымову руку и неловко поднялась на лесенку, как человек, не привыкший к подобной помощи.

103

— Скоро ли? — раздался сверху голос капитана, проникнутый выражением глубокой тоски.

— Поторопитесь, пожалуйста, Романыч,— сказал Алымов с оттенком легкого раздражения в голосе. Человек в шведской куртке неторопливо расплачивался с лодочником.

— Ну, прощай, Филипп Романович,— сказал тот добродушно, приняв бумажку.— Не поминай лихом, добром, видно, не помянешь. А я тебе скажу по—божецки...

Угрюмый человек, собравшийся уже ступить на лесенку, резко повернулся.

— Свое получил? — спросил он грубо.

— Получил,— ответил мужик, принимаясь прилаживать весла.

— Ну и проваливай.

— Что т-там еще? — послышался с капитанских мостков совсем уже умирающий голос.— Скоро ли?

— Готово.

— Вперед до полного!

Внутри парохода что-то прокатилось от носа к корме, из-под колеса широко хлынула светящаяся белая пена.

— Што вы, черти, потопите ведь! — крикнул лодочник, но в голосе его слышалось скорее веселое возбуждение, чем страх. Матросы, скаля белые зубы, смотрели на затруднительное положение волгаря. Глубоко захваченный колесом, темный вал кинул лодку чуть не вровень с обносом парохода, потом она резко мотнулась книзу, и я одно мгновение считал ее уже опрокинутой. Но на следующем валу она колыхнулась уже с поднятыми в уключинах веслами, точно птица с расправленными крыльями, готовая к полету.

— Прощай, барин Алымов, до увидания,— весело крикнул лодочник и прибавил еще что-то, но слова уносило уже назад вместе с лодкой.

— Прощай, Михайла,— ответил Алымов. Его выразительные глаза сверкали живым любопытством художника. Казалось, он старается запомнить этот сердито катящийся вал, освещенную огнями белую пену, лодку, наполовину повисшую в воздухе, лохматую, ничем не покрытую голову и широкую фигуру волгаря, уверенно взмахивающего веслами над темною глубью.

— Пожалуйте за билетами в кассу,— сказал матрос, сдвигая борты.

— Я возьму всем? — сказал Алымов тоном вопроса.

— Не надо,— пробурчал Романыч, и они вдвоем отправились к кассе. Но, отойдя несколько шагов, Романыч вернулся и, остановившись около девушки, спросил, угрюмо потупясь и как-то вбок:

— Вам куда?

Девушка, как мне показалось, сильно побледнела. Что она сказала, я не слышал.

III

Когда я взошел наверх и опять поместился у капитанской рубки, мимо нас огромный и весь в огнях, точно буря, несся "Коршун". Пока "Стрела" успела забрать полный ход, он вынесся вперед, и вскоре висевшая над его кормой, освещенная фонарем, лодка покачивалась иронически в воздухе, над клокотавшей пеной, в нескольких саженях перед нами. Впереди мелькали огоньки переката...

— Кончено,— сказал капитан с унылой злостью.

— Да, теперича уж он выскочил, по всем пристаням дойдет обирать, а в Ставрополе у нас никак погрузка.

— Нанесло их, чертей,— сказал капитан и запнулся. У самой рубки забелела фетровая шляпа Алымова. Он без церемоний открыл стеклянную дверь и вошел в рубку.

— Ругаетесь? — сказал он беспечно.

— Не ругаемся,— ответил капитан не особенно приветливо, но все-таки подвигаясь, чтобы дать подле себя место пришедшему.— А что хорошего мало, это верно.

— А ловко мы вас взяли на абордаж,— не правда ли?

— Мало ли что. Это ведь отчаянность,— ответил капитан холодно и прибавил с внезапной злобой:

— Лодочника, подлеца, в каторгу мало! Ну, потопили бы вас, кто в ответе?

Алымов звонко засмеялся.

— Капитан в ответе. А теперь, спрашивается, за что? Когда же я отмахиваюсь вон еще отколе. Можете вы это понимать?

— Право, могу,— ответил Алымов смиренно.

— Плохо понимаете, видно... Вам вот все смех... К "Коршуну", небось, не пристали,— прибавил он с такой горькой укоризной, что Алымов совсем откинулся, заливаясь своим красивым звенящим смехом. Повидимому, это неуместное веселье грозило окончательно испортить отношения, но беспечный художник внезапно остановился и сказал совершенно другим тоном:

— Правда, что вам от правления поднесен серебряный рупор?

— Правда,— неохотно ответил капитан.

— Это вы в него так громко кричали? Чорт знает, точно из пушки.

Капитан промолчал.

— Ну, не дуйтесь. Хотите, я завтра с вас портрет нарисую?..

— Ну-у? — протянул капитан с оттенком радостного сомнения.

— Верно. Хотите с рупором?

— Нет,— скромно ответил тот.— Для чего еще с рупором. Хоть так бы.

— С рупором и во всей форме. Мне это ничего не стоит,— сказал Алымов с великолепною небрежностью. Повидимому, произошло полное примирение.

— Вы билет-то взяли? — спросил капитан ласково.

— Взял второго класса.

— Ну, зачем второго? Можно бы и третьего. А место я вам дам в первом. Тут в четырехместной всего один какой-то пассажир едет, просторно. Откуда бог несет?

— С Архиерейской ватаги.

— Это пониже Ставрополя? Что-то больно далеко. Сюда-то как попали?

— Сплыли на рыбацкой лодке, потом на плотах плыли. Стали уху варить, ан вы тут и покажись. Уху бросили.

— Плотовщики съедят за ваше здоровье, — усмехнулся старший лоцман, налегая на колесо.

— А это с вами какие народы? — спросил опять капитан.

— Погорельцы,— серьезно ответил Алымов.

— Не похоже. Как же это?..

— Вот посмотрите, мимо побежим. Может, разве потухло, а то еще и теперь, пожалуй, тлеет.

— От Сенькина буераку отсвечивало... Тут ведь лощинкой-то прямо видать,— сказал опять лоцман.

— Да вот как,— сказал капитан в раздумье.— Так они как же?

— Да, так вот, уложили рухлядишку и едут... собирать на погорелое место.

В рубке опять раздался звонкий смех, и затем Алымов сказал, подымаясь с места:

— Пойдем, что ли, Степан Евстигнеич, выпьем по маленькой.— Скучно что-то...

Капитан тоже поднялся.

— Тут прямо,— сказал он, как бы в оправдание перед кем-то.

Оба ушли. Некоторое время слышно было только шуршание штурвальной цепи.

— Хм, — вдруг смешливо фыркнул младший лоцман.

— Только помани,— пояснил пренебрежительно старший.

— Что за народ? — еще через некоторое время лаконически кинул в пространство младший.— Смотри, еще полиция хватится...

— Алымов с ними, — сказал старший. — Положим, человек легкий, со всякими водится.

— Дело не наше,— заключил он, опять помолчав, и затем только шуршание цепи выдавало присутствие обоих в рубке. Лоцмана вообще народ мало разговорчивый. В течение семи месяцев в году, вглядываясь во все изгибы реки, во всякий выступ берега, во всякую заводь и береговую отмель,— они привыкают ограничивать свое внимание пределами видимого русла реки, жить и думать только глазами.

Через несколько времени пришел снизу капитан, обтирая на ходу усы рукавами, уселся на своем месте и, помолчав, сказал с выражением живейшего удовольствия:

— В прошлом году с зевекинского капитана ландшафтик снял. Живой, так и глядит.

Лоцмана не ответили. Пароход пробирался среди темноты, которая стала еще гуще от надвигавшейся из-за гор мглистой тучи. Впереди тревожно мелькали еще две—три звезды, но невидимые на темном небе, клочья тумана гасили их одну за другой. Полоса на реке тоже исчезла... Горы сменяли свои причудливые очертания, среди которых, лишь когда пароход подходил совсем близко, можно было порой различить то серую скалу, торчащую среди зелени, то узкие долины и ущелья. Изредка слышался шорох лесных вершин, как будто вздрагивавших под надвигавшейся холодной тучей.

Замелькали живые огоньки. Пароход шел у правого берега, а на левом открылась широкая лощина, охваченная уступами гор. В лощине приютилась деревушка. Кое-где ее огоньки лепились и по уступам, перемежаясь с темными пятнами кустарника. На одной из площадок, у самой стены темного леса, уходившего далее к вершинам, светилось полупотухшее щирокое огнище; по временам оно почти совсем угасало, и только дыхание порывистого ночного ветра опять раздувало его. Тогда как-то зловеще начинали сверкать угли, обрисовывались черные бревна, низко стлался освещенный дым — и казалось, будто какое-то огненное чудовище шипит, извивается и дышит над тихой лощиной и скромной деревенькой. Красные отсветы ложились на крыши изб, разливались по ближним склонам холмов, падали на реку и опять тихо гасли...

Пароход долго обходил песчаную отмель против самой деревни, и она была вся как на ладони. В крайней избе, над небольшой кручей, открылась дверь, и казалось, что кто-то стоит в освещенном квадрате и смотрит на темную реку и на осторожно пробирающийся по ней пароход. Внизу на песчаной отмели курился рыбацкий огонек. Сделав большой круг, пароход стал удаляться, и я как-то невольно прошел и остановился у кормы, провожая взглядом исчезающую деревеньку...

Внизу под моими ногами кто-то свистнул. Я взглянул туда и увидел у казенки всю интересовавшую меня компанию. Алымов примостился в беспечной позе на связке косяка и покачивался, охватив руками колени. Девушка сидела у самого борта и, казалось, плакала; лица ее не было видно, так как голову она положила на руки. Широкая черная шляпа Романыча виднелась тут же.

Пароход опять повернул; гора закрыла лощину и сама стала удаляться. Новый поворот, опять пятно света вдали, все слабее, все меньше, и скоро уже трудно было угадать самое место, где находилось ущелье и деревенька. Жигули развертывали все новые, однообразные очертания, молчаливые, безлюдные и пустые.

А назади ночная мгла стирала последние признаки оставленных мест.

— Да-да, вот она, полоса жизни! — раздался вдруг в темноте задумчивый и выразительный возглас Алымова.

Его спутники не ответили. Было что-то невыразимо грустное в этой полоске берега, все более поглощаемого мглой...

Некоторое время на корме длилось молчание. Потом Алымов встал и подошел к девушке.

— Фленушка, Флена Ивановна,— заговорил он нежно, наклоняясь над ней.— Ну, не плачьте, голубушка, художник Алымов не может видеть ваших слез, ну, право же, право, у художника Алымова поворачивается сердце...

Он еще ниже наклонился над девушкой.

— Вы не верите, вы думаете, что Алымов только и умеет смеяться... Ах, Фленушка, Фленушка! Если бы вы могли заглянуть Алымову в душу... Но вы не хотите, вам это зрелище не интересно... Бог с вами. А я все-таки скажу вам то, что хотел сказать еще утром. Если бы вы... когда—нибудь... Нет, не выходит,— прервал он себя грустно.— Ну, все равно. Когда-то, Фленушка, вы, кажется, считали меня другом. Так вот, на правах старого друга я скажу вам: всего лучше было бы вам бросить Романыча на произвол судьбы и итти себе своей дорогой.

Романыч желчно засмеялся.

— И смеется-то скверно,— кинул в его сторону Алымов.— Ну, вспомните, голубушка, оглянитесь хоть немного. Ведь он вел себя с вами как последний дурак и тупица: ломит под пароход, о вас думает столько же, сколько о самоварной трубе, которая нашла вечное успокоение в пучине.

До сих пор Алымов говорил серьезно. Но воспоминание о печальной участи трубы, повидимому, представило слишком сильное искушение. Он захохотал, откинув голову, и потом сказал виновато и грустно:

— Опять этот проклятый смех... Это прямо несчастье моей жизни! Ну, до свидания, дети мои. Все я говорил не то, что нужно. Берите у жизни, что дается, и... примите благословение художника Алымова... Об Алымове же ведайте, что его, в случае надобности, найдете в буфете.

Он засмеялся совсем весело, и его шляпа исчезла из пределов моего зрения.

— Шут гороховый,— злобно сказал Романыч, в свою очередь подходя к девушке. Я слушал, улыбаясь, полукомические объяснения Алымова, но теперь дальнейшее подслушивание мне показалось неуместным, и я отошел от кормы. Когда, пройдя вдоль палубы, я опять подошел к этому месту, у казенки никого уже не было.

IV

Зато на пароходе ясно сказывалось присутствие живого и беспокойного человека. Через несколько минут Алымов сошелся с компанией молодых людей, вяло изнывавших во втором классе, появился с ними у буфета и организовал на корме импровизированный хор. Концерт вышел довольно оригинальный. На небольшом пространстве, освещенном электрической лампочкой, теснилась кучка молодежи; на фоне темной реки рисовались широкие шляпы, форменные фуражки, порой старое пальтишко, то опять молодцевато выпяченная грудь с блестящими пуговицами. Молодые голоса летели в темноту и отдавались в сонных ущельях, а ритмический плеск воды за кормой аккомпанировал пению...

В боковых галлерейках толпилась заинтересованная публика, выползло даже несколько фигур из третьего класса. Два торговца, говорившие недавно о змее, уселись поблизости, прислушиваясь к пению. Только Алымов был, повидимому, недоволен, нервно обрывал песню за песней и начинал другие.

— Давайте, господа, "Волгу-матушку".

"Во-олга ма-атушка бурлива, говорят",— начинал он высоким, довольно приятным, хотя и слабым тенором.

"Под Самарою,— подхватывал хор,— разбойнички шалят".

— Нет, не выходит,— нетерпеливо махал он рукой. — Давайте другую.

— Да что вам нужно? — спрашивали у него. — Ведь не опера.

— Давайте что-нибудь попроще: "Сердце ли бьется". "Ноет ли грудь", — послушно и стройно летело опять над Волгой:

> Пей, пока пьется,
> Все позабудь...

"Пей, тоска пройдет!" — прозвенело уже совсем хорошо, но Алымов опять остался недоволен.

— Давайте, господа, лучше выпьем в самом деле,— сказал он наконец.— Чорт знает, выдохлись, что ли, волжские песни. "Стружок — стружок"... "Сорок два молодца", "В Самаре девицы хороши!" Уж вот можно сказать... Чорт с ними, со всеми сорока двумя и их девицами. Нужна новая жизнь, не правда ли, господа?

Повидимому, он уже успел выпить. Молодежь разошлась вяло и среди взаимного охлаждения, а Алымов вскоре вернулся опять из буфета и стал нервно ходить взад и вперед по палубе.

Два торговца—слушателя продолжали сидеть на том же месте, и один из них остановил проходившего Алымова за полу пальто:

— Барин, Алымов,— сказал он.— Присядь к нам, мы тебя знаем.

— Ну, так что же? — спросил Алымов сердито.

— Ты у нас в Синюхе бывал. Картины писал, песни записывал.

— А ты меня к становому на веревочке представлял?

110

— Было кому и без нас. Да ты, если умен, так на нас, дураков, не сердись. Не знали тебя.

— Ну, не сержусь, так что же дальше?

— Присядь вот тут. Понравился ты мне: правду насчет песни нонешней говоришь. Сам я, барин, любитель большой, только наша песня, сказать, старинная. Нонче песня под ножку поется...

— Под ножку? — переспросил Алымов.

— Да, ноге под нее плясать хочется. А старинная песня, настоящая, велась протяжно... Заведут-заведут, и-и! слеза шибает. У нас вот, в Синюхе, про разбойницку жену песня поется старинная. Ты слыхал ли?

— Нет, не слыхал.

— Ах, и хороша песня. Кум Елизар, подтянешь, что ли?

— Ну тебя,— угрюмо буркнул кум Елизар.

— Ничего, барин простой, давай подтягивай... Это, стало быть, "Собиралась Машенька за разбойника замуж".

— И никогда так старинные песни не начинаются, — сказал капризно Алымов.

— Ты слушай.

Одноглазый певец хлопнул себя по колену и, слегка запрокинув голову, запел о том,

Как со вечера разбойник
Собирался на разбой,
Со полуночи разбойник
Начал тракты разбивать.

Одноглазый пел гнусавым фальцетом, Елизар поддерживал баском. Это была известная, значительно опошленная искажениями песня о разбойницкой жене, которую, уже, очевидно, от себя, синюхинцы называли Машенькой. На заре она слышит, как брякнет кольцо, — значит, муж приехал с промысла, привез подарок. Жена развертывает мужнин подарок и падает на него грудью. "Что ты сделал, — стонет она, — вор-разбойник, отца родного убил!" Отвечает вор—разбойник горько плачущей жене: "Как попался в первую встречу, — и отцу я не спущу..."

Боковой свет лампочки освещал мрачные силуэты певцов, с хищными носами, птичьими длинными шеями и торчащими вперед бородами. Лица были темны, носы угреваты, незрячий глаз одного из них отсвечивал порой мертвым блеском. Невольно приходил в голову вопрос: что общего у этих "любителей" с поэзией и тоской песни?

111

Впрочем, и трудно было на этот раз уловить ее выражение: и тоска и поэзия, повидимому, совершенно отсутствовали в песне. Но все же было в ней что-то, привлекавшее какое-то жуткое внимание: что-то гнусливое, жалобно скрипучее и дикое. Такие звуки слышатся иногда бог весть откуда в сонном кошмаре. Но все-таки это было так своеобразно, ни на что не похоже и вместе так характерно, что казалось каким-то чудом, сохранившимся отзвуком мрачной и леденящей старины... Не так ли, в самом деле, выли эту песню, под скрип и визг метели, те "настоящие" люди, для которых эта песня была действительностью, а нехитрый мотив — ее непосредственным выражением?

При последних нотах песни Алымов торопливо набрасывал в свой карманный альбом.

— Записал? — спросил певец самодовольно.

— Записал, — сквозь зубы ответил Алымов, но для меня лучи лампочки ясно освещали страницу, на которой резко выделялся эскиз двух фигур.

— Хороша ли песня?

Алымов спрятал альбом в карман и сказал разносчикам как-то капризно:

— Др—рянь ваша песня... Для почину отца убил... И напев, чорт вас знает, волчий какой-то.

Он повел плечами, как будто от озноба, отошел несколько шагов и остановился у перил, глядя на реку...

Я тоже поднялся. Волга потемнела совершенно, и даже вблизи вода угадывалась только по движению валов, глухо шумевших внизу. Впереди одиноко светился кузов "Коршуна", точно светляк, вяло ползающий в огромной чернильнице. В рубке осторожно шуршала цепь, и слышались отрывочные замечания лоцманов, чутко и тревожно пронизывавших глазами ночную тьму. Пассажиры разошлись по каютам, окна, выходившие на галлерейку, гасли одно за другим, официанты подсчитывали сдаваемую буфетчику выручку, общие комнаты опустели. Только один Алымов еще появлялся то здесь, то там, точно беспокойный трутень в засыпающем улье.

Я тоже вошел в каюту и улегся, не зажигая огня. Окно было полуоткрыто и едва отличалось от темных стен. Ленивый и влажный ветер, врывавшийся снаружи, плохо разгонял духоту, скопившуюся за день от раскаленных крашеных стенок парохода. За тонкими перегородками были слышны вздохи и нетерпеливая возня. Мой сосед, страдавший печенью, повидимому, томился еще бессонницей.

По галлерее кто-то ходил, и темный силуэт мелькал мимо

окон. Потом кто-то уселся невдалеке на скамейке, и до меня донеслось тихое пение. Я осторожно поднялся и подошел к окну. Очень близко от него, облокотясь на белый крашеный столик под стенкой, сидел Алымов. Его шляпа лежала на столике, он проводил рукой по лбу и волосам, как будто стараясь прогнать этим движением что-то неприятное, потом стал тихо напевать. Зеленоватый свет фонаря полоской падал на палубу и на переплет перил, отделяя от остальной темноты уголок, в котором уютно примостился Алымов... Он, вероятно, отдавался этому ощущению одиночества, и его песня крепла. Он часто возвращался к началу, как будто подыскивая не вполне дававшийся ему мотив, замолкал, опять нервно проводил рукой по лбу и опять начинал. Едва ли когда-нибудь песня бывает непосредственнее и искреннее, чем в такие минуты, когда она просится из души, в темноте и одиночестве. Здесь порой даже человек, никогда не поющий, находит вдруг какие-то неожиданные тихие и искренние звуки, которые могли бы тронуть даже взыскательного слушателя. Очевидно, это была одна из таких минут для господина Алымова.

Я стоял у своего окна точно очарованный... И слова, и мелодия, и голос певца, которому он не давал воли, звучавший будто где-то далеко, — все сливалось в удивительно цельную гармонию с этой темной и загадочной волжской ночью, с туманными призраками гор, с таинственным эхом ущелий, с мерным колыханием валов, даже, казалось мне, с недавней ужасною песнью синюхинских прасолов.

Наконец певец как будто нашел свой мотив, и песня зазвучала яснее:

> Уж пойду ли я, уж пойду ли я
> Под Новгород,—
> Пойду,
> Под Новгород пойду!
> Разнесу ли я, разнесу ли я
> Стены каменны,—
> Разнесу!
> Кузнецов лихих, весь искусный люд
> Я к себе в Москву
> Заберу!
> А всю земщину—деревенщину
> По святой Руси
> Размечу![2]

---

[2] Песня подлинная; записана в Балахнинском уезде в 20—х годах и напечатана в "Нижегор. губ. ведомостях" (1887, No 22).

Смысл песни был, конечно, ясен. Это московский князь идет под Новгород и похваляется разнести каменные стены... Балахна и Городец, и многие места по Волге, и угрюмая Кама, и дикая Вятка, и вологодские леса, и тихие архангельские реки видели у себя новгородских насельников, и даже среди простого народа до сих пор живы предания о грозе, разметавшей из Великого Новгорода земщину—деревенщину, опальных бояр и зольных посадских людей...

"Уж я вольницу—своевольницу", — продолжает московский князь,—

Смертью лютою
Показню!
Я крамольников—своевольников
В омутах—реках
Потоплю!
Не звонить тебе, не звонить тебе,
Буйный колокол,
Не звонить...
Буйный колокол...
Не звонить...

Алымов смолк и довольно долго сидел, опустив голову на руки. Повидимому, песня была кончена, но я все стоял под обаянием глубокой и искренней тоски, прозвучавшей при последних словах в голосе странного певца... Точно в самом деле с кидающею в дрожь непосредственностью живого ощущения из темноты волжской ночи, из шума валов и шороха невидных лесов встал этот умерший отголосок исторического стона и несется, как призрак, за бегущим в темноте пароходом...

В угловой каюте, направо, в окне, совсем низко уставившемся в Алымова, шевельнулась и затем осторожно отодвинулась занавеска. Так как окно было под прямым углом, то мне было видно, как в нем мелькнуло женское лицо с темными, густыми, беспорядочно распущенными волосами. Но Алымов сидел в полоборота и ничего не видел. Он опять провел руками по лбу и волосам, — и мне показалось, когда он запел опять, что это уже другая песня, — столько в ней было мягкой жалости и тоски, в противоположность похвальбе и угрозе предыдущей. Но мотив оставался тот же:

Ах, по Волге ли, ах, по реченьке
Плывет стружок,

114

Плывет...
В той ли лодочке, как лебедушка,
Красна девица
Слезы льет...

Кто-то опять мягко, ласково и задушевно утешает плачущую:

Эх, не плачь—ка ты, не горюй—ка ты,
Красна девица,
Перестань!
Будем соль варить, торговать зачнем,
Лихо—весело
Заживем!
Лихо—весело заживем!

Какая-то горькая удаль, которую, вероятно, и искал недавно Алымов в хоре, теперь звучала ясно, сильно и полно в его негромкой песне. И тотчас опять только тоска и слезы... Это, должно быть, отвечает плачущая девушка:

Ах, и золото, ах, и серебро,
Золота казна
Нипочем...
Золота казна нипочем,
Коли волюшку свою вольную
Не воротим мы,
Не вернем...

— Не вернем!.. не вернем, — еще несколько раз тихо повторил Алымов, все ниже опуская голову и опять возвращаясь к последним нотам.

Стукнуло еще одно окно; на этот раз над самою головою Алымова.

— Конец, что ли? — спросил недовольный и резкий голос моего страдавшего печенью соседа. "Не вернем, не вернем и не вверрр—нем!" — ведь это чорт знает что такое, наконец. Надо же дать людям заснуть... Пишут в газетах: поездки! Для здоровья! Какое тут к чорту здоровье...

— Ах, извините, пожалуйста, — ответил Алымов, как будто испуганный внезапным нападением, и быстро вскочил с своего места. Окно захлопнулось, задернулась также занавеска в угловой каюте, но за ней еще раз мелькнуло в темном квадрате

115

бледное женское лицо, которому этот сумрак придавал какую-то особенную, грустную и заманчивую прелесть.

— Mersi, m—sieur Алымов[3], — сказал красивый, несколько разнеженный и приятный бархатный голос.

Алымов удивленно повернулся. Занавеска еще колыхалась, но окно было темно и пусто.

— Глуб—боко тронут, сударыня, — тронут и очарован, — сказал Алымов, ломаясь и школьничая. Теперь я заметил ясно, что частые посещения буфета оказали на г—на Алымова сильное действие.

— К услугам вашим, готов петь хоть до зари, если бы не боялся вот этого господина...

— Сударыня! — сказал он затем тихо, и вдруг опять громко рассмеялся, стал в позу и, перебирая пальцами, как будто играя на гитаре, запел вполголоса:

> Что же, слышит, иль не слышит,
> Спит она, или не спит?..

— Не-ет, не спит, стоит за занавесочкой и слушает. Ай-ай-ай, не хорошо подслушивать, сударыня... Впрочем, — спокойной ночи...

> К тебе я буду прилетать,
> Гостить я стану до денницы.

— Ха-ха-ха! — И художник Алымов, смеясь, поплелся по галлерее, пробуя в темноте то одни, то другие двери. Некоторое время все было тихо.

Только сосед за перегородкой с ожесточением кидался на своей койке.

Еще через минуту в пустой общей зале, в которой горела одна только лампочка, послышались шаги, кто-то откинул ногой стул, потом резко затрещал электрический звонок. Г—н Алымов требовал себе рюмку коньяку.

— Никак невозможно, — говорил с каким-то почтительным неудовольствием полусонный лакей, вероятно, дожидавшийся с нетерпением, пока уляжется беспокойный пассажир, чтобы погасить последние огни и улечься наконец самому.

— Никак невозможно—с. Второй час на исходе—с.

— Ну, чорт с тобой, — сказал Алымов капризным и обиженным тоном. — Где тут мое место?

---

[3] Спасибо, господин Алымов. (Ред.).

— Пожалуйте, тут вот, в общей... Сделайте ваше одолжение, потише. Тут господин спит уже...

— И пусть спит, чорт с ним. Мне какое дело. Постой, скажи: что за человек? Купчина какой-нибудь, на ярмарку?

— Не могу знать, а не похоже, что купцы. Пожалуйте...

— Чиновник?

— Не могу знать, а не похоже опять. В шляпе. Пожалуйте!

— Постой, погоди, успею. Офицер?

— Не офицеры. Пож—жалуйте, будьте настолько добры. Не хорошо: разбудите.

Щелкнула ручка двери, и слабая полоска света влетела в мою каюту. Алымов заглянул в эту щелку, приложившись к ней лицом, и, опять повернувшись к лакею, спросил шопотом:

— Симбирский помещик?

— Не похоже.

— Опять не похоже! Нет, Илюша, это, наконец, невозможно. В России непременно или купец, или чиновник, или офицер... Ведь не мужик, наконец, пойми, Илюша. Мужики в первом классе не ездят.

— Как можно, помилуйте.

— Ну, вот видишь. Кто же еще? Постой, постой! Вот мы сейчас с тобой припомним.

И господин Алымов стал декламировать из Некрасова.

> Довольно с нас купцов, кадетов,
> Мещан, чиновников... двор—рян,
> Довольно даже и поэтов...
> Но нужно, нужно нам граждан.

— Так вот он кто еше: почетный гражданин какой-нибудь. Говори, Илья: почетный гражданин, что ли?

— Не могу знать, верьте совести. Едут от Астрахани, от самой, а на вопрос, например, кто такие, — не соответствуют. В Сарепте рыбник Иван Семеныч спрашивали... "По своему собственному делу", — говорит, больше ничего.

— Видишь! А ты меня, к несоответствующему человеку посылаешь. Неси рюмку коньяку для храбрости, а то не иду.

— Буфетчик спит, Ксенофонт Ильич, — невозможно. И рад бы, да нельзя... Пожалуйте.

— Ну, чорт с тобой, пожалую. А в случае чего, помни: ты, Илья, не знаю, как тебя по фамилии звать, за художника Алымова в ответе. Помни, Илья, ну, с богом! Отворяй. Э! Постой. Это еще что?

Г-н Алымов остановился в отворенной двери. Между тем в

зале появилось новое лицо: при слабом свете лампочки, точно полуночный призрак, проследовала неизвестно откуда появившаяся дама. Она была высокая, роскошная брюнетка, сильно напомнившая мне неясный образ, мелькавший в угловом окошечке. Она пожималась, как будто от холода, и на красивом лице видно было как будто неудовольствие, что ей мешают спать. Но было и еще что-то. Алымов засмеялся с несколько дерзким видом и захлопнул дверь.

Струя воздуха кинулась от окна, хлопнул конец занавески, г-н Алымов очутился в темноте и не совсем верными стопами прошел через каюту. Он шумно приподнял занавеску, стуча медными кольцами... Потом стал у окна и закурил папиросу. Я тоже чиркнул спичкой.

Алымов быстро повернулся.

— Я вас опять разбудил. Впрочем, какое мне дело? Каюта общая. Вхожу я в общую каюту и ни о чем не забочусь. Вам не нравится мое пение. Правильно: А курить в каюте имею право. Не хочу спать.

— Совершенно справедливо, и потому не возражаю, — ответил я улыбаясь.

— Какого чорта вы смеетесь? — сказал он с неудовольствием, заслышав улыбку в моем ответе.

— Какое вам дело? — ответил я ему в тон; меня это начинало забавлять. — Смеюсь в общей каюте — и кончено.

—— Гм... удивительно, — сказал Алымов в каком-то раздумье. — Однако как вы разговариваете! Постойте—ка...

Он пошарил по стенке и отвернул кнопку электрической лампочки. Комната осветилась, и мы оба некоторое время щурились от непривычки. Алымов первый, бесцеремонно оглядев меня, вдруг рассмеялся и сказал:

— Нет, это не вы меня обругали за пение.

— Действительно, я вас не ругал.

— Вы кто такой?

— Пассажир.

— Глупо! Почему в самом деле не ответить на вопрос.

— Какая надобность предлагать такие вопросы?

— Гм... Удивительно, — опять повторил Алымов и сказал затем: — Чисто русская бесцеремонность, верно! Русский человек не может успокоиться, пока не узнает доподлинно, чем кормится его ближний. Ну, и я — русский человек, и притом еще наделенный экстренной любознательностью... Да, да, да! Постойте, ведь это вы там внизу так бесцеремонно присматривались, когда мы приставали к пароходу.

Я засмеялся.

— Согласитесь, что у меня были для этого любопытства некоторые основания.

— Какие, любопытно, основания?

— Да хотя бы и в экстренном способе вашей посадки на пароход. Приятно видеть такую удаль.

— Кой чорт удаль! Сумасшествие! — сказал Алымов с неудовольствием. — Вы думаете, это мы нарочно? Просто оказалось, что наш рулевой не умеет править. Если бы не молодчина гребец — чорт знает, что бы вышло. Я что! Я наблюдатель... потонул бы из любопытства, с некоторым удовольствием. А ведь с нами была девушка, она жить хочет. Постойте—ка, тише, тсс...

Г-н Алымов вдруг замолчал и прижался к стене. Мимо окна промелькнула какая-то тень. Алымов высунулся в окно и долго смотрел кому-то вслед.

— Кто это ходит так поздно? — спросил я.

Алымов не ответил. Он закурил новую папиросу и полулег на скамье в задумчивой и мечтательной позе.

— Alte Geschichte[4], — сказал он, пуская кольцо дыма. — Поздравляю, г-н Алымов! Ваши добрые знакомые у пристани.

— О ком вы говорите?

— Вам какое дело? Кстати: вы писатель?

Я невольно сделал легкое движение, Алымов громко засмеялся.

Сосед за стеной опять бешено завозился на своем страдальческом ложе. Алымов равнодушно повел в ту сторону глазами и сказал в высшей степени хладнокровно:

— Чорт с ним! А я, согласитесь, угадал вашу профессию.

— Допустим, но по каким это признакам? — спросил я.

Алымов опять засмеялся и спросил в свою очередь:

— Скажите, отчего это: купец, чиновник, даже живописец и актер сразу отвечают на вопрос о своей профессии; торгую, имею собственное имение в Самарской губернии, двадцатого числа получаю из казначейства. Только писатель непременно замнется. Ха—ха! Точно или боится ослепить слушателя, или опасается, что его сочтут прохвостом...

— Ну, полно! Это было, да прошло.

— "Ну, полно", — передразнил он. — Не бытовое вы явление, господа, на Руси, вот что! Еще в столицах — так. А вот здесь, на Волге, скажите вы хоть тому рыбнику, который вас допрашивал в Сарепте: дескать "пишу". А он посмотрит, что на

---

[4] Старая сказка. (Ред.).

вас пальто приличное, и спросит: "А служите где?" Или: "А из буфета даром, что ли, тебе отпущают?"

Он залился опять звонким смехом и спросил добродушно:

— Не обижаетесь?

— Нимало.

— И отлично, а то я бы сейчас лег спать, а уснуть ни за что не усну. Заметили вы, какой подлый сегодня был день и ночь?

— День как день, а вечер действительно темный.

— Темный; не в этом дело, — сказал Алымов с нотой раздражения. — Нет, такие подлые вечера, к счастью, выдаются не часто: слишком горячий закат и ужасно холодные тоны на востоке. С одной стороны природа горит, с другой — зябнет. Бррр... чистая лихорадка для нервов... Ужасно раздражает.

— Вы художник?

Алымов вдруг насторожился, заслышал опять шаги на галлерейке. Он поднялся с места, подошел на цыпочках, к кнопке и осторожно завернул ее. Огонь погас, и скоро опять две фигуры мелькнули мимо окна. Алымов опять проводил их глазами, высунувшись наружу, и затем, сев попрежнему, ответил на мой вопрос:

— Художник, соперник Репина. Вы видали репинских бурлаков?

— Конечно, видел.

— Конечно, видели. А заметили там на первом плане песчаную отмель и старую, растрепанную корзину, вернее — снасть для рыбной ловли, замытую песком.

— Да, помнится что-то.

— Ну вот, моя специальность — такие отмели и такие корзины...

Он засмеялся, впрочем, как-то грустно, но тотчас же овладел своим выразительным голосом и продолжал уже совсем весело:

— Да, мы с Репиным давние соперники. У него гораздо лучше выходят бурлаки, а у меня корзины и лапти... Вы на N—ской выставке не были?

— Был и очень хорошо помню ваши эскизы.

— "Старую корягу у устья Керженца"?

— Видел и корягу. Коряга, действительно, замечательная.

— Я и говорю: куда Репину! Только и умел написать бурлаков, вода — точно с синькой; песок не волжский... а уж о корзине и говорить нечего! — В каюте опять зазвенел его открытый, заразительный смех.

V

Я задумался... Имя художника Алымова было мне уже раньше известно из поволжских газет. Местная пресса гордилась им, как своей областной известностью, и авторы заметок всегда прибавляли к его имени эпитеты: "наш" Алымов, или "наш известный пейзажист". Немного странно было то обстоятельство, что при этом почти всегда выходило разноречие в определении его специальности. Одни считали его "нашим известным пейзажистом", другие называли его поволжским жанристом, третьи считали Алымова художником—этнографом и, наконец, "художником бытописателем Поволжья".

Незадолго до описываемой встречи в городе N состоялась "первая", чуть ли не с самого основания Руси, областная художественная выставка. Это было нечто отчасти интересное, отчасти печальное, отчасти трогательное и в значительной мере курьезное. Тут были копии масляными красками с известных олеографий. Патер, смеющийся над рюмкой вина, патер, плачущий над разбитою рюмкой, патер, у которого на нос села муха. Были тут наивные барашки в золоченых рамах, почтительно выставленная пачкотня добрейшей NN, местной меценатки (что делать — областное искусство так нуждается в сильном покровительстве)... Среди этой мелюзги чуть не целую стену занял художественный левиафан, академическая конкурсная тема, написанная около полустолетия назад рисовальным учителем кадетского корпуса, в то время еще мечтавшим завоевать и карьеру и славу при помощи тщательно выписанных спин, бедер и торсов. Были сильно потемневшие "дубликаты" Рембрандтов и Ван-Дейков, об удивительном способе приобретения которых и о несомненной идентичности местные любители-коллекционеры пространно повествовали в газете. И что всего удивительнее, пройдя почти всю выставку, я нигде не встретил ничего подлинно местного, близкого, областного. Казалось, все это искусство, преклонявшееся перед экспрессией олеографий и в лучших представителях погружавшееся в смутное воспоминание о блеске академической натуры, — брезгливо сторонится от всего близкого, как будто эти примелькавшиеся поля и воложки, эти острова с осокорями, печальные горы, растрепанные избушки и их грязные обитатели, привозящие художникам в базарные дни молоко и яйца, — как будто вся эта близкая действительность стоит неизмеримо ниже местного таланта...

Только в последней, неудобно освещенной комнате я вдруг наткнулся на приятное исключение. Огромный экран, затянутый темным кретоном, был усеян клочками холста, картона и бумаги с эскизами Алымова. Тут были карандаши, blanc et noir[5], масляная краска. Все это жило и сверкало, было насквозь проникнуто каким-то своеобразным чутьем местного колорита и давало впечатление несомненного таланта, беспокойного и яркого, но целиком разрешавшегося в этих беглых, незаконченных, схваченных на лету и сгоряча эскизах Поволжья. В одном месте волна набегает на длинную песчаную косу, в другом — занесенная песком, рассохшаяся лодка, далее — остов баржи, оставшейся на крутояре после весеннего ледохода, с кокорами, торчащими кверху, точно ребра какого-то чудовищного скелета... На многих клочках были нарисованы обломки досок или старое пнище, или просто лапоть, черневший пятном на сверкающей полоске песков... Порой — три полоски, в которых трудно было даже угадать рисунок реки и береговой дали. Но стоило отойти немного — и с холста начинало светиться небо, дышащее истомой, мгла начинала сгущаться в облако, и в далях чувствовался набирающийся дождь... И все эти пятна воды, клочья облаков, небесная синева, луговые дали, откосы, отмели, островки и заводи, разбросанные яркими лоскутками на темном фоне огромного экрана, производили не то манящее, не то беспокоящее впечатление, в душе набиралось какое-то сильное настроение, оставшееся неразрешенным... Несомненно было, с одной стороны, присутствие таланта, не лишенного искренности и проникнутого какой-то особенной правдой: в каждом самом мелком наброске чувствовалась именно волжская мель, волжский воздух, волжский лапоть, оброненный именно волжским бурлаком на волжском песке. Впрочем, среди видов реки и воды попадались и другие мотивы: лесные перекрестки с чуть тронутыми вечерним солнцем верхами сосновых стволов; густые чащи с таинственным молчанием; на перекрестках — раскольничьи иконы со старыми ликами, с боковых дорожек выбегают тройки с седоками, возвращающимися из каких-нибудь лесных скитов. Разбитые ветром крыши степных уметов, телега в степи с приподнятыми над огоньком оглоблями, странник у монастырских ворот, с посохом в руках и с котомкой на согнутой спине, темная лента

---

[5] Белое и черное. (Ред.).

переселенческого обоза на прямой дороге, засыпающей где-то под дальнею тучею. Вечер, ворон над болотом, перевоз через узкую лесную речку, рыбак, склонившийся над той же речкой за ночною ловлей "на сеже". Но все-таки преобладали отмели, волны на излете, всасываемые прибрежным песком, обрывки дождевых облаков, несущихся над глинистыми ярами, "сторожевые бугры", которых так много на Волге, одинокие осокори, брошенные лодки, развешанные рыбацкие сети, искорки вечерних огней в неопределенном сумраке, землянки бакенщиков, и лапти, корзины, коряги, и опять корзины и лапти...

VI

— Вы мне скажете правду? — спросил вдруг Алымов после короткого молчания, во время которого я вспоминал все эти впечатления.

— Относительно?

— Ну, да... относительно моих работ.

— Отчего же. Мне показалось это очень интересным. Разумеется, интереснее всего, что было на выставке.

— Неужели, — засмеялся Алымов, — интереснее даже патера с мухой?

— Простите, я сказал банальную глупость. Ну, хорошо, я постараюсь выразить то, что чувствовал перед вашей витриной. Во—первых, все это очень ярко и правдиво, все настоящее, дышит и светит...

— Но?..

— Но... не закончено и разбросано. Как будто материал для ненаписанной картины... Все это напоминает как будто...

— Разбитое зеркало? — подсказал Алымов живо.

— Именно, — вырвалось у меня невольно.

— Именно, именно, — подхватил Алымов, приподымаясь на своем месте. — Знаете, это сравнение пришло мне в голову в первый же раз, как я увидел свои эскизы собранными вместе. До тех пор я набрасывал их в разное время, в разных местах, под различными настроениями, и сам не придавал им никакого значения. Иное писалось между прочим, иное — с намерениями, но все-таки так, "пока и в ожидании". Так и прошли года... Наброски да наброски... А тут эта выставка...

123

Отобрал я свои эскизы, нужно сказать, очень тщательно, только то, где действительно искренно отразился кусочек души. Устроил мне это все приятель, старый художник, а я даже вошел в зал уже вместе с публикой. И знаете, сначала даже не узнал своих работ... Бывает это: подойдешь к себе точно со стороны и смотришь, как на чужого. Такую минуту я пережил в N-ской зале. Чорт возьми, думаю, ведь в самом деле все они правы. А уж в это время в N создавался некоторый шумный успех, присяжные ценители успели провозгласить меня своим областным Рафаэлем... Ведь и в самом деле, думаю,— светится все это, точно окна какие-то прорезаны в темном кретоне... Ну, а в общем... стало мне в ту минуту ужасно жаль чудака, который написал все это. Кажется, и все правда, будто на негативе. Нет, никакому негативу не передать такой правды. Скорее — зеркало, в котором отразились солнце и небо, и бегущая волна, и пролетающая птица, и проходящий странник... Отразились, да так и застыли, в движении и красках... Вы не находите, что я преувеличиваю?

— Нет, — именно это чувствовал и я...

— Да?.. то же и вы чувствовали? Так... ну, а дальше что же вы чувствовали?

— Вы скажете лучше сами...

— Ну, а дальше — тоска! Как будто все эти волны, и облака, и пятна хотят сойтись, слиться в одну картину, полную настоящей шири, света, воздуха, жизни, глубокого смысла... Но...

Г-н Алымов помолчал.

— Зеркало разбито, — сказал он таким голосом и с такой нотой, какой я даже не подозревал в этом веселом человеке. — Разбито и развешано по клочкам... и так грустно светит кусочками своей яркости и веселья... Верно это?.. — спросил он как-то устало.

— Пожалуй, верно... Но...

— Нет, не пожалуй, а действительно верно. "Но" — хотите вы сказать — зеркало еще может собраться. Знаете, я ведь то же думаю! Что ж, в самом деле, — еще молод, все эти тучи, и волны, и странники еще ходят в душе... Ну, а иногда мне кажется, что так все и останется клочками... Кажется даже, что и всюду клочки... Вы беллетрист?

— Беллетрист.

— Роман написали?

— Романов не писал.

— Почему?

— Не знаю, право, — не задавал себе этого вопроса.

— Ну, врете, батюшка! Просто не хотите пускаться с пьяным Алымовым в откровенности. И чорт с вами, молчите себе... А уж я разболтался, так и стану продолжать, пока терпите. Да вот, подите, порой мне начинает казаться, что не один беспутный Алымов — разбитое зеркало, а все кругом, все наше поколение — такая же интересная коллекция. Большие клочки, маленькие клочки, клочки прозрачные, как воздух, клочки запыленные и перекошенные... Возьмите хотя вашу область — литературу: стоит посередине огромное великолепное трюмо старой, еще дореформенной работы, остальное... Впрочем, извините, может быть, я и совершенно не прав, — сказал он и опять засмеялся своим веселым смехом. — Только у меня своя теория на этот предмет. Нет устойчивой светотени... Представьте себе, что вы рисуете пейзаж в ветреный облачный день. Облака вверху плывут и плывут, свет и тени бегут по земле пятнами, появляются, исчезают, меняются сами, меняют все, что вы видите. Что еще за минуту резало глаз светлым пятном, то теперь спряталось в глубокой тени, тут появилось вдруг озеро, которого совсем не было видно, а где сейчас целое село играло на солнце, — нет ничего... Как вы станете рисовать?

— Рисуют, однако.

— Именно рисуют. Только что же для этого нужно? Нужно, чтобы вся эта светотень застыла, что ли, в душе, в мозгу, в памяти, в сердце, ну, чорт ее там знает где еще... Выражаясь высокопарно, нужно, чтобы свое солнце светило в душе. Зажмурился — готово.

— Пожалуй, — сказал я, невольно улыбаясь.

— Да! Вот у нас долго светило крепостное солнце... Видели вы когда-нибудь рисунки Боклевского к "Мертвым душам"? Нет? Будете в N, посмотрите нарочно. Вот, батюшка, настоящий талант, никогда ничего больше не создавший, правда... но его карандаши — это, это... Ну, право, это равно Гоголю. И вот когда впервые мелькнула у меня моя теория... Посмотрите, — ведь не боялся человек шаржа: Петр Петрович Петух — ведь это настоящая тыква. Видали вы тыквы на бахчах в хорошее, постоянное жаркое лето: нальется так — целая гора. Вот, думалось мне, Петр Петрович Петух: этакие запасы жиру и характерности могли налиться только в долгое, устойчивое лето... Ну, и нагляделись на них при устойчивой погоде наши дореформенные мастера: тоже зажмурится — готово. Так целый огород и возникает сразу: и огромные тыквы, и огурцы, и баклажаны, и наливное яблочко, и малиновая слива под тенью сладостной зеленого листка, и даже репей, и лопух у забора — по закону контраста. Представляете? Так все и режется: тыква — вот она, не спрячешь! Чертополох — вот его скоро выполют... Все ясно, определенно, все на своем месте, под ровным и определенным светом... Да если еще оторваться на время и посмотреть заграничные огороды, а потом опять вернуться к своему... да если еще скажут тебе, что это свое, родное скоро перепашут до подпочвы... Боже мой, с какой любовью все это врежется в памяти... Тыква, голубушка, скоро тебя не будет...

Он опять засмеялся и спросил:

— Вам понятно?

— По—моему, несколько парадоксально.

— Ну, все равно. Теперь представьте, что и там, в душе, тоже вдруг все вздрогнуло и понеслось. Так же вот, как в облачный день, — все изменчиво, так же несется что-то, перекрывает, меняет, обманывает... Что вчера казалось ослепительно сияющим, то сегодня стало тьмою, что вчера было самой мрачной тенью, — вдруг сегодня, если не совсем посветлело, то по крайней мере принимает приличные серые оттенки... Что тогда?

Я промолчал, не желая нарушать течения его причудливой мысли.

— Остается, батюшка, ловить клочки. Разбитое зеркало. А ведь все наше поколение именно таково: дрогнуло что-то и несется, и летит. Туча не туча, облако не облако... Где-то будто гремит, а больше все-таки мгла какая-то... Несется, закрывает, открывает... Да вот вам: давно ли мы любили народ и верили в него, как сорок тысяч братьев любить и верить не могут. Точно двери какие-то открылись, повалил в них мужик и занял всю арену российского внимания; бурьян из-под заборов забрался на первые гряды. Куда— ни повернись — всюду он, и притом в самом лучшем виде... Господи боже! Как мы его, голубчика, любили и как уважали. Где только ни встретим — привет и почет. Говори, голубчик, выскажись! И высказывался! Вон сидит у тракта в будочке "поскотник". Обязанность, можно сказать, самая ничтожная: сиди у ворот, Да глупых телят на улицу обратно загоняй, разве еще когда начальству поскотину отопри. А подойдите-ка к нему: философ глубочайший! Беспортошные, безоброшные — все философы. Порток не имеет, оброку не платит, а поучить нас, бедных, может, потому что и в беспортошности его смысл глубочайший. А уж про выставки и говорить нечего: по всем стенам в золоченых рамах все он был. И ведь не то чтобы какое-нибудь частное увлечение, кружок какой-нибудь. Все общество — сверху донизу обожало. Ретрограды и радикалы одинаково. Одни говорят: он умник, он мудрец, в нем наше спасение, он всю эту фантасмагорию устранит и прежнюю светотень опять наладит; ему ведь, милому, у забора, по его мудрости и смирению, — самое надлежащее место. Другие радостно суетятся: погодите, вот он придет, и все станет совсем по—новому. Я лично из-за него на несколько лет краски и палитру бросил, не пошел в академию, метил в сельские учителя, и, наконец, чорт его знает по какой уж равнодействующей, попал в адвокаты.

— Вы адвокат? — удивился я.

Г-н Алымов расхохотался так звонко, что сосед счел необходимым трижды стукнуть кулаком в стену.

— А ведь в самом деле, это с нашей стороны свинство, — сказал Алымов. — Ну, хорошо, стану говорить тише. Да, батюшка, рекомендуюсь: адвокат Казанского округа. Благосклонные ко мне поволжские газеты порой так и называют меня: известный адвокат—художник. Причем, как водится, адвокаты слово "известный" относят к художнику, художники — к адвокату... А бывает и так. Говорят: вон на песочке адвокат Алымов этюдики пишет, или: сегодня художник Алымов в суде бродягу защищает. И чорт его знает: сам я путаюсь, потому что действительно бродяга на скамье передо мною сидит и бродяга у меня на этюде... Тише, пожалуйста, тише: сосед опять недоволен... Да, так я к тому, что из-за него, меньшого брата, одно время я даже этюды бросил, перестал думать красками, да что! Ей—богу, политическую экономию изучал... К чему, думалось тогда, наше искусство? Вот он, младший-то, придет и все картины сразу по—иному перепишет. Краски даже другие с собой принесет, видеть иначе научит: полнее и глубже! И куда ни посмотришь, все в этом уверены: в театрах, в музеях, в литературе, в поэзии, на выставках... Помню, как-то на пароходе по Волге случилось ехать. Пароходишко маленький, меж ближними пристанями шмыгает; на мостках, гляжу, компания: судебный следователь, исправник из бывших казанских студентов и уездный полицейский врач. Сидят за столиком, солнце их жарит, поют "Есть на Волге утес", слезами так и истекают... Ей—богу! Правда, выпито было изрядно, а все же, как хотите, замечательно! И было это, знаете, пониже Царицына, есть там этот знаменитый Стенькин утес:

Из людей лишь один
На ут—есе том был...

127

Понимаете, это уездный врач — тенорком,— и вдруг исправник октавой:

На—а Ма—аскву своротить он реши—иился!

— Ой, батюшки, не буду, — спохватился г. Алымов, оглядываясь на стенку, и, подвинувшись, продолжал:

— Ну, я, понимаете, человек свежий, только что сел на пароход, не успел еще приобщиться к их настроению, — и потому невольно приведен был в изумление. "Что вы это, говорю, господа, делаете, побойтесь бога. И утесишко-то, во—первых, самый ничтожный, а, во-вторых... Ну, вы только представьте себе: вдруг он-то оттуда в самом деле выползет. Ведь вы тогда меры обязаны принимать... Хлопот не оберетесь: не мертвым телом, неизвестно кому принадлежащим, пахнет". Так ведь как обиделись: стол опрокинули. Исправник в грудь себя вилкой тычет. "Молодой человек,— говорит,— вы, может быть, па-ла-гаете, что если на мне вот этот проклятый мундир, так уж я народа не люблю. Ашиба-е-тесь..." Насилу усмирил, и то лишь тогда, когда опять столик наладили, и я в свою очередь приобщился к настроению. Тут, конечно, все забыли. Судебный следователь, человек, трепетавший перед прокурором, но, в сущности, большая умница, объяснил мне на мировую, что и песня-то, говорят, прокурором написана и напечатана была в самом благонамереннейшем журнале[6]. "Мы, говорит, молодой человек, свои юные годы вспоминаем. А служебным действиям это ни в коем случае помешать не может". Смешно ведь, правда? А как вам кажется, кто был всех смешнее?

— Я думаю, исправник.

— Ошибаетесь — художник Алымов. Я, положим, над ними смеялся, а ведь если был человек, искренно веривший, что он, тот, кто из-за утеса, со своей мудростью российского Барбароссы, действительно может оттуда выползти,— так это был именно я. Над исправником смеюсь, а сам на утес с замиранием посматриваю: выйди, голубчик, выйди, милый. И себя, понимаете, считаю уже сообщником, чуть не обладателем тайны, в душе зреет картина... Такая картинища, я вам скажу. Немного фантастическая, а, ей-богу, мне кажется порой, что стоит бурлаков...

— Какая, если можно спросить?

— Не знаю, сумею ли теперь рассказать... Кажется, так уж это давно было, и так вся эта светотень изменилась. Не

_____

[6] "Русская Речь", если не ошибаюсь, в конце 70—х годов.

128

хотелось бы смеяться над тем, над чем когда-то, право же, плакал... Ну, попробую, однако. Видели вы на моей выставке маленький такой этюдишко: "Утес — Два Брата"?

— Да, помню.

— Заметили? Помните там что-нибудь этакое... своеобразное, что ли?

— Позвольте: утес освещен последними лучами, река внизу, уже в сумраке, по реке пароход бежит... два огня...

— Ну-ну?..— насторожился Алымов.

— В отдалении, в ущельях мигают две деревеньки...

— Татинец и Слопинец. Именно,— это пониже Работок. Говорят, в старину было опаснейшее место. На утесе два брата—атамана, в Татинце — тати, ну, и Слопинец — от слова "слопать".

— Неужто есть такие деревни?

— Есть и не такие. Так вы заметили этот этюд. Да, искрится в нем это нечто, искрится. Помните, огни у парохода? Смотрят! Грозят! Дымище сзади тащится. Змей Горыныч, не правда ли?.. А Татинец со Слопинцем мигают, бедные, так смиренно и жалостно.

— Это верно!

— То-то! И вы думаете, я это как-нибудь там подмалевывал тенденциозно? Уверяю вас, нет: прямо с натуры. Сел на одном обрыве, посмотрел вниз, на эту матушку—Волгу,— так вся душа и вспыхнула тоской и грустью... А пароходище ползет, дымит, глазами сверкает, купчина на нем едет... Луговой остров, подлец, у Татинца со Слопинцем оттягал... Я же и процесс начинал, да потом товарищу более искусному отдал. Испугался купчины — силища! С простыми ходятами, а так орудует,— чистое дело, только мигни, проиграешь. Ну, зато уж в картину я все это вложил. Стала она у меня в душе расти и шириться. Всю Волгу исходил и изъездил, бугров этих сторожевых да берегов затуманенных набрал видимо—невидимо, в архивах копался, у лоцманов да у рыбаков обрывки преданий собирал,— и все так к своему месту ложится. Чувствую — растет! Светотень в душе установилась ровно: солнце вечернее по утесу скользит, река так вот и льется внизу, глубоко в сумраке, огни так и таращатся, дымище, как хвост, вьется, на отмели бурлаки, как мураши, стоят, смотрят, побросали лямки, баржонка прижалась к мели,— все уступает, все сторонится перед Змеем Горынычем. Понимаете — капитал совершает торжественное вступление на Волгу... Летит, свистит, распугивает свистом бурлацкие песни... А на утесе группа стоит, пятном в последних лучах так и режется... Удалые молодцы, мирские защитники, гроза

129

крапивного семени, носители таинственной политической мудрости российских барбаросс из-под Стенькиных утесов... Ах, вы представить не можете, сколько я в эти фигуры вложил любви, тоски, ожидания и страсти...

— Вы их написали? — спросил я с интересом.

— К чорту! — сердито ответил Алымов и засмеялся.— Обманул меня подлец—атаман, недаром Хлопушей называется.

— Хлопуша — ведь это пугачовец.

— Чорт его знает, может, и тот. Шатались ведь они, подлецы, повсюду, а может быть, и нарицательное: хлопать зря — значит лгать, хвастать... Впрочем, он ли один тут виноват, право, не знаю! В неделю картину не напишешь. Собирался, все приготовил, между тем в первой инстанции дело-то мы проиграли. Купчина принялся круто, на месте пошли недоразумения, ну, тут за мной немного не присмотрели, я впутался глупейшим образом. Вышла история, а купчине только и надо было: губернатор — человек энергичный... Потом товарищи едва—едва успели все-таки поправить дело, а я уехал на время в некоторые северные города.

— И это было? — спросил я.

— Было,— ответил Алымов, слегка как будто застыдившись.— Уж именно, что печальное недоразумение. Собственно, за темперамент. Положим, недоразумение рассеялось сравнительно благополучно, а все же залегла, полоска... Вернулся — и тот, да не тот, и застал уже не то.

— Что же, собственно, изменилось?

Алымов помолчал и вдруг опять спросил:

— Хотите тему для рассказа?

— Непрочь, хотя чужие темы вообще плохо годятся.

— Ну, я расскажу вам небольшой эпизод... Охотно уступлю вам, тем более, что у меня, пожалуй, ничего не выйдет.

— Постойте, да разве вы еще вдобавок и пишете?

— Пишу,— рассмеялся он,— впрочем, только в N-ском листочке. Видели такую газету?

— Не помню.

— Напрасно. Самая колоритная газета в России. Издается местным купцом — мучник из Царицына. Начинает всегда тропарем дня. Продолжение составляет акафист местному начальству, конец — что-нибудь о патриотизме. Понять ничего невозможно, а читателей слеза прошибает.

— А вы тут что же?

— А я — что хотите: путевой набросок, что-нибудь по местной истории. Сливаюсь со средой — это всегдашняя моя мечта. "Бытовое" — это моя стихия. Недаром вот и вы признаете, что моя коряга — настоящая керженская, волжская. Знатоки признают даже тину, которой она затянута, а какой-нибудь лапоть возбуждает географические споры... Ну, вот и настоящий, местный бытовой редактор прельстил меня. Скоро, пожалуй, умрет старина,— исчезнет последняя оригинальная газета на Руси. Сын — из второго класса прогимназии, ходит уже в спинжаке и пишет светским стилем. Те же акафисты, но уже не шевелят сердца...

VII

— Вы говорили о теме.

— Да, как вам нравится заглавие "В ссоре с меньшим братом"? А мне кажется, что лучшего заглавия для современного рассказа не придумать. Охватывает все сверху донизу: и художника Алымова, и его приятеля мещанина Романыча, и правый, и левый фланги... Отовсюду теперь выгнали меньшего брата. Одни — потому, что оправдал их надежды, ну, и попал на конюшню! Другие — потому, что обманул ожидания. Не вышел своевременно на арену истории. Да, холодность теперь к нему необыкновенная... И драм на этой почве совершалось у нас, я вам скажу, без числа. Все только драмы какие-то незаметные, подпольные, что ли... Вот и сегодня, видели вы наш отчаянный абордаж. Это тоже последний акт такой же драмы. В лодочке сидят все исполнители: начиная с художника Алымова и кончая бедной Фленушкой, которая ни с кем, впрочем, не ссорилась; все имеем к меньшему брату более или менее серьезные иски... Недоумеваете, а между тем это так. Начнем с меня: вы согласитесь, что пострадал и хотя отчасти из-за собственной глупости и темперамента, но все же частью и из-за меньшего брата...

— Он-то об этом не просил?

— А почем вы знаете? То-то что просил, а потом на попятный. А из-за этого обе мои карьеры — и адвокатская и художественная — временно приостановились. Далее-с... Я потерял невесту. Ну, тут, положим, влияние меньшего брата только косвенное, и от этой части иска отказываюсь. Я никогда не пользовался успехом у женщин. Кажется, я вам сказал, что не могу сегодня спать от погоды. Налгал: не сплю от ревности. Не смейтесь, пожалуйста, мне, право, не до смеха.

И, как бы в доказательство, в каюте зазвенел его заразительный хохот.

— Странный вы, право, человек,— сказал я.

— Да, странный. Веселый меланхолик, существо парадоксальное, пожалуй, уродливое. Мне, знаете, кажется иногда, что природа намеревалась вылепить меня самым веселым человеком в России, но по разным обстоятельствам я ей не удался. Вышел только эскиз веселого человека, а внутри-то трещина. От этого меня так раздражают и такие парадоксальные вечера, как сегодняшний. У самого в душе с одной стороны светится что-то, а с другой — такой холодище ползет, брр... зуб на зуб не попадает... Однако возвращаюсь к теме. Женщины, как вам известно, не ценят эскизов. Мы иногда удивляемся пошлейшему выбору умной и развитой женщины. А секрет простой. Им хоть маленькое зеркальце подавай, пятачковое, да цельное... Эта мысль, с тех пор, как я ее понял, совершенно лишает меня бодрости...

— Мало вероятно,— сказал я, улыбаясь,— особенно если вспомнить про угловое окошечко.

— Ну,— сказал Алымов брезгливо.— Я не об этих лубочных эскизах любви говорю. Поймите: в моей душе живет стремление к цельности, к полной картине... Между тем, когда, отчасти тоже благодаря меньшему брату, выяснилось, что я в адвокатуре — художник, а в искусстве опять остановился на корзинах,— дело мое и расклеилось. Осталась одна надежда на будущую картину... С этой надеждой я и жил там, где встретил Романыча...

— Это ваш мрачный приятель?

— Да, он.

— А он — цельное зеркало?

— Какое там! Тоже осколок. Но это человек особенный... Счастье за ним гонится само, потому что он от него убегает. Есть что-то удивительно привлекательное в отречении. Не знаю, как вы, а для меня, грешного художника и грешного человека, просто недурное лицо кажется неотразимо привлекательным в монашеском клобуке... Кстати, кто он по—вашему?

— То есть?

— То есть просто: какого звания человек?

— Кто его знает.

— Вот то-то. Даже я, знающий каждую щепку в этих местах,

132

если бы встретил такую фигуру на Волге, — стал бы втупик. Ну, хоть какой народности?

— Похож на хохла.

— Замечательно! Все в один голос говорят это, а между тем он только жил одно время в К. Родом из Тулы, происхождением деревенский мужик, образования нигде не получил, а между тем читал Куно Фишера, Спенсера и Маркса и обо всем, о чем мы сейчас говорим с вами и еще будем говорить, во всей этой игре ума может легко принять участие на равных правах. Но... пишет плохо, с ошибками, и в конторщики, например, не годится.

— Что за парадоксы?

— Да, и вдобавок, сам мужик, а между тем совершенно не понимает мужика и даже говорить с ним понятно не умеет. Одним словом — тоже парадоксальный эскиз новейшего времени: настоящий представитель бродячей интеллигенции, вышедший из народа, странствующий в пустыне и взыскующий града. Представляете вы эту фигуру?

— Пожалуй, но как же это вышло?

— А вышло просто: родился в деревне, потом ребенком попал в К., где отец приписался в мещане. Потом отец умер, а мальчик попал в сидельцы какой-то мелкой лавочки. Жизнь эта для детей — известно, каторга. Подростком уже сошелся с каким-то студенческим кружком, мечтавшим о слиянии с народом. Они и повели его развитие так быстро, что он стал читать и понимать Спенсера, не успевши выработать почерк. Вы понимаете, что для лавочного сидельца, сохранившего воспоминания о детстве в деревне, теории народнического кружка молодежи явились настоящим откровением, вернее — осуществлением мечты. Они, конечно, были уверены, что в его лице навстречу их теориям идет настоящий "опыт" человека из народа, а между тем — он-то и был самый мечтательный из всех этих молодых мечтателей... Ну, потом, разумеется, все оказались более или менее причастными к какому-то довольно фантастическому плану обновления, причем я сильно подозреваю, что самый план покоился в значительной степени на опыте "человека из народа". Ну, а затем... мы и встретились в северных городах... Я уже говорил вам, что прожил там недолго, но, право, крепко полюбил этих ребят. Народ горячий и нетерпеливый, но, в сущности, золотые сердца и даже недурные головы. Теперь легко смеяться над всем этим, но ведь они только делали выводы из посылок, признанных тогда всеми... Меня они тоже, кажется, любили, хотя при этом мне приходилось выносить изрядную дозу снисхождения. Решили, в конце концов, что я свободный художник и, как сосланный за темперамент, имею право даже вести дружбу с начальством. А я, при моей склонности к бытовому, без этого не могу. И притом тоже ведь, по-своему, ребята попадались хорошие, а у одного квартального такая оказалась рожа типичная, что мой этюд обратил в свое время внимание и даже попал в коллекцию к N. Только я тогда по разным обстоятельствам не подписал своей фамилии и пропустил случай прославиться.

— Но вы...

— Опять уклоняюсь. Да, так вот. Романыч показался мне самым интересным. Читал он страшную массу, можно сказать — ломил через всю эту премудрость, точно медведь сквозь чащу. Многое понимал своеобразно, но, в конце концов, понял все не хуже других, одолел даже до известной степени философскую терминологию. Пробелы, разумеется, остались у него огромные. Ну, да ведь и мы тоже все учились понемногу, чему-нибудь и как—нибудь. Интереснее всего в нем все-таки было это изумительное упрямство. При моей слабости к бытовому я помирился с ним именно на этой черте. Я, признаться, не люблю оборотней, с вылинявшей природной окраской, и часто ловлю себя на некотором инстинктивном нерасположении ко многому "новому". Умом-то, пожалуй, и признаю и содействовать готов, а в сердце — копошится какое-то сожаление к уходящему с его определившимися, устоявшимися бытовыми формами. Не могу, например, подумать без некоторого щемящего сожаления о том, что скоро на Волге исчезнет последняя коноводка, а когда представлю себе, что и Волгу когда-нибудь схватят в каменные берега, скучно становится... Должно быть — консерватизм художественной натуры. Поэтому некоторое время с Романычем нас разъединяла какая-то взаимная антипатия. Вероятно, я казался ему слишком уж "тонким", а он мне — опустошенным и обезличенным, лишенным всякой непосредственности. Я, верно, чувствовал в нем "ненастоящего" мужика, а он был уже настолько ненастоящий, что его это сердило. Однако скоро я увидел, сколько еще осталось своего, мужицкого, в этом неуклюжем обломе, с такой свежестью непочатого ума и с такой нерастраченною энергией ломившего через дебри науки... А главное, что меня к нему окончательно привязало, это то обстоятельство, что из всех этих фантазеров, мечтавших о полном слиянии с народом, он был самый мечтательный, самый фантастический...

Г-н Алымов задумался. Лица его я не видел, но мне казалось, что на этом лице должна была бродить улыбка.

— Все они или почти все были с сильной трещиной. Это тоже меня к ним привязывало,— эта черта русского интеллигентного человека по преимуществу. Вы понимаете, о чем я говорю?

— Не совсем.

— Кто-то, помнится — Гейне, выразил это очень красиво: мир дал трещину, и эта трещина пришлась мне как раз по сердцу...

— Как видно,— засмеялся я,— специально русскую черту выразил немецкий еврей...

Он тоже засмеялся.

— Правда! Ну, мне все-таки кажется, что мы это чувствуем яснее. Трещина эта отделила нас от нашего народа, а при отсутствии у нас разных закрывающих ее исторических сооружений она зияет как-то разительнее.— Француз, немец, англичанин находит себе все-таки много утешений, ну, наконец, они хорошо строят мосты... А у нас нет всех этих украшений. Трещина сочится и беспокоит, а в молодости особенно. Помните, у того же Гейне: "Кто скажет, что у него сердце цельное,— у того дряблое, прозаическое сердчишко..." Ну, вот у них сердца были не дряблые, и они все копошились, как муравьи, чтобы найти путь через трещину к своему народу... Ах, чорт возьми, как я их и теперь люблю за эту черту, хотя она стоила мне очень много... Вы не заснули от моей философии?

— Нет, пожалуйста, продолжайте.

— Теперь естественно возникает вопрос,— как быть с трещиной и чем ее заделать... Тогда это казалось близким и возможным. Одни полагали, что он, то есть мужичок, устроит это как-то сам. Он лучше знает. Другие махали рукой — все равно нам, негодяям, пропадать на этом берегу. Третьи, наиболее решительные, прыгали прямо туда, к меньшому брату, но все были согласны, что исцеление именно в меньшом брате... У него все,— у нас одна погибель... Вы были когда-нибудь на Святом озере в Семеновском уезде?

— Не бывал.

— Интересно. Я был. Небольшое такое озерко, глубокое, чистое, как слеза. Кругом холмики, на холмиках деревья, часовенка стоит старенькая — и над всем витает чудная легенда. Народ уверен, что в озере и кругом озера стоит невидимый город, исчезнувший по молитве старцев перед нечестивыми полчищами Батыя. Два раза в году по лесам и тропам из дальних мест, говорят, даже из Вологды и с Урала, пробираются туда сотни людей, "взыскующих града" в

135

буквальнейшем смысле этого слова: чистые сердцем, проведя сутки в посте и жаркой молитве, ложатся на берегу, и на закате солнца начинают для них берега озера зыблиться и колебаться, из глубины слышится звон, а кругом все — и толпа, и холмики, и деревья — все исчезает, и стоит на месте этой призрачной действительности фантастический город Китеж с церквами и монастырями. Я был на озере, видел эту верующую толпу, и среди нее два раза попадались мне фигуры (оба раза это были женщины) с застывшим созерцанием в лица, со счастливыми слезами на глазах! Они — видели, понимаете, видели собственными глазами. Чаще всего, однако, слышал звон и бывал в граде взыскуемом полуслепой и совершенно глухой старец, живший в землянке на самом озере. Он мне все это рассказывал, во всех подробностях.

— Интересно.

— Еще бы! Любопытно, однако, что град этот построен в чисто историческом стиле: тут вот, говорит, монастыри, тут собор, тут ограда, тут боярские и купеческие хоромины стоят, тут мелкому мастеровому люду жилье, а вот там, говорит, подальше, крестьянские избы понастроены. А кресты, говорит, все о восьми концах. Великолепно, не правда ли? — спросил г—н Алымов со своим характерным смехом.

— К чему вы это вспомнили, однако?

— Видите ли,— вот, значит, меньшой брат как себе град взыскуемый представляет?

— Ну, это только тот, кто ходит по святым озерам.

— Ну, там как бы то ни было, а и мои приятели представляли себе будущее в этом роде. Может быть, несколько игнорировали бояр и купцов, а все внимание обращали на избы,— это правда. Но зато в пределах деревни — все точь в точь! В той сияющей перспективе, куда они устремляли свои взоры, виделась именно наша теперешняя деревня: та же улица, только пошире, те же избы, только из хороших бревен, те же крыши,— пожалуй, только тес вместо соломы (эх, и это жалко), ну, и тот же мужик в той же одежде, с той же иконописной бородой и с той же таинственной мудростью. Есть, конечно, и счастливейшие из интеллигентов, но они слились, исчезли, потонули в общей окраске... Правда, среди моих тогдашних приятелей мираж этот уже сильно дрогнул. Знаете, бывает это: день совершенно еще ясен, а уж чувствуется, что на все ровно и незаметно для глаза уже легла какая-то дымка. А там клок тумана уже ясно осел в воздухе — и пошло нестись и меняться. А этот народ удивительно чуток. Право, очень жаль, что эта полоса жизни у нас оставалась как-то не изученной и не отраженной. Мне иногда кажется, что все эти молодые люди были только птицами буревестниками, отмечавшими своими беспокойными движениями глубокие изменения общественных настроений. Теперь вот мы уже понимаем, что все это мираж, что трещина ушла еще очень далеко в будущее, в какую-то неведомую нам страну, в которой не осталось ни одной из наших бытовых форм. Это будущее не получит уже ни одного бревнушка из современной деревни и не увидит ни одной черты из теперешней беспортошной таинственной мудрости. Теперь, когда я вижу пиджак в деревне, я говорю себе: вот шаг к будущему. Не смейтесь, это именно так. Ведь теперь у нас даже в среде великороссийского племени по меньшей мере четыре нации, отличающиеся и по языку, отчасти, и по верованиям, значительно сильнее, и по одежде (совершенно)! Ну, а в будущем, конечно, это исчезает, и в конце трещины стоит незнакомец, всего вероятнее, в немецком пиджаке, которого, впрочем, чорт его побери, я никак не могу себе представить вполне ясно и к которому, грешный человек, никакого христианского чувства не питаю.

— Правильно ли это, г-н Алымов?

— Разумеется, неправильно,— захохотал он.— В свое время и с него, вероятно, будут писать этюды. Но что хотите, я люблю свою натуру теперешней: потому что она уже мне вросла в душу. Помните у Лермонтова: "Люблю я родину, но странною любовью... Люблю дымок спаленной нивы... дрожащие огни убогих деревень". Ведь, в сущности, убожество-то любить, пожалуй, и не похвально. А что станете делать. Когда-нибудь, может быть, их за это и в самом деле не похвалят: им, по их варварским понятиям, скажут, растрепанные крыши нравились лучше железных. Ну, а у меня сердце бьется при виде растрепанной крыши и слепого окна, а на железную крышу и не глядел бы. На этом-то вот мы с Романычем сошлись вплотную. Среди остальных начиналось смятение и споры: субъект в пиджаке и железная крыша уже выступали из тумана будущего и возбуждали значительную тревогу. Многие отступали более или менее спешно, отдавая в жертву незнакомцу — кто общину, кто артель, кто еще разный багаж в этом роде. Были и такие, что уже провидели реабилитацию "кулака", как неизбежного и даже прогрессивного элемента. Только мы с Романычем не сдавались... Однако знаете что? Ведь это я вам начинаю целую историю. Вы, кажется, одеты?

— Да, я и не раздевался.

— Ну, вот что. Если вам не спится и охота, пойдем на

палубу. У меня угар из головы вышел, и мне совестно перед соседом.

Я охотно согласился, и мы вышли.

VIII

Мы вышли в зал, почти совершенно темный. Одна лампочка освещала скучным светом ближайшие предметы: часть стола с белой скатертью, горку с бутылками, несколько апельсинов в стеклянной вазе. Далее только слабые искорки на гранях стекла обозначали перспективу темного зала, казавшегося как-то фантастически длинным. В конце совершенно черные окна изредка освещались снаружи слабыми вспышками зарниц... Откуда-то из глубины парохода несся стук машины, ровный и глухой, точно биение пульса у спящего... В такт этому стуку жалобно отзывалась какая-то стеклянная подвеска.

— Не хотите ли пройти по нижней палубе? — спросил Алымов.— Вы увидите — это интересно.

Мы спустились по лесенке и открыли дверь на палубу. Она была сильно загружена. Тюки, обшитые рогожами, бунты шкур, издававших неприятный запах, корзины, короба, ящики, мебель, коляски... Все это фантастическое собрание разнообразнейших предметов, наваленных в беспорядке и как будто удивленных своим случайным соседством, слабо освещалось кое-где висевшими лампочками. Между тюками, на лавках и на полу лежали пассажиры, женщины с грудными детьми, мужики в овчинных тулупах, несмотря на лето. Густое сопение и храп носились среди полутьмы, примешиваясь к плеску воды и стуку машины.

На одной из лавок, на грязной подушке спал наш знакомый, синюхинский певец. Его некрасивое, зловещее лицо налилось кровью, губы были искривлены, из горла вырывалось неровное, прерывистое хрипение.

Алымов остановился над спящим с видом холодного любопытства.

— Дедушка душит,— сказал он мне, указывая на синюхинца.— Субъект это, я вам скажу, интереснейший. Кулак, начетчик, признает только старинную книгу, поет только старинную песню, держит в руках всю Синюху и замучил двух

138

жен. Теперь вот на него насел домовой; небольшой старикашка, с длинной бородой и в тулупе навыворот, измельчавшее отродие какого-нибудь грозного божества, которому его предки когда-то приносили умилостивительные жертвы.

Спящий тяжело перевел дух, сел на лавку и некоторое время безжизненными глазами озирался вокруг. Что-то вроде ужаса изобразилось в них, когда он увидел над собой фигуру Алымова. Впрочем, сон не вполне выпустил его из своих рук; он повел глазами, попытался перекреститься и опять повалился на подушку.

— Пойдемте,— сказал Алымов.— Завтра он припомнит это мгновение, и если у него затоскует утроба, он будет уверен, что мы, два полуночника, приходили нарочно, чтобы его испортить. Знаете, мне вот приходит в голову: что, если бы все сонные грезы, которыми полны теперь эти истомленные мужицкие головы, можно было облечь в видимые формы... Господи боже! Каким удивительным сборищем наполнилось бы пространство между палубой и потолком парохода. Ведь если этот синюхинец живет чувствами Никиты Пустосвята, то вот те — плотовщики, возвращающиеся на свою Унжу или Ветлугу,— прямо вышли из дебрей пятнадцатого века. К ним в лесные трущобы и теперь еще прилетают огненные змии.

Шагая через ноги в лаптях и туловища в посконных рубахах, мы прошли мимо машинного отделения, зиявшего отблесками огней и наполненного диким движением стали. За ним на корме было что-то вроде правильно устроенных в два этажа лавок, где пассажиры разместились с некоторым удобством. У одного из таких отделений Алымов резко остановился. Я увидел здесь обоих его спутников. Суровый человек в шведской куртке спал в углу, прислонясь головой к деревянной стене, в самой неудобной позе. Было видно, что он долго охранял сон прислонившейся к его плечу девушки и заснул сам, не смея пошевелиться.

Алымов постоял несколько мгновений, с некоторой нежностью глядя на успокоившееся лицо девушки, и пошел дальше.

На самой верхней площадке нас обдало тихим ночным ветром. Должно быть, заря была недалеко, по крайней мере на одной стороне неба, в поредевших облаках, бродили уже слабые просветы. Зато набиравшаяся с вечера громовая туча вся перевалила за Волгу и стояла за Жигулями вся черная, изредка вспыхивая синими зарницами.

Алымов прошелся взад и вперед, вдыхая свежий ночной

воздух и разминаясь. Он подошел к рубке и что-то спросил у лоцмана.

— Вон, в конце плеса,— ответил тот. Алымов подошел ко мне.

— Посмотрите, вон Хлопков бугор. Именно здесь моя картина, как я говорил вам, разлетелась вдребезги.

Нос парохода все клонился вправо, и перед нами — черная и грузная — вырастала большая гора, между тем как темная туча, лежавшая за нею, казалось, быстро опускалась книзу... Чуткое эхо торопливо отдавало шум пароходных колес, но когда мы подошли еще ближе, нам был ясно слышен тревожный шорох деревьев. Над нами висела лысая вершина, с которой открывались оба плеса... К таким именно горам народные Предания любят приурочивать станы волжских атаманов. — Здесь вот жил мой Хлопушка. Видите, вон чуть заметно вьется трава, лес тут пониже. Я был на вершине. Какие-то ямы еще до сих пор сохранились. Видно, — было тут в старину какое-то становище, или уже после кладоискатели ископали. Очень меня соблазняли для картины "Два брата", но и это местечко тоже хорошо. А главное, подлинность, дух, так сказать, витает. Стою, бывало, на вершине этой и проникаюсь... Ну, когда вернулся опять на Волгу, сейчас, разумеется, к этим местам. Шатался, то пешком, то в легкой лодке, два раза меня меньшой брат, как человека подозрительного, в становую квартиру представлял... Подлая это тоже черта у меньшого брата, чуть не понял какого-нибудь человека, сейчас волокет к попечительному начальству. Разумеется, тотчас же отпускали с извинениями: "Ах, эти невежи, это они г—на Алымова на веревочке привели. Извините, пожалуйста. Как же, читали в "Листке"..." Ну, во время одного из таких приключений схватил какую-то гадость. Сел на пароход в Ставрополе вечером; думаю, отлично — наутро буду в Морщихе, там лодочников найму, подымусь к бугру... А самого знобит, и на душе такая тоска лежит, — туча! Ничего, думаю: вот картину начну, и вся эта светотень опять наладится. Не подозреваю, что уж в душе не то солнце светит, и светотени прежней следа не осталось... Еще там, в северных городах, это началось.

Вот плыву по Волге, ночь такая же точь в точь, темная, густая, томительная. Жигули точно потонули в чернилах. Зарница вспыхнет, осветит мертвым светом ущелья и горы и опять погаснет... Грустно необыкновенно. В душе ползет что-то, тянет, щемит, не дает покоя. Прошлое затягивает свою песню, будущее темно, и пустота какая-то в глубине... Ехал тут со мной купец царицынский, дубина ростом в сажень, сила непомерная и столь же непомерная непосредственность. И разразить готов, и обнять согласен, и слезу прольет бог весть о чем, и физиономию ближнему тоже, здорово живешь, испортит. Видит, кручина у человека, — выпьем да выпьем. Попробовал я, — нет, только еще хуже. Ушел на палубу, скрылся от него на самый нос, сижу в темноте. Вдруг будто меня толкнуло. Зарница вспыхнула, смотрю — место знакомое: лысый бугор, тропочка, лодочка внизу стоит. Ну, вот тут... объясняйте, как хотите... потерянное равновесие, начинавшаяся болезнь, Царицынский купец, бенедиктинский ликер... Только все это я видел, как вот вас вижу... Просто стыдно рассказывать.

— Однако.

— Да что! Вспыхнула одна зарница — вижу, стоит вся моя группа на самой вершине... Те—емная вся, мрачная... Осветило ее и погасло. А пароход так и мчится к горе. Помню, хотел капитану крикнуть, чтобы повернул, а уж гора вплоть над головой, вот как теперь. И там вот, на песочке, вижу, суетится кто-то с лодочкой... Режется лодочка по волнам, еще минута, стоит передо мной, как лист перед травой, атаман и те. "Ну, что ж, говорит, паренек! Пиши, что ли, атамана Хлопушу... Я самый".

— Что же, — сказал я, смеясь. — Для художника и не нужно лучшего случая. Вы могли разглядеть вашу натуру очень близко.

— То-то вот и есть! Посмотрел я на него и просто плюнул. Харя грубая, сапожки на нем сафьяновые, рубаха шелковая, опоясана повыше брюха, на голове казацкая шапка набекрень, и подковки кудрей из-за шапки лезут. Сила, положим, есть, зарезать готов во всякое время, но мне-то, художнику Алымову, она совсем не сродни... Красота тоже, может быть, есть, — опять не моя... "Ты, говорю, подлец, теперь в Лыскове за стойкой стоишь, да бурлаков сивухой спаиваешь..." И пошел тут у нас диалог. Капитан после рассказывал: "Удивлялись, говорит, с лоцманами. Сидит барин Алымов на корме, лопочет что-то, руками машет". А это я все Хлопушу отчитывал... "Понимаешь ли ты, скверней, что весь ты не стоишь моей художественной поэзии... Ведь меня бы, говорю, за тебя, дурака, во всех газетах превознесли, за границу бы тебя повез... Ведь мой вымысел дороже всей твоей дурацкой ватаги..." А он, подлец, стоит, ухмыляется, и с каждым взглядом на эту несуразную фигуру прежние мои представления улетают одно за другим, как вспугнутые птицы... Дальше уж и не помню. Помню какая-то свалка. Царицынский купец после жаловался: "Я, говорит, его, как доброго человека, в буфет зову, а он меня ка-ак схватит об это место. Звезды из глаз посыпались..." В Самаре прямо в больницу сдали. Горячка!

— Позвольте, однако, — сказал я. — Все это совершенно понятно. Но каким образом болезненный бред мог помешать вам дописать картину, когда вы выздоровели?

— Бред... — сказал он задумчиво. — Нет, я вот и до сих пор от него не могу отделаться... Вы говорите, когда выздоровел! Ну, и я так же думал. Вернулся домой, растянул большое полотно, осветил, поставил этюды... Думаю, будет уж эскизы собирать, вот у меня все тут: и краски и формы. С этого эскиза — фигура, с этого — другая, а с третьего — светотень. Вот он утес, вот река, вот пароходище... А потом постоял, постоял перед полотном и спрашиваю себя: "Хорошо, друг мой, художник—Алымов. А правда где же? Правда-то, пожалуй, там осталась, в этой ночной галлюцинации... Ведь в самом деле, твои мирские заступники — только стихия... Били, как гром: в дерево, так в дерево, в хижину, так в хижину, в хоромы, так в хоромы. В хоромы чаще, потому что хоромы выше, а случалось — и с мужика шкуру спускали да солью посыпали. Постой, Алымов, надо с этим делом разобраться. Дай почитаем получше историю". Стал читать, боже мой — какой мрак! Стеньки, эти, Булавины, Пугачевы... Ни малейшего проблеска творческой идеи, стихия — и только... И чем больше изучаю, тем больше вся светотень в душе меняется. Отчаяние меня просто взяло. Подойду к полотну, стану краски класть. Нет, не то... Вы знаете, что значит с этюда картину писать? Ведь это нужно опять все возобновить в душе, нужно, чтобы вся эта гамма опять заиграла. Ну, а для меня уж это кончено, überwundener Standpunkt[7], все стало иное. Смотрю на пароход и думаю: а ведь это культура на подлеца — Хлопушу идет. Смотрю на бурлаков — надо же было когда-нибудь прекратить это безобразие. На Хлопушу взгляну — так шельмецу и надо. Не крикнешь теперь "сарынь на кичку!" Одним словом, все по—иному вижу... А по—иному — значит, и начинать надо сызнова... Опять этюды, опять осколки, а зеркало все-таки... разбито!

Мы помолчали... Пароход давно обогнул мыс, и Хлопков бугор затянулся густою мглой. В воздухе заметно светлело.

— Метался я после этого довольно долго. Бродил по Волге, смотрел и слушал, рисовал и записывал, в архивах рылся... Все хотелось этот образ восстановить. Не Хлопушу, разумеется, чорт с ним. А тот, другой, великий образ, который мы все-таки

---

[7] Пройденный этап.

142

любили. Нет! Мелькают какие-то черты и тотчас исчезают. А между тем и кругом уже эта тревога становится заметнее: ссора с меньшим братом все разгоралась... Арена пустела, пустела, да так и остается пустой... Иногда мне кажется, что и будет она пустой до тех пор, пока так или иначе мы вновь не определим своих отношений к меньшему брату на каких-нибудь твердых основаниях... Ну, да ведь это еще долго?

Он резко поднялся и стал ходить по палубе, изредка подходя к лоцманам. Он задавал им какие-то вопросы, но порой отходил, не получая ответа. Вообще было видно, что его что-то беспокоит и раздражает. Наконец он опять замурлыкал свою песню:

В той ли лодочке, как лебедушка...

Потом сел, опустил голову, надвинул шляпу, и на некоторое время у нас на палубе водворилось полное молчание...

IX

Сонный капитан вдруг привстал в рубке, и свисток, гулкий и как будто охрипший за ночь, прокатился над Волгой. Назади его лениво повторило эхо Жигулей, но впереди виднелся уже широкий разлив; с одной стороны, освободившийся от гор над низким темным крутояром, стоял звездочкой фонарь на рейке, над пристанью, а другой огонек покачивался внизу, как маятник. Пароход поворачивал к Ставрополю. Впрочем, город от реки далеко, и одинокая пристань ютилась под пустынным обрывом. На берегу стояли две тройки. Поджарые лошади рисовались странными силуэтами на темном еще небе... По мосткам сошли только двое пассажиров. Это был человек в шведской куртке и его спутница, севшие на пароход вместе с Алымовым. Алымов подошел к перилам и крикнул:

— До свиданья, господа.

Оба оглянулись. Человек в шведской куртке кивнул головой, девушка поклонилась приветливо и радушно. Еще через минуту мостки сняли, в темную воду шлепнулась тяжелая чалка, и пароход отделился от пристани. Скоро самая пристань исчезла в темноте, только некоторое время доносилось треньканье колокольчика. Вдоль берега трусила одинокая тройка...

— Это ваши знакомые? — спросил я у Алымова, задумчиво вглядывавшегося в темноту.

— Да, знакомые,— ответил он.— И тоже имеют к меньшему брату немалые иски. Вы помните деревушку, мимо которой мы прошли ночью?

— Морщиха?

— Да, Морщиха. Он прожил там три года, все стараясь перетащить ее из семнадцатого столетия в двадцатое. Ну, а вот теперь и его картина разлетелась вдребезги. Эту историю я вам теперь рассказывать не стану, поздно. Может быть, когда-нибудь сам опишу ее в "Н—ском Листке", если пропустит губернская цензура. Да, впрочем, вы легко себе это представите... Одно знаю наверное: в душе у этого человека такая в настоящую минуту вражда к меньшему брату, — просто буря!

— Вольно же, — сказал я, — строить воздушные замки.

Алымов резко повернулся.

— Да, воздушные замки. Правда! Он хотел для начала завести общественную потребительную лавку, а она — школу. И решили, когда эти две ступеньки будущего рая в Жигулях осуществятся, — они устроят и свое гнездо, слившись с морщихинским народом. Смешно? Положим. А почему, позвольте спросить, мне не строить воздушных замков, если я это делаю на собственный счет и страх и из собственного материала? В праве ли кто бы то ни было притти и разрушить мои замки только потому, что я не хожу в баню, как все, по субботам, и жить хочу на свой лад?

— Конечно.

— То-то, конечно! А семнадцатое столетие этого не понимает. Умиляться за это перед ним?

Г—н Алымов был, видимо, не в духе.

Над Волгой занималось утро, мглистое и туманное. Над самой рекой стлался тонкий пар, под которым шевелились волны, белые, как молоко. Несколько уток, вспугнутых шумом колес, потянулись низко, оставляя длинный след, как будто они прилипли к воде или запутались крыльями в туманной паутине. Несколько ворон грузно пронеслись в вышине и исчезли назади, направляясь к оставленным нами Жигулевским горам. Алымов лениво проводил их потускневшими глазами.

Вдруг из-за дальнего облака, сзади, упали первые лучи, расцвечивая туман, и воду, и выступы берега. Казалось, от них пар сразу заколебался, река ожила, и даже шум парохода стал бодрее и сознательнее.

— Как хорошо, — сказал Алымов, потягиваясь, и лицо его опять оживилось улыбкой. — Как хорошо! И что еще нужно? Нет, кончено!

— Что именно?

— Все эти сложные истории... Выселяю из души меньшого брата. Не платит за постой! Что в самом деле, я дворянин и художник... Адвокатуру тоже по боку: в гражданских делах — грязь, да и не смыслю; уголовные — баловство и притом мешают чистоте впечатлений... Полный переворот в жизни. Раскрою глаза и душу навстречу одним нейтральным впечатлениям. Ах, как хорошо! Спокойствие, благодать! Светит солнце, блещет река, горы в дымке, барочка качается, даль широкая, красивая, свободная, чайка над водой вьется, крылом задевает... И я та же чайка. Летаю себе, без заботы... Вечное, чистое, святое искусство! Художник Алымов раскрывает тебе навстречу свои объятия. Вы, кажется, смеетесь?

— Нет, мне показалось, что смеялись вы.

— Нисколько! Только так и можно что-нибудь сделать. За пейзаж возьмусь, каждый год у передвижников стану выставлять по десятку картин. Они, кажется, тоже от меньшого брата уже избавились. Человек — только украшение природы. Красивое пятно на превосходном фоне. Что мне, наконец, до него за дело? Хорош он, дурен, мудрец, кретин, идиот, подвижник... Ну, и отлично. А солнце-то одинаково на нем свои блики кладет... Вы не согласны?

— Да нет же, сделайте одолжение.

— Да—с! Будет! Исцелиться хочу, уродство из себя выгнать... Песня, давайте мне звуки, положил на ноты, гармонию уловил, — спокоен! Увидел розовый закат, — на полотно! Пожалуйте дальше. Баба на коленях стоит, плачет и молится... Какими мускулами пользуется для выражения экстаза? Больше ничего знать не хочу! Что там такое с ней, кому молится, о чем, дойдет ли молитва, или не по адресу направлена, может быть, по невежеству к святой Пятнице обращается? Не мое дело! Я художник и столбовой дворянин, Ксенофонт Ильич Алымов. Возвращаюсь в свою среду и отдаюсь свободному влечению художественной натуры. Конец романтизму... Красоту мне нужно и ничего более... Что вы говорите?

— Ничего.

— А думаете?

— Я думаю, что у вас именно это и выйдет тенденциозно...

Алымов резко отвернулся.

— Пора спать, — сказал он сердито.

Сходя вниз, я на мгновение остановился на площадке. Солнце гнало туман, и назади, точно вырезанный, стоял последний из Жигулей, Сторожевой бугор, смело отбежавший от остальной стаи.

Капитан тоже уходил с ночного дежурства и крестился на подымающееся над Жигулями солнце.

X

Поднявшись часа через три, я не увидел Алымова в каюте. Оказалось, что он, бледный, с застывшим лицом, сидел на верхней площадке со своим походным ящиком. Перед ним на боковом мостике, в мундире с медными пуговицами, в фуражке с галунами, в ослепительно белой манишке и с рупором в руке стоял капитан, позировавший для обещанного портрета. На его полном, лоснящемся лице застыло выражение торжественной неподвижности. В будке дежурил молодой помощник. Лоцмана не глядели на своего начальника и, повидимому, молчаливо порицали его тщеславие.

Через некоторое время лицо капитана побагровело, в глазах проглядывало характерное выражение мучительной неподвижности.

Алымов спокойно взглядывал на него, брал с палитры краску, и лицо на его полотне тоже багровело. Потом он пробегал по всему полю картины, и на ней то вспыхивали пуговицы, то проступала складка, то начинал сверкать золоченый рупор. Затем тяжелый взгляд Алымова опять останавливался на лице бедной жертвы, которое к этому времени багровело еще больше. Сходство было поразительное, — но казалось, что еще немного, и с моделью случится удар.

— Вы, кажется, начинаете осуществлять свою вчерашнюю программу, — сказал я, улыбнувшись.

Алымов очнулся и застыдился.

— Благодарю вас, Степан Евстигнеевич, — сказал он, — дома я докончу и пришлю вам.

— Можно взглянуть? — радостно спросил освобожденный капитан.

— Нет, после, — ответил Алымов, укладывая этюд в ящик и

уходя вниз. Через несколько минут из люка показалась ночная незнакомка, а за нею, с оживленной улыбкой, с какой-то шуткой, только что сорвавшейся с губ, опять вышел Алымов. Он держал себя как старый знакомый, только возобновляющий давнюю фамильярность. Дама принимала это с той свободой, какая дается пароходными условиями среди встречных людей, до которых нет дела.

Между ними завязывалась какая-то искрящаяся перестрелка, и "эскиз мимолетной любви" набрасывался, повидимому, бойкими, уверенными штрихами.

Впереди показался караван барок. Высокие, стройные, вытянувшиеся в линию мачты покачивались в синем небе, барки быстро сплывали навстречу.

— Это караван Чернобаева? — спросил Алымов у капитана.

— Его.

— Крикните, пожалуйста, лодку.

— Уходите?

— Да. Мне тут нужно Селиверстова, водолива.

Пароход задержали, вызвали лодку, и через несколько минут светлая шляпа Алымова виднелась на барке, а матросы подавали ему его ящики. Вскоре барки скрылись из виду, увозя моего беспокойного соседа.

— Что за странный человек! — говорила красивая дама, прохаживаясь теперь под руку со стройным седым господином в судейской форме.

— Да, странный. Адвокат и художник.

— Хороший?

— Как вам сказать? Мы, прокуроры, его боимся. В нем есть какая-то особенная непосредственность, действующая на присяжных. Впрочем, в нашем мире он считается дилетантом. Его картин я не видел, но они пользуются некоторой известностью. Его портреты иногда, говорят, превосходны.

В рубке тоже говорили об Алымове.

— Всегда так — появится нивесть откуда и вдруг пропадет, — сказал молодой помощник.

— Какого только народу нет у белого царя, — прибавил с своей стороны лоцман, но тотчас же оба насторожились.

За поворотом мы увидели неожиданно вчерашнего соперника — "Коршуна". В Ставрополь он пришел раньше, но там, видимо, перегрузился и теперь шел тяжело, точно под ним была не вода, а патока.

— Ишь, насосался, — радостно сказал помощник и, нагнувшись к трубе, скомандовал:

— Прибавь!

"Стрела" дрогнула. Опять начиналась вчерашняя гонка, и все, что я видел и слышал ночью, казалось мне теперь странным сном.

XI

Прошло несколько лет. Мне часто приходилось вспоминать господина Алымова, так как то, что он называл "ссорой с меньшим братом", продолжалось. Прошел "голодный год" с беспримерными толками о коварстве и развращении народа. Прошла холера с дикими стихийными вспышками — и доставила старшему брату, поспешившему с помощью и страданием, еще несколько весьма основательных поводов для "иска" к младшему... "Областная полуизвестность Алымова", как ее называл он сам, за это время все росла. У передвижников он выставлялся, положим, редко, но говорили, что адвокатуру бросил. Затем его имя то и дело появлялось на страницах газет,— и с этим именем связывалось представление о человеке беспокойном и беспокоящем. Наконец судьба опять столкнула меня с ним — и опять случайно.

Сильные дожди задержали меня к ночи на одной из волжских пристаней. Мне нужно было на станцию железной дороги, но говорили, что ливнями снесло мосты и размыло проселки. Пришлось поневоле ночевать.

Вечер был теплый, и хотя дождь, не переставая, поливал темную реку, барабанил по крыше, но на пристани окна были открыты. В одно из них несся густой гул голосов. Там была компания, возвращавшаяся со съезда, и разговор шел об одном громком деле, сильно занимавшем общественное мнение, Повидимому, все были согласны, оппонировал только один голос, что-то мне смутно напоминавший.

— Вспомните холеру! — кричали одни.

— Вспомните убийство колдунов!

— Знаем мы вашего меньшого брата.

— Бросьте, господа, давайте в карты!

Хлопнула дверь, кто-то вышел из обшей каюты и прошел несколько раз мимо моего окна, под навесом пристани, а затем уселся на скамье, вероятно, любуясь величавой картиной дождя на широкой темной реке. Через некоторое время из

148

темноты до меня донесся знакомый мотив. Мне сразу вспомнилась "Стрела" и ночь в Жигулях.

— Ксенофонт Ильич, — окликнул я, высовываясь в окно. Он вздрогнул и поднялся.

— Почему вы меня узнали? Я вас не могу узнать в темноте, — спросил он.

— По вашей песне.

— А! не правда ли чудесная песня! Жемчужина, — говорил он, входя в комнату. — И главное, кажется, подлинная: еще в двадцатых годах пели балахнинские солевары. А, вот это кто! Помню, помню. "Стрела", Жигули, капитан Евстигнеич и ночной разговор?

Он весело засмеялся знакомым мне смехом.

— Вы опять о чем-то спорили?

— А все об этом известном деле... Чорт знает, как легко верят теперь всякой нелепости, если она касается мужика. В прежние времена вся печать поднялась бы на защиту... А теперь!.. Мы забываем даже о простой юридической справедливости. А вот собирались написать картины.

— Да, кстати, как ваши картины?

— Теперь — напишу, непременно. Вот только с этим проклятым процессом разделаюсь... Вот вы увидите, вот увидите. Однако постойте, кажется, пароход...

Действительно, по темной реке надвигалась на пристань кучка огней, и гулкий свист огласил воздух.

— Напишу, непременно, — кричал мне Алымов через пять минут, махая шляпой с галлереи отвалившего парохода.— Вот только с этим делом... Такая картина, я вам скажу!..

Пароход тихо отвалил от пристани.

В ОБЛАЧНЫЙ ДЕНЬ

I

Был знойный летний день 1892 года. В высокой синева тянулись причудливые клочья рыхлого белого тумана. В зените они неизменно замедляли ход и тихо таяли, как бы умирая от знойной истомы в раскаленном воздухе. Между тем кругом над чертой горизонта толпились, громоздясь друг на друга, кудрявые облака, а кое-где пали как будто синие полосы отдаленных дождей. Но они стояли недолго, сквозили, исчезали, чтобы пасть где-нибудь в другом месте и так же быстро исчезнуть...

Казалось, у облачного неба не хватило решимости и силы, чтобы пролиться на землю... Тучи набирались, надумывались, тихо развертывались и охватывали кольцом равнину, на которой зной царил все-таки во всей томительной силе; а солнце, начавшее склоняться к горизонту, пронизывало косыми лучами всю эту причудливую мглистую панораму, усиливая в ней смену света и теней, придавая какую-то фантастическую жизнь молчаливому движению в горячем небе... Во всем чувствовалось ожидание, напряжение, какие-то приготовления, какая-то тяжелая борьба. Туманная рать темнела и сгущалась внизу, выделяя легкие белые облачка, которые быстро неслись к середине неба и неизменно сгорали в зените, а земля все ждала дождя и влаги, ждала томительно и напрасно...

По тракту лениво прозвонил колокольчик и смолк. Потом неожиданно заболтался сильнее, и с холма меж рядами старых берез покатился в клубке белой пыли тарантас с порыжелым кожаным верхом, запряженный тройкой почтовых лошадей. Вокруг тарантаса моталась плотная пыль, лошадей густо облепили слепни и овода, увязавшиеся за ними от самой станции. От станции же путников сопровождал печальный и сухой шелест усыхающих нив. Роясь тихо качалась, шуршала и будто жаловалась впросонках на этот зной и на эти раздражающие туманные грезы, залегающие на горизонте обманчивыми признаками дождей...

Было скучно. В густой листве придорожных берез шевелились порой какие-то вздохи, а из села, колокольня которого осталась позади, за холмом, слышался редкий, надтреснутый звон.

— Осокинцы молебствуют, — сказал, ни к кому не обращаясь, ямщик. — Беда ведь: жар да сухмень... Гнев господень... Икону подняли, — что-то господь даст. Эх, вот прежде поп у них был, Василий. Насчет чего прочего не больно дохваливали, а что касающе дождя, — ну, дошлый был! Как, бывало, пройдет по межам, даром что пьяненький, шатается, — отколь и возьмется, братец мой, туча... И отколь тебе ни возьмется туча...

Никто не ответил, и ямщик смолк. На меже действительно мелькали ризы сельского причта, почерневшая парча двух хоругвей болталась в ясном воздухе, и пение незатейливого клира носилось какими-то обрывками. Раскатится густая диаконская октава и рассыплется горошком где-то совсем близко, смешавшись с шелестом ржи, между тем как высокая фистула дьячка беспокойно летает над березами и будто мечется, и кого-то ищет, и зовет кого-то напрасно. Потом все стихнет, и весь пейзаж опять безысходно томится и будто еще усиленнее чувствует тяжесть бытия. А неподвижный воздух опять густо насыщен ожиданием и смутными, раздражающими грезами...

Вместе с пылью и слепнями это ощущение безнадежной тоски нависло, очевидно, и над тарантасом, тихо катившимся по тракту. Коренник лениво месил ногами, пристяжки роняли морды чуть не в самую пыль дороги, тарантас расслабленно дребезжал плохо пригнанными частями, ямщик видимо придирался к одной пристяжке, наделял ее по временам язвительными эпитетами самого оскорбительного свойства.

Впрочем, если кто еще не вполне поддался расслабляющему влиянию этого томительного дня, то это именно ямщик. Это был человек небольшого роста и довольно невзрачный в своем порыжелом кафтане и в шляпенке неизвестного происхождения, неопределенной формы и цвета. Нос у него был несколько набекрень, бороденка выгорела от солнца, но глаза, синие и глубокие, глядели живо, умно и несколько мечтательно...

Это была личность, популярная по тракту, и кому часто доводилось ездить этими местами, тот непременно замечал и помнил Кривоносого Силуяна, с его синими глазами, глубоким голосом и бесконечными рассказами. Были седоки, которые, приезжая на станцию, спрашивали у содержателя: "А что, Силуян тут?" — "Балагур, — говорили про него другие ямщики. — С ним, конечно, седоку не скучно". Зато и сам Силуян любил

151

седока внимательного, бывалого и разговорчивого. Он умел говорить, но любил и послушать. Он охотно отдавал дороге все, что накопил в памяти. Но и дорога, в свою очередь, наделяла Силуяна такими сведениями, которые только и можно подхватить на бойком тракту от проезжего, бывалого и видалого человека. В таких случаях Силуян жадно прислушивался, повернувшись с облучка назад, а потом, возвращаясь на обратной один, легкой рысцой, в сумерки или темною ночью, когда чуть видные березы глухо шумели вдоль темного тракта, — он перебирал в уме слышанное за день. А так как в душе он поэт, наделенный беспокойным и подвижным воображением, к тому же темные ночи, звон колокольчика и шум ветра в березах отражаются по—своему на работе ямщицкой памяти, — то не мудрено, что уже через неделю—другую сам проезжий рассказчик мог бы выслушать от Силуяна свой собственный рассказ как очень интересную новость... И ему не удалось бы даже убедить Силуяна, что это он, проезжий, сам и рассказывал ему, только совсем иначе. Силуян повернется, посмотрит и покачает головой.

— Нет, то был другой и личность другая.

И действительно, то был другой, потому что темные ночи и ямщицкая память совершенно преображали человека, неизвестно откуда приехавшего и неизвестно куда ускакавшего по тракту в неведомый свет, — преображали до такой степени, что и фигура, и лицо, и голос, и самый рассказ подергивались особенным налетом ямщицкой фантазии... Так рождалось на А—ском тракту много былин, а так как их некому было записывать, то они тут же на тракту и умирали, если, впрочем, исправник Полежаев, большой любитель рассказов Силуяна, не повторял их где-нибудь в грязном номере уездной гостиницы перед скучающей уездной публикой...

— Да ты, Силуян, смотри, не все болтай зря, — говорил иногда исправник. — Как бы иной раз и не того... и не нагорело за твои сказки...

— Убей меня бог, Степан Митрич, — отвечал Силуян с убеждением и совершенно искренно. — От проезжего барина слышал, от генерала. Чай, не станет врать...

Вообще много странного можно было услышать о белом свете от ямщика Силуяна, обычно знавшего, впрочем, каждый пенек на А—ском тракте.

II

Теперь он был слегка раздражен и недоволен. Изменчивые облака (овес сохнет!), жар, слепни, лукавство пристяжки, которая все норовит "обмануть" его, но самое неприятное — молчаливые, разваренные седоки... Их двое: молодая девушка и пожилой барин. Барин сидит совсем осовелый и клюет носом. Ямщик давно махнул на него рукой и все внимание обратил на девушку. Но та сначала забилась в угол тарантаса и все глядела в одном направлении упрямо и жадно, не видя ничего в отдельности и только поглощая глазами синюю даль. Потом она заснула, не переменив положения: белокурая головка беспомощно моталась на жесткой коже тарантаса, платок с головы съехал назад, волосы сбились, а на лице блуждало странное выражение, как будто и во сне она глядела на что-то вдали и старается что-то угадать.

Силуяну стало жаль ее, и он поехал тише, но пристяжка воспользовалась его снисходительностью до такой степени нагло, что он не выдержал и резко вытянул ее кнутом. Недобросовестный конь дернул сразу, тарантас охнул, и девушка проснулась.

— И подлый же конь этот, — сказал ямщик виновато, указывая на пристяжку кнутом. — Коренная, например, старается, без облыни, а этому подлецу только бы омануть. Вот, воо-о-т, во-ат, гляди на него, на ш-шельму.

Кнут несколько раз взвизгнул в воздухе и шлепнул по мокрым бокам коня. После этого пристяжка, казалось, поняла цену добродетели, и ямщик успокоился. Он поглядел на небо и, широко взмахнувши по воздуху кнутовищем, как бы погоняя тучи, сказал:

— Облака-те набираются все. Не даст ли господи милости хресьянам... Айда, айда к нам, на Липоватку.

Он остановился с ожиданием. Теперь по-настоящему седокам следовало бы спросить: "А ты сам разве из Липоватки?"

И он бы тотчас ответил:

— Ну! Из Липоватки, из самой! Липоватовых господ, может, слыхали? Богатеющее имение было.

Да тут же, кстати, спросил бы и сам:

— А вы чьи будете, из какой стороны? Не видывали мы вас что-то, здешние-то господа у нас на примете.

Он жадно насторожился, но никто ничего ему не ответил.

Господин по—прежнему тускло глядел вперед и тихонько потряхивался на сидении ("точно мешок с мякиной", — сказал про себя ямщик), а барышня опять уставилась глазами на дальнюю рощу, грузно и сине легшую по "вершинке", на фоне желтой нивы.

Ямщик досадливо поправился на облучке, уселся плотнее и обратился к березам, которые что-то зашептали ему, как старому знакомому, будто приглашая к беседе с ними, вместо неприветливых седоков.

— И-эх березыньки!.. — любовно протянул он нараспев, и тихая песня понеслась среди мертвого жужжания оводов. Он пел приятной фистулой, обладавшей общим свойством ямщицких голосов: песня звучала будто откуда-то издалека, точно ветер наносил ее с поля.

И э-э-эх-да-э-эх... Да Аракчеев господин...
Да Аракчее-е...

Так как лукавый пристяжной конь видимо замедлил ход, чтобы лучше слышать пение хозяина, то ямщик опять резко вытянул его по заду, — а песня не прерывалась, будто в самом деле ее пел кто-то другой, в стороне. Она тягуче и тихо, но как-то особенно плотно и грустно лилась нота за нотой... Есть что-то особенное в этих ямщицких песнях, которые поются вполголоса на облучке под топот копыт и монотонное позванивание колокольчика. Не удаль и не тоска, а что-то неопределенное, точно во сне встают воспоминания о прошлом, странном и близком душе, увлекательном и полузабытом... Барышня шевельнула бровями.

Да Аракчеев—господин,
Да ен всеё дороженьку березкой усадил...

Воспоминание становилось определеннее. Слова выходили из звучного жужжания ясные, с понятным смыслом. Барышня совсем оторвала глаза от рощи, и господин переставал безжизненно встряхиваться на своем сидении.

Да он тебя, дороженька, березкой усадил...
Да всеё Расеюшку в разор разорил!..
И-э-э-эх, моя березынька, дороженька моя...

Последний стих прозвенел и потерялся в воздухе, покрытый явно сочувственным шорохом берез, шевеливших на легком ветру нависшими ветками. Ямщик, казалось, забыл уже о седоках, и через минуту песня опять тянулась, отвечая шороху деревьев:

> И-й-эх, моя березынька, дороженька моя...
> И-й-эх, ты, мать Расеюшка, хресьянская земля...
> Да э-эх, Ракчеив наш, Ракчеив-генерал,
> На тую ль на дороженьку... хресьян выгонял...
> Да й-э-э-эх...

Шепот деревьев, шорох хлебов, звон колокольчика, и опять песня.

> Тая ли дороженька-а-а да кровью полита!..

Вместе с определенностью мотива определялось и выражение на лицах седоков. Лицо молодой девушки стало печально, глаза округлились. Это заметил проснувшийся господин и сказал с неудовольствием:

— Ну, ты! Что такое, — распелся! — говорил он слегка дребезжащим голосом, в котором силилась пробиться какая-то твердая нота.

Ямщик невольно оглянулся. Седок уже не встряхивался, а сидел "своей волей", нахмурив брови, и на лбу его ямщику только теперь резко кинулась в глаза кокарда. "Должно — начальство новое", — подумал Силуян, обрывая песню, и обиженно задергал вожжами.

Но в голове его шевелились вольные мысли: "Ишь ведь, прости господи, идол навязался! Не важивали мы начальников, что ли? Вон Полежаев, исправник, или опять Талызин, Василь Семеныч, даром што генерал полный, а, бывало, подавай ему Силуяна, с другим, говорит, и не поеду..."

Эти воспоминания ободрили ямщика, и он прибавил вслух:

— Низвините, ваше благородие, — песня такая поется старинная, про Ракчеива, значит.

— То-то песня, — брезгливо и как-то слегка в нос сказал седок. Он, видимо, старался говорить строго, но твердая нота все не налаживалась. — Песня! Песни тоже всякие бывают...

Впрочем, лицо его опять начало расплываться, обрюзгло, и туловище опять пассивно поддалось влиянию тарантаса: господин опять стал потряхиваться, а глаза его потускнели. Из опасения, что разговор, хотя несколько неприятный, угаснет, ямщик прибавил раздумчиво, после короткой паузы:

— Ракчеив... Стало быть, помещик был в нашей стороне.

155

Годов, сказывают, со сто, а то, может, и всех два-ста будет. Важнеющий был генерал у царицы, у Екатерины.

Господин слегка очнулся.

— То-то вот! — все еще несколько сонным голосом ответил он. — "Два-ста"... У Екатерины... в вашей стороне! Ничего-то вы, мужики, толком не знате, а туда же, "в разор разорил"... Распустились!

— Песня, господин, она, как сказать... — возразил Силуян, — она ведь исстари идет... От народу взялась... Старинная это песня... Ежели ее голосом настояще вывести...

— Ну-ну! Будет уж, не выводи! Слыхали.

— Как угодно! — Ямщик окончательно обиделся.

— Что ты это, папочка, отчего? — спросила девушка. Она, казалось, не сразу вслушалась в содержание разговора и только задумчиво ждала продолжения песни. Когда все смолкло и продолжения не было, — она только тогда поняла причину.

— Ах, Леночка, — ответил господин, — ты этого не можешь понять. Это не Петербург, и здесь я не могу смотреть на себя, как...

— Как на что? — лениво спросила дочь.

— Как... на частного человека! Пожалуйста, Лена, не вмешивайся в мои... распоряжения.

— Не буду, папочка, — так же лениво обещала девушка.

Ямщик излил свои ощущения усиленной игрой на вожжах и усердным употреблением кнута. Однако чуткое ухо уловило кое-что в разговоре. "Вишь ты, — подумал он, — начальник и есть. Строг, а, кажись, отходчив. Ну, да мне-ка что! Наше дело ямщицкое!"

Опять наступила тишина и дорожное томление. Барышня смотрела вдаль, господин потряхивался и ритмически покачивался на сидении, а глаза его, все еще открытые, стали так тусклы, как будто на них насела пыль. Колокольчик бился, взвизгивал и подвывал какому-то своему неисходному горю. Потом он всем надоел, прислушался и сразу исчез из слуха и сознания. Зато в тишине полей оживало какое-то тревожное, пугливое трепетание, и порой чудилось, что диаконский бас, давно оставленный назади, опять увязался с тучами оводов за тарантасом и все догоняет и сыплется по сторонам горошком.

Но это был только слуховой призрак, встававший среди чуткой атмосферы, наэлектризованной томлением и испугом иссыхающей земли...

III

В голове пожилого господина бродили мысли, призрачные, как эти мглистые тучи... Обрывки прошлого, обрывки настоящего и туманная мгла впереди. Все громоздилось в голове, покрывало друг друга. Общий фон был неясен, зато отдельные мысли выступали порой так раздражительно ярко, что однажды он сказал громко:

— Да... вот... А теперь что же мы видим?..

— Ничего, ничего, Лена, — застыдившись, ответил он тотчас же на вопросительный взгляд девушки. — Я подумал... о прошлом...

Действительно, он думал о прошлом, и призраки его молодости тянулись к нему невидимыми руками от этого истомившегося простора. Тарантас тихо тарахтит по пыльной дороге, а Семен Афанасьевич Липоватов видит себя юным помещиком... Когда н-ское дворянство, первое из великорусских, обратилось с известным адресом об эмансипации, имя Семена Афанасьевича стояло под этим адресом. Как это все было... как бы сказать... блестяще, что ли!.. Подъем духа, разговоры, ожидания, тревоги... Казалось, будто вся жизнь поворачивала куда-то на новую дорогу и гремела, и сверкала на этом повороте. Почему теперь так не блестит уже ничего в жизни? Потом, когда виднейшие дворяне, спохватившись, начали горячую борьбу "за интересы сословия" и подали контрадрес, — имя Семена Афанасьевича каким-то образом очутилось и на контрадресе. Странно, — но и тут опять было что-то блестящее, что-то кипучее и особенное, окрашенное колоритом того времени...

И какого времени!.. Какой энтузиазм, какие речи, какой пыл, какая самоуверенность, какие надежды! Где теперь все это, — то есть даже не эти факты, а этот особенный тон жизни, этот аромат бытия? Казалось, по всему лицу русской земли были расставлены какие-то особые рефлекторы и резонаторы, придававшие силу каждому звуку, сияние каждому явлению. Неужели это только молодость? Нет, старики тогда тоже становились молодыми, вот что удивительно... Вдруг прославится смоленское дворянство! Вдруг лукояновское общество сельского хозяйства открывает новые горизонты! Вот Семен Афанасьевич подписался под одним адресом — и его имя передается из края в край, становится достоянием даже заграничной прессы. Блеск, гул, сверкание! Но разве не было

157

блеска и в этом протесте нотаблей против эмансипации, в этом столкновении "знамени освобождения" со "старыми дворянскими традициями"... И опять его имя становится достоянием прессы, и опять его приветствуют, — только уже с другой стороны... А там опять восторги и ожидания, потом земство, новые суды, egalite![8].. Вот тут-то, когда воспоминания дошли до этого пункта, — у Семена Афанасьевича и вырвалось восклицание:

— Да! а теперь... Что же мы видим?

— Поле, папочка, и мостик, — ласково улыбнулась дочь.

Семен Афанасьевич вздохнул и оглянулся... Да, поле, дорога, березки, и стая ворон кружится над колеблющейся рожью. Должно быть, во ржи они заметили умирающего зайца или подстреленную птицу...

А между этим ярким и далеким прошлым и этим уголком дороги — целая полоса...

Что это было, как было? Выкупную сделку взял на себя старший брат, человек суровый и не скрывавший своего презрения к либеральным увлечениям Сенечки. Семен Афанасьевич только слышал о каких-то замешательствах и столкновениях брата с крестьянами, потом все как-то уладилось, потом получены выкупные, потом Семен Афанасьевич дрался на дуэли из-за m—lle Стратилатовой, первой красавицы в губернии, дочери его соседа по имению. Он был ранен (легко), потом женился, потом уехал за границу. Выкупные таяли быстро, брат писал нравоучения ("помни, что ты истощаешь жизненные нервы будущего хозяйства"), и Семен Афанасьевич вернулся в Петербург. Это было время оживления промышленности, железнодорожная горячка, хорошие дворянские имена ценились и котировались бойко. Семен Афанасьевич опять увлекся. Заседания, речи, надежды, сближение с этими замечательными истинно русскими человеками, прицеплявшими звезды поверх синих кафтанов или прятавшими их под окладистыми бородами, акции, облигации, борьба в собраниях, обеды и спичи, в которых Семен Афанасьевич обнаруживал недюжинный талант и упоительное красноречие... В результате он два раза был близок к обогащению, три раза разорялся, один раз получил наследство (после умершего брата), и все это как-то пассивно, как будто все это делали за него другие. Да, пожалуй, оно так и было. "Русские человеки" выплывали, — поднимался с ними и Семен Афанасьевич; русские человеки утопали в пучине

---

[8] равенство (франц.).

какого-нибудь краха, — утопал и Семен Афанасьевич. А иногда, и даже чаще, бывало и так: они выплывают, а Семен Афанасьевич утопает. В это время умерла жена, кротко выносившая все увлечения мужа. У ее роскошного гроба Семен Афанасьевич в первый раз почувствовал, как у него тягуче и сильно сжалось сердце, и в первый еще раз, оглянувшись назад, на свою молодую любовь, на свои клятвы и на эту исчезнувшую жизнь, которой он никогда уже не в состоянии вернуть иллюзию счастья, предложил себе этот вопрос, который потом все чаще и чаще вырывался у него как-то механически, порой совершенно неожиданно и нередко вслух — в минуты раздумья:

— А теперь... что же мы видим?..

Дорога, поле, шелест листьев, легкий звон придорожного телеграфа... Жизнь все более тускнела и как-то даже пачкалась. Резонаторы убраны, блеск исчез, и даже застольные спичи на железнодорожных торжествах потеряли былую поэзию. Он чувствовал, что жизнь начинает мчаться мимо, как поезд, на который он не успел вскочить вовремя, заболтавшись на станции. Дела становились все мельче, "хорошие имена" теряли цену, нужны были "хорошие связи", а он как-то растерял их одну за другой. Появилась седина, обрюзглость... подошла старость, и Семену Афанасьевичу захотелось куда-то "домой", для покоя и отдыха...

В это именно время подоспела новая реформа, и Семена Афанасьевича озарило новое откровение. Да, это как раз то, что нужно. Пора домой, к земле, к народу, который мы слишком долго оставляли в жертву разночинных проходимцев и хищников, Семен Афанасьевич навел справки о своем имении, о сроках аренды, о залогах, кое-кому написал, кое-кому напомнил о себе... И вот его "призвали к новой работе на старом пепелище"... Ничто не удерживало в столице, и Семен Афанасьевич появился в губернии.

Здесь его встретили радушно. Губернатор пожимал руки, губернский предводитель обнимал, молодежь толпилась в номере, поглядывая на хорошенькую дочь и поздравляя отца с "возвращением к настоящей живой работе". Семен Афанасьевич кланялся, благодарил, говорил, что он тронут, даже пролил слезу и начинал искренно увлекаться. Как старый боевой конь, он почувствовал, что тут где-то, вероятно, опять начнется какое-то оживление, откроются горизонты, пойдут обеды и речи. Но первое же собрание в губернаторском доме, в котором он принял участие в своем новом мундире, его как будто несколько озадачило и разочаровало. Было холодно, тускло, неопределенно... Здесь, между прочим, к нему подошел старый, седой господин, его сверстник и друг его юности...

— Василий?

— Семен?

Они взялись за руки и посмотрели друг другу в глаза...

— Неужели это ты?..

— Как видишь.

Встреча выходила какая-то унылая. Первый, впрочем, отряхнулся Семен Афанасьевич. Он был человек нервный и притом долго жил в Петербурге, где есть слова на все случаи жизни.

— Узнаю моего Василия. Седые волосы, правда, "Но и под снегом иногда бежит кипучая вода"[9]. Не правда ли: где благородное дело, там и ты!

— Узнаю и тебя, ты не забыл стихов...

— Итак, ты с нами... Меня очень интересовал вопрос, как ты отнесешься к реформе?

Старый господин, повинный некогда в ярком либерализме, ответил уклончиво:

— Хочется все-таки хоть что-нибудь делать.

— что-нибудь! Да ведь тут работы непочатый угол. Не правда ли, вспоминаются молодые годы? Посмотри на эту молодежь. В свое время мы так же окружали наших стариков. У меня кровь начинает быстрее обращаться в жилах (глаза его действительно начинали слегка сверкать). Ну, скажи, какие тут у вас возникают проекты, вопросы...

Седой господин смотрел устало и грустно.

— Вопросы? Как тебе сказать. Вот сегодня в заседании обсуждался вопрос о смурыгинских березках.

— Березках?

— Ну да! Молодой земской начальник Смурыгин для блага вверенного участка приказал с первых же дней обсадить березками все проселочные дороги.

— Да? Вот что?.. березками... А знаешь, ведь это хорошо. Это, конечно, не "широкие задачи", в этом нет полета, но прямая практическая польза... нельзя отрицать и этого, мой старый друг.

— Про-се-лочные — пойми! — с удивлением глядя ему в глаза, повторил седой господин. — Ты, кажется, забыл совсем условия деревенской жизни.

Семен Афанасьевич смутился. Он действительно не вполне

---

[9] Строки из поэмы М.Ю.Лермонтова "Хаджи—Абрек".

ясно представляя себе, в чем дело, но уверенный тон старого товарища сбил его с толку.

— Про—селочные! Да, конечно, это крайность... Но молодость — всегда молодость... Ведь и мы увлекались в свое время. Почему ты не хочешь признать за молодым поколением?..

— Чего?

— Права на увлечение...

— Да, ты вот о чем!.. Посмотри вон туда, у портрета... Группа молодых людей, и в центре... Узнаешь ты этого господина?..

— В очках... густые волосы с проседью?..

— Да. Это известный Заливной.

— А! — ответил Семен Афанасьевич. — Я его лично не знал... это было уже после меня, но как же, помню по газетам!.. Радикал, энтузиаст... Ведь это он требовал когда-то фортепиано для школ? Крайность, конечно, но... крайность, согласись сам, симпатичная... И если теперь он внесет свой энтузиазм...

— Внес уже, — ответил Василий Иванович. — Теперь он требует полного закрытия школ...

Семен Афанасьевич заморгал от неожиданности и растерянно посмотрел на приятеля.

— Ты шутишь... Как же это... то есть я хочу вам сказать: как примирить...

— А очень просто... отстал ты от духа времени. Есть, брат, такие субъекты... Наш генерал — он у нас большой шутник — называет их породой восторженных кобелей... Видел ты, как порой резвый кобель выходит с хозяином на прогулку? Хозяин только еще двинулся влево, и уже у кобеля хвост колечком, и он летит за версту вперед... Зато — стоит хозяину повернуть обратно, — и кобель уже заскакивает в новом направлении...

— Ха—ха! Резко, но остроумно... Действительно смешная крайность...

— Крайность, конечно, но вовсе не смешная. Земству теперь едва удается отстоять свои школы от резвого натиска... Да, брат, вот тебе и увлечение. Прежде мы смеялись над фортепиано, но жизнь шла к просвещению, к равноправию, к законности...

— А теперь?

Василий Иванович посмотрел на Семена Афанасьевича своим умным и несколько печальным взглядом и ответил задумчиво:

— И теперь жизнь... идет к тому же... Но мы-то идем ли с нею?.. вот вопрос...

— И с такими взглядами, — растерянно спросил Семен Афанасьевич, — ты все-таки... пошел?..

— Пошел, брат... Двадцать лет я был мировым судьей в своем участке... И мне не хотелось, чтобы тут же... у меня... на моей ниве Смурыгин насаждал свои березки или Заливной закрывал мои школы...

— До этого не дойдет! — сказал Семен Афанасьевич горячо.

— Может быть... — вяло ответил седой господин и отвернулся. А в это время к ним подошел губернатор и опять стал пожимать руки Семена Афанасьевича и поздравлять с "возвращением к земле, к настоящей работе"... Но умные глаза генерала смотрели пытливо и насмешливо. Семен Афанасьевич немного робел под этим взглядом. Он чувствовал, что под влиянием разговора с приятелем юности мысли его как-то рассеялись, красивые слова увяли, и он остался без обычного оружия...

И он чуть было не выпалил прямо в лицо подошедшему:

— Да, вот... А теперь, — что же мы видим?

Поле, дорога, звон проволоки, зной и обрывки ленивых мыслей тянутся, как облака, друг за другом... Путаются, сливаются. Опять прошлое, потом туман, из которого выплывает кусок тракта, обсаженного березками. Полотно заросло травой, пыльная узкая лента как-то осторожно жмется то к одной стороне, то к другой, — видно, что весной здесь езда самая горькая... И в уме Семена Афанасьевича возникает вдруг четверостишие старого "земского поэта":

Земство, с нас налоги
Ты дерешь безбожно;
Почини ж дороги;
Ездить невозможно...

Он долго повторяет стихи под стук колес и потряхивание тарантаса. К этому времени тарантас тихонько спускается в дол и стучит по мосту, а мысль седока так же тихо переползает дальше.

"Мост новый, вообще мосты, кажется, стали лучше, а все-таки! Земство, земство! Кричали, горячились. Между тем, что же из этого вышло?.. Мосты лучше, и только. Нельзя же, в самом деле, все одни мосты да мосты! Нужно что-нибудь живое. Школы еще? Народное образование?.. Да-а... конечно, нельзя не отдать справедливость... Но, однако... вот Заливной против школы. Это странно, разумеется, но если хорошенько подумать... Это тоже своего рода течение... Что такое эта земская школа? Полузнание, а ведь в самом деле полузнание хуже незнания... Да, да, возможна и та точка зрения, возможна, возможна... А кто бы мог подумать это, когда сам Заливной требовал фортепиано... Да, скучная эта дорога, когда она кончится?.. Опять мосток... Скоро ли станция?.. Да, вот... что же из всего этого вышло?"

Летят облака, шуршат колеса, старый господин начинает потряхиваться, точно мешок с мякиной, его глаза закрываются...

Старый господин засыпает...

IV

Девушка не спит, и у нее в голове свои мысли.

Она — одна дочь у отца. Как цветок из семени, занесенного вихрем на чуждую почву, — она как-то неожиданно для рассеянного Семена Афанасьевича родилась в швейцарском отеле, первые годы жизни провела за границей, потом попала в отель на Малой Морской, откуда ее мать вынесли в белом гробу, чтобы увезти на кладбище в деревню. После этого девочка росла у бабушки в Финляндии, и это было самое счастливое время ее жизни. За этим она вспоминает скучные годы и казенные дортуары института, а потом, — так как бабушка умерла, — несколько лет с отцом. Это было самое тяжелое время ее жизни.

Молиться учила ее старая няня Анфиса, выносившая еще ее мать. Она складывала ей пальчики для крестного знамения еще там, в швейцарском отеле; на Малой Морской она выучила ее "Богородице" и заупокойной молитве по матери, которую научила любить и помнить... В то время как подруги предавались обожанию учителей, Лена Липоватова лелеяла в душе культ умершей матери. Это было настоящее обожание, мечтательное, страстное, полное грусти и какой-то странной надежды. Она выучилась рисовать, чтобы рисовать портреты матери, она с захватывающим интересом читала старые повести и романы, где изображался быт того времени, когда жила ее мать, та обстановка, в которой проходили ее молодые годы. Это были не всегда хорошие романы, но она читала между строк, и на нее веяло с пожелтевших страниц особенной поэзией дворянской усадьбы, жизни среди полей, среди народа, доброго, покорного, любящего, как ее старая няня... среди мечтательного ожидания... И в то самое время, когда ее отец собирал у себя несколько сомнительное "блестящее" общество, — девушка забивалась со старой няней в дальние комнаты и под жужжание речей и тостов, доносившихся сквозь стены, слушала старые седые предания о тех годах, когда мать ее бегала по аллеям старого барского дома, окруженная, как сказочная царевна, заботами нянек и мамок... У нее не было для сравнения ничего, кроме отелей и института, — она принадлежала к поколению, родившемуся после исхода из Египта и не достигшему никакой обетованной земли, росла в случайной обстановке, совершенно лишенная в действительности того, что мы называем "средой". Мудрено ли, что она создавала себе среду в юном воображении из обрывков воспоминаний о матери, получаемых от старой няни.

Молодость романтична... А что может быть романтичнее исчезнувшей старины, которая была настоящим для наших матерей и отцов. Девушка жадно слушала, как шамкали старые нянины губы о ее красавице маме, которую унесли в белом гробу из противного петербургского отеля в родную деревню... И прошлое вставало перед ней с какой-то манящей прелестью, то прошлое, когда в усадьбах вырастали заколдованные царевны, ждавшие своих героев, когда в них жили блестящие господа, когда они съезжались в прекрасных домах, окруженных парками... В парках звонко гудят рога, появляются и исчезают блестящие тени, сверкают глаза... Любят, страдают, вздыхают, дерутся на дуэлях (как некогда отец... когда он был совсем другим). Порой ей казалось, что она видит все это: так живо действовали эти рассказы... Белая стена дома, темная, мечтательная зелень деревьев, по которым любовно скользят серебристые лучи месяца, красноватые снопы света из окон, причудливая балюстрада балкона, заглушенные звуки штраусовского вальса. Дверь открывается, в фантастическом двойном освещении появляется "она", ее мама, а может быть... и она сама... Она глубоко вдыхает в себя ароматный воздух ночи, а около нее сидит ее избранник, такой, каким проезжий живописец изобразил отца на юном портрете масляными красками... Мечтательные глаза, мягкие усы колечком, стройный стан, и что-то фантастическое перекинуто через левое плечо.

Лена очень обрадовалась, узнав, что теперь подошла новая реформа и ее отца зовут опять туда, где родилась, где жила, где любила ее мать, где она лежит в могиле... Лена думала, что она тоже будет жить там и после долгих лет, в которых, как в синей мреющей дали, мелькало что-то таинственное, как облако, яркое, как зарница, — ляжет рядом с матерью. Она дала слово умиравшей на Песках няне, что непременно привезет горсточку родной земли на ее могилу на Волковом кладбище.

В это время в Петербурге давали драму, в которой чуткий к современным веяниям драматург вывел нового героя — "молодого земского начальника". Над драмой смеялись, но Лена приехала домой в опьянении. Герой приезжает из недр деревни, чтобы отыскать в Петербурге правду для обиженного "народа". Они были крепостные его отцов, холодный, суровый закон против них, — но он, благородный сын благородных родителей, повинуясь лишь указаниям благородного сердца, поклялся защитить их во что бы то ни стало от сурового закона, которым всегда пользуются дурные люди. С этой целью он обивает пороги "высокопоставленных лиц", ходит по канцеляриям, заводит нужные знакомства и даже в бальной зале, под звуки оркестра, выделывая ногами изящные па кадрили и красиво перегибая тонкий стан в изящном фраке, он говорит "ей", уже любимой, о них, о бедном, добром, страдающем народе...

Она вернулась домой влюбленная. В кого? Конечно, не в актера, исполнявшего благородную роль, а в свою мечту об этом герое, воплотившем для нее все то неясное, что рисовалось ей назади, в этом романтическом прошлом. И когда ее кузен, либерал и скептик, позволил себе посмеяться над пьесой и над романтическими мечтами Лены, она спорила долго, горячо, чуть не до слез.

— Вы не знаете, — закончила она. — Сам народ думает так же... Жаль, что вы не знали мою няню...

И вот она с отцом в губернском городе, где его задержали какие то хлопоты по утверждению в должности и еще что-то такое неприятное в банке. Грязный номер грязной гостиницы, скука и непонятные разговоры. Порой к отцу собирались его старые знакомые, порой приходили новые сослуживцы, толковали о статьях, о положении, о размере прав и обязанностей, о жаловании и разъездных, о смурыгинских березках. О последних говорили так много, что Лена заинтересовалась самим Смурыгиным. Впрочем, она была разочарована, когда отец представил ей "нашего молодого деятеля". Он был тощ, со впалыми щеками и впалой грудью, с тонкими ногами, которыми все как-то сучил, даже стоя на месте. За обедом он сказал речь, которую начал, обращаясь к Семену Афанасьевичу, словами:

165

— Ма-адое поколение, Семен Афанасьевич...

Он говорил еще что-то, потом чокался с Леной, но она ответила ему с непонятной для нее самой холодностью. Как будто этот господин претендовал на что-то такое, чего Лена инстинктивно ему не уступала. Нет, наверное, там, на месте, найдутся еще другие... Они окружат ее отца, они будут все вместе советоваться, как помочь доброму народу, как защитить его от сурового закона и злых людей... И папа никогда уже не будет возвращаться домой усталый и немного неприличный, как это бывало после этих противных "деловых" обедов и ужинов в петербургских ресторанах.

И вот она едет и жадно вглядывается в даль и ищет: где же эти таинственные "усадьбы" и парки, где эта обетованная земля, на которой воочию предстанет перед ней мечта ее жизни... Поля, колокольчики, порой засинеет лесок, облака двигаются бесшумно, с какой-то важной думой, а отец, вздрагивая, спрашивает:

— Да. А теперь — что же мы видим?..

V

Дороге, казалось, не будет конца. Лошади больше махали головами по сторонам, чем бежали вперед. Солнце сильно склонилось, но жар не унимался. Земля была точно недавно вытопленная печь. Колокольчик то начинал биться под дугой, как бешеный и потерявший всякое терпение, то лишь взвизгивал и шипел. На небе продолжалось молчаливое передвижение облаков, по земле пробегали неуловимые тени.

Тарантас взобрался на пригорок, скатился с него, застучал колесами по гулкому мостику. Теперь у самой дороги, взрытой до горизонта, как бархат, лежал черный пар. Недопаханные, лишь кое-где зеленели еще узкие полоски. Одна из них подходила к дороге, но и она становилась все уже: на ней вихлялись за сохами две серые, лохматые и запыленные мужицкие фигуры. Один из пахарей удалялся, наискосок от тракта, другой подходил к проселку, лицом к нашим путникам. Его лошадь, надсаживаясь, дотягивала борозду, а пахарь внимательно поглядывал вперед.

Вдруг лошадь стала выходить из борозды: прямо перед ее мордой оказалось небольшое, тощее, очевидно недавно

166

посаженное деревцо, с верхушкой, уже наполовину увядшей. Пахарь дернул вожжой, придержал соху, деревцо втянулось под гуж, изогнулось, попробовало вынырнуть меж оглоблей и вдруг сиротливо свалилось, подрезанное железом. Еще около сажени тянулось оно, зацепившись веткой, наконец осталось на пыльной пашне. Мужик оттолкнул его лаптем и стал вытряхивать лемех.

Силуян, с любопытством глядевший на все это, придержал лошадей.

— Ты что ж это, дядя... больно смело ее выволок? — сказал он с какой-то особенной нотой в голосе. — Ай отменили?

Мужик поднял кверху красное потное лицо и усмехнулся... Но, увидев на проезжем барине кокарду, стал вдруг серьезен и задергал лошадь, не дав ей щипнуть былинку у дороги... Вдоль проселка лежали вывернутые сохой березовые саженцы... Только пять—шесть еще сиротливо стояли, наклонясь и увядая...

Силуян вынул из кармана кисет и, скручивая цигарку из газетной бумаги, сказал как бы про себя, качая головой:

— Отменили, видно... А ведь что склеки-то было... Не приведи господи...

— Обрадовались... дураки! — проворчал Семен Афанасьевич с удовольствием. — Ну, поезжай, что ли.

— Что это, папочка? — спросила Лена, удивленная тем, что отец и ямщик говорят об этой немой сцене, как о чем-то понятном для обоих. Сама она не умела читать эту огромную книгу с синей далью, с летучими тенями облаков, с разноцветными лоскутами полей, по которым там и сям ползали люди и животные... Крик вороны, щебетанье жаворонка, шорох берез, медленное движение облаков, надрывающиеся на пашне лошади, мужики с потными лицами, в грязных рубахах, земля, чернеющая следом за сохой, беспомощно падающие деревца — все это сливалось для нее в общий фон, все казалось одинаково на своем месте, навевая только какие-то смутные ощущения, но не мысли...

— Оно, скажем так, ваше благородие, — говорил ямщик, обмусоливая свою цигарку, — оно ведь и дуракам своего-то жалко...

— Что это, папочка? — спросила опять Лена, вглядываясь, как мужик повернул соху и стал удаляться, ведя новую борозду по другому краю полосы. Новое деревцо, уже наклонившееся к земле, попало под железо, судорожно метнулось, задрожало и тихо свалилось на пашню...

167

— Это... — ответил Семен Афанасьевич на вопрос дочери, — те самые... ну, что в городе говорили: смурыгинские березки.

— Так точно, барышня, — пояснил и ямщик, равнодушно чиркая спичкой по облучку.

Лена с интересом оглянулась на полосу пара. В городе ей надоели разговоры об этих березках, о том, имел или не имел права Смурыгин садить их по дорогам, правильно ли поступило какое-то присутствие, отменив его распоряжение. Теперь все эти отвлеченные разговоры приняли осязательную форму: черная полоса, ряд срезанных березок, фигуры пахарей, с каким-то ожесточением выворачивающих неповинные деревца, и насмешливое злорадство в голосе ямщика.

Лене стало жаль и деревьев, и молодого Смурыгина, которого она видела в последний раз несколько сконфуженным.

— Зачем же они это делают? — спросила она в недоумении.

— А потому, — пояснил уверенно Силуян, собирая вожжи, — что никак невозможно. Выходит — нет такого закону... Закон, значит, милая барышня, на хресьянскую сторону потянул...

Семену Афанасьевичу не понравилось что-то в словах ямщика, и он сказал с непонятным Лене раздражением:

— За-акон! То-оже законы разбирать стали? Вот ты про Аракчеева пел... Он бы вам показал законы.

— Верно! — одобрительно сказал ямщик. — Тот сурьезный был.

— То-то сурьезный!.. С вами, подлецами, иначе и нельзя...

— Ах, папочка! — сказала Лена укоризненно. Ей не нравился этот тон: в Петербурге она никогда не слышала от отца ничего подобного, наоборот, он был истинный джентльмен в обращении с "низшими". Но он легко перенимал, и она подумала с неудовольствием, что он вывез этот тон из города, от этих господ, с которыми вел частые беседы. Конечно, с березками мужики поступают нехорошо. Но ведь это только по невежеству. Им надо растолковать... Вообще там, в Петербурге, она иначе представляла себе будущие отношения к "доброму народу", и тот "местный колорит", который приобрела так скоро речь ее отца, резал ее чуткое ухо.

— Прости, Леночка, но... я не могу говорить об этом спокойно, — сказал Семен Афанасьевич и, понижая голос, прибавил: — Ну, он, конечно, увлекся... Укажи, сделай молодому человеку дружеское замечание... На это есть предводители. Но нельзя же так... ронять авторитет власти... Раз уже сделано...

И, опять повысив голос, явно для ямщика, он сказал с новым раздражением:

— Зимой сам же б-болван поедет пьяный с базара, в метель... так, по крайней мере, не собьется куда-нибудь в овраг.

— Зимой, ваше благородие, этто не ездиют, — спокойно ответил Силуян. — Зимой другая у них дорога живет, прямиком через реку.

Семен Афанасьевич заморгал глазами, как всегда, когда бывал в затруднении, но Лене стало обидно за отца, и она не хотела сдаться.

— Ну, хорошо, — сказала она. — Что же им все-таки помешали деревья? Раз они уж посажены.

— Посадишь, милая барышня! Тут что греха-то было, не приведи бог! Старшин по семи ден каталажил, а старостов этих и не есть числа...

На лице Лены выразилось напряжение, а Силуян, придержав лошадей, указал на узенькую ленту проселка, казавшегося белой полоской на матовой черноте пара.

— Э-э-вона, — сказал он своим певучим голосом, — во—он куда она, матушка дорожка—те, вдарила во всю тебе степь.

Брови девушки поднялись еще выше...

— Ну, так что же все-таки?..

— Да ведь земли-то, ты подумай, сколько под ее нужно. А ведь она, земля-те, хрестьянину дороже всего. Клади хоть по саженке, да длиннику эвона. Ведь она, дорога, не гляди на нее... встанет, до неба достанет!.. Так-то. Да еще деревина-те в силу взойдет, — опять корнем распялится. Обходи ее сохой!.. Да нешто это мыслимо...

— Папочка? — полувопросом кинула девушка, но отец не ответил.

— Так отчего же они ему не сказали?

— Чего это?

— Да вот, что ты говоришь... Они бы так и сказали Смурыгину...

— Как поди не сказывали! Да вишь, — он все за бороду...

— Папочка!

Старый господин сидел с закрытыми глазами. Лошади немного припустили с горки, тарантас покатился быстрее, и опять за ним увязался клуб белой пыли, в котором толклись овода, и опять потянулась пустота, томление, зной... Старый господин вскоре действительно заснул.

— Далеко ли еще, ямщик?

— Верстов еще с десяток будет.

— А дождем нас не промочит?

— Дай-то господи! Солнышко-то, вишь, в хмару садиться хочет... Прогневался господь на православных. Прошлый-те год измаялся народишко, беда! А ноне, гляди, еще хуже будет. Хлеб горит. Вот кабы помиловал господь, — да нет, только дразнит... Ходят тучи, слоняются по небу, а что толку.

Он поглядел кругом и вдруг, сняв шапку, перекрестился.

— Кажись, в нашей стороне пало уж... Умолили, видно... Э-э-вон, гляди, потемнело... В аккурат над Липоваткой придется...

Силуян не заметил, как лицо девушки вспыхнуло и опять побледнело.

— Липоватка?.. там?.. — спросила она. — И ты оттуда?..

— Оттеда... Липоватовские мы, господские были...

Широким жестом он взмахнул кнутовищем, как бы охватывая взмахом весь видимый простор, и сказал:

— В старые—те годы этто все — помещичье было. Что видишь поле, что видишь леса и луга, все было ихнее... Бестужевы — в Бестужевке, Кроли — в Анучине, Липоватовы на Липоватке, Егоров на Осиновке, Медигорский в Елховке...

Лена с удивлением оглянулась кругом... Певучий голос ямщика мгновенно населил этот пустой простор целым роем знакомых ей с детства имен. И Кроли, и Анучины, и Медигорские — все это жило в рассказах няни, все эти имена она знала по семейным преданиям, видела их портреты, знала их характеры и семейные отношения. Где же они? На равнине где-то далеко белела усадьба, где-то еще чернела деревенька, казавшаяся просто кучкой темных пятен, синели остатки вырубленных рощ... Было тихо и пусто, но ей казалось, что эта чуткая пустота оживает, что вот сейчас Кроли поедут в Липоватку и Бестужевы в Анучино и встретятся ей на дороге, веселые, оживленные, радостные... Но она протирала глаза и не могла понять, — где же все это затерялось в этом молчаливом просторе...

— А ты... Елену Степановну знал? — тихо и как-то застенчиво спросила она.

— Это младшего-то барина, Семена Афанасьевича, жену? Помним. Красавица была, царствие небесное... Померла.

Давно. Вот уж жалости было, как на деревню ее привезли... Бабы, что есть, голосом голосили...

У Лены на глазах показались слезы. Вот то, чего она ждала, прозвучало наконец в словах простого, доброго человека! У нее на мгновение захватило горло, и только через минуту, справившись с волнением, она спросила застенчиво и тихо, чтобы не разбудить отца:

— Значит, они... хорошие были? И вам было хорошо?..

Ямщик помолчал, ласково погладил кнутом коренника и ответил:

— Господа ничего... что ж господа... известно... Бурмистры вот шибко примучивали!

— При—мучивали? — спросила Лена, пораженная неожиданным выражением.

— И-и, беда! не дай бог, как мучили.

Он слегка повернулся, свободно отпустил вожжи и задумчиво, как будто не обращаясь к Лене и отдаваясь воспоминаниями, говорил своим выразительным, слегка растроганным голосом:

— Женщина, например, тетка, у меня была, безмужняя, вдова. Муж у ней, значит, помер, скончался. А ребят полна изба. Встанет, бывало, до свету божьего, — где еще зорька не теплится... А летняя-то зоря, сама знаешь, какая! Бьется, бедная, бьется с ребятами, а где же управиться... За другими—те и не поспеет.

— Куда не поспеет? — простодушно спросила Лена.

— А на барщину... Значит, на господ работали... Царь Александр Николаевич уничтожил. Вот хорошо: запоздает она, а уж нарядчик и заприметил... докладывает бурмистру... "Поч—чему такое? А?.." — Да я, ваше степенство, с ребятами. Неуправка у меня... — "Ла-адно, с ребятами. Становись. Эй, сюда двое!" И сейчас, милая ты моя барышня, откуль ни возьмись, два нарядчика. И сейчас им, нарядчикам, по палке в руки, по хар—рошей. Дать ей, говорит, десять... или, скажем, двадцать...

— Папочка, — раздался тихий голос, как будто искавший защиты.

Силуян оглянулся.

— Спит, не трог. Дело старое. Ну, хорошо — дать ей двадцать. Сейчас она, милая моя, стоит; один нарядчик с одной стороны, другой, например, по другую сторону и накладывают ей между спины наотмашь.

Он неторопливо поднял кнут и показал Лене кнутовище.

— Между спины-те рубцы вот в это кнутовище. Ну, ступай теперь, милая, становись в череду, работай, жни.

— Жни? — машинально повторила девушка и беспомощно оглянулась кругом. У дороги опять шептала рожь, и томительная печаль, нависшая над всем этим пейзажем, казалось, получала свой особенный смысл и значение... Эти поля видели это... Лена глубоко и тяжело вздохнула, как человек, который хочет проснуться от начинающегося кошмара.

Ямщик услышал вздох и, повернувшись, поглядел сочувственно на бледное лицо девушки. Ему захотелось ее утешить. А так как он был поэт, то чувствовал, что это в его власти.

— Постой, что я тебе скажу. Терпели православные, верно, что терпели. Так ведь господь-то батюшка, он-то ведь не терпел этой пакости! На немилостивых-те людей у него, барышня моя, есть сделанной ад-тартар...

Он взмахнул рукой, проваливал немилостивца в тартар, но лошади поняли иначе это движение, и пристяжка первая рванулась так нервно, что чуть не оборвала постромки. Тарантас дрогнул, в лицо девушки пахнул поднявшийся ветер, пробежавший над побледневшими полями.

— Гляди, потемнело, — сказал Силуян, — никак в самом деле дождь идти хочет к вечеру. Вишь, и солнца не стало, и все парит, ровно в печи... Ну, мил—лые... иди ровней! Раб-ботай...

Тарантас встряхнулся, заболтал колокольчик, лошадиные спины заскакали живее. Между тем на небе, казалось, действительно что-то надумано. На горизонте все потемнело, солнце низко купалось в тучах, красное, чуть видное, зенит угасал, и туманы взбирались все смелее и выше. Шептали березы, шуршали тощие хлеба, где-то в листве каркала одинокая ворона.

Девушка сидела задумчивая и побледневшая. Она не могла хорошо разобраться в своих ощущениях, но ее неудержимо тянуло к разговору. Силуян, как это тоже часто бывает у поэтов, почувствовал каким-то инстинктом, что он имеет успех: лицо у него стало уверенное и довольное. Он замедлил ход тройки и повернулся опять.

— Прокатил бы я тебя, милая барышня, — место ровное, да папашка—те у нас спит. Вишь, разомлел.

Он как-то оскорбительно фыркнул на спящего. Фигура и голос его показались Лене неприятными и наглыми. Но через короткое время она вспомнила, как была тронута его рассказом

172

о похоронах матери, и ей захотелось вернуть это мелькнувшее впечатление.

— А что же она... тетушка твоя, господам не жаловалась?

Ямщик лукаво покачал головой.

— Да, вишь, они, господа-те, в етаже жили, высоко...

— В етаже?

— То-то в етаже. Людишки-те толкутся внизу, он и не видит... А может, и видит. Хитрые они тоже, господишки-те.

Он засмеялся, как показалось Лене, довольно противно, в бороду, и покачал головой в скверной шляпенке.

— Хит-рые? — переспросила девушка упавшим голосом.

— Хи-итрые! Что ты думаешь, — ответил Силуян простодушно. Он чувствовал, что овладел слушательницей, и, соответственно с этим, в нем самом выросло вдохновение былинщика...

— Послушай, милая барышня, — заговорил он после короткого молчания. — Я тебе сни-схо-дительно расскажу, какое у нас дело вышло... Стало быть, перед волей это было, не в долгих годах, — триденную барщину изделали: три дни чтобы на барина работать, три дни на себя, воскресное дело — господу богу. Хошь — молись, хошь — кверху брюхом лежи... Вот, милая ты моя, хорошо. Значит, люди по всем местам так по три дня и работают. А нас в Липоватке все по четыре дня гоняют... Гоняют, милая ты моя, да мучат... Бурмистры да нарядчики... дохнуть не дают...

...Говорил я тебе ай нет про Деминых? Два брата были: варвары, тираны, немилостивцы, хррапоидолы! И, стало быть, за тиранство за свое получали от господ всякое удовольствие. Дети на барщину не ходят, да еще по два тягла мужиков на них, на варваров, радели... Помирать аспидам не надо. Ну, и старались. Семен это — который женщину в два кнута тиранил. Другой брат, Василий, тот больше по лошадиному делу докучал. Выгонит зимой или осенью молотить в три часа, да до самого вечера все молотим. Об себе не столь тужили, сколь много лошадьми убивались. Вот возьмешь соломки ей да тут же и присыплешь. Сейчас увидит нарядчик — к Ваське Демину... Тот тебе двадцать...

...Ну, хорошо. А село наше, знаешь, на большой дороге, на Саровской, идут богомольцы богу молиться, — все мимо нас. Зайдут в поле или на ригу посмотреть, только головами качают. Потому что — странний человек по свету ходит, понимаешь ты, знает всякую штуку. Жалели нас, конечно. Что такое, — в прочих местах, например, один закон, у вас другой. Ну, мол, потерпите. Скоро этому делу конец видится. А мы, милая барышня, что коняга заморенная, которая, например, из борозды не выходит, не могли верить: пустяки, мол, все, дело это вековечное, и детям терпеть же надо... Ну, только братану моему, Николаю Перцеву, да еще Ивану Егорову и запади те людские речи прямо на сердце. Вот, милая, один раз... выгнали по три дня на барщину, по четвертому гонют, да раным—рано, до солнечного восходу. А братан с Егоровым, как вышли в поле, стали посередь миру и говорят: стой, миряна, никто за работу не берись, смотри, что будет... Ну, мир стал, нарядчики туда—сюда, никто ничем... все сгрудились, стоят в сумерках; и расходиться не расходятся, и работать не работают, — как вот все равно стадо перед грозой... Слышишь, милая, какое дело?

Напоминание было лишне. Девушка слушала с затаенным дыханием, и в ее воображении, под влиянием этого выразительного грудного голоса, рисовалась картина: на таких же широких полях, в темноте, перед рассветом, стоят кучки людей и ждут чего-то. Она еще не знает чего, но чувствует, что ждут они какой-то правды, которая не имеет ничего общего с миром ее мечтаний...

— Слышу, — ответила она тихо.

— Ну, стоят... Что, мол, будет?.. Как тут стало и солнышко подыматься... Показалось из-за лесу... Все глядят: что же, мол, еще?.. А братан мой, Перцев Николай, да Егоров Иван вышли, покрестились на свет божий и говорят: "Смотрите, мол, миряна: вот солнышко всему хрещеному миру засияло, как, например, прочим селам с деревнями, так и нашей Липоватке... Так ли, мол, миряна?" Ну, все, конечно, говорят: — Так! Это есть справедливо! — "Почему же такое для всех закон триденная барщина, а нас все по—старому гонят". Да как гаркнет вдруг: "Не ходи, миряна, в нашу с Иван Егоровым голову, — не ходи на четыреденку!" Миряна поглядели на солнышко, а уж оно, милое, и вовсе из-за лесу выходит. "Кабыть, говорят, Перцева да Ивана Егорова правда. Всем солнышко божие светит, всем и закон дается". Вот как солнышко—те все выкатилось, мир, знаешь, и качнулся. Не идем на четыреденну барщину. Айда по своим полосам! Нарядчики туда—сюда! "Что вы, миряна, бунтуете, что бунтуете?" — А то и бунтуем, что нет вам закону! — Ну, сейчас нарядчики к бурмистрам, бурмистры к барину, так и так: Перцев да Егоров народ взбулгачили. "Пад—дать их сюда, па—адлецов эдаких!"

Лена вздрогнула. Дребезжащий, хотя и высокомерный тон, каким была произнесена последняя фраза, не оставлял сомнения, кому принадлежал этот голос, хотя она слышала его только раз, в Петербурге, незадолго до смерти дяди.

— Ну, взяли моего братана с Иваном, скрутили хорошим манером, да на поселение... Вот-те и солнышко! Конечно, стало быть, и пошло у нас по-старому, и не стали мы странников даже и слушать... Только через год ли, два ли приходит от братана письмо. Что же ты думаешь: требует к себе на поселение законную супругу. Это, говорит, у вас Сибирь, а не здесь. Я, говорит, владаю себе, например, землей, сколь вспашу, лес, что вырубил — мое! Коси, куда сама коса пойдет. Посылайте мне, говорит, сюда законную супругу Евдокею, и вот шлю, примерно, столько-то бумажек. Тут уж что у нас подеялось, и сказать тебе не могу. Качнулся тут мир опять: не идем да не идем на четыреденку. Всех на царское поселение отправляй, к Перцеву! Ну, уговаривали, молодой барин приезжал, Семен Афанасьевич...

Лена со страхом оглянулась на отца. Он спал, прислонившись к сидению.

— Чудной! — усмехнулся Силуян. — Вышел на крылец, поклонился на все стороны. "Я, говорит, православные, во всякое время, говорит. Я за вас, говорит, и бумагу подписал, а что касающее этого дела, — не могу. Старший брат у меня..." Так ни с чем и отчалил. Ну, да мы все-таки отбились... Вот видишь ты, милая барышня, господь-то чего удумал. Они, значит, так полагали: пропал Перцев, а Перцев-то во! Жену вытребовал... А вот вороги-те наши извелись... Пришла, значит, воля, народу свет открылся, а Демина Семена паралик расшиб, налетной. Все одно — вихорь!.. Другого брата, Василия, который насчет лошадей тиранил, лошади же и прикончили. Пошел с базару пьяный, да вот, никак, здесь же на этой дороге упал, уснул. Народ идет, песни поют, праздничное дело веселое. Кто лежит? Васька Демин лежит. Не трог, лежит. Ну, приходит вечер. И приходит, милая ты моя, вечер, — откуда тут ни возьмись, вон с пригорочка, с этого — трри трройки! Летят, все одно тот же вихорь. И ведь подумай ты себе: лошадь, она ведь тварь разумная, — человека обегает. А тут, гляди ты, на него пррям-ма! Копытом в голову, ррраз! Колесом кованым па м-морде. Разбили, раздребе-шили — умчались. Вот смотри же ты, пожалуйста: от лошадей идол сам себе получил дурную смерть на дороге, об вечерней поре. А ночью-те буря, да ветер, да стон тебе, да свист. И-и! Что было. А наутро пошел народ, глядит: лежит Васька, демоны и душу вынули. Стали спрашивать, стали сыскивать, чьи да чьи тройки? И троек таких

175

тыщу верст на примете не бывало. Поняла ты эту причину?.. И семя поганое тоже опять извелось... Н-но, дьяволы!..

Он тряхнул вожжами, но как-то так, что лошади нисколько не прибавили шагу. А сам опять повернулся и, указывая кнутом вдаль, где под лесом белели здания чьей-то усадьбы, сказал:

— Э-вон, Осиновка... Перфильева барина была когда-то... Ну, немилостивец тоже был... У этого у живого живот лопнул.

Лена встрепенулась. Подавленная печальными видами и мрачными рассказами, она вдруг как бы очнулась от гипноза.

— Про какого Перфильева ты говоришь? Ивана Павловича?

— Верно... Он самый!

— Ну, значит, неправда, — волнуясь, заговорила Лена. — И, значит, все ты неправду говоришь.

— Убей меня бог... Кого хошь спроси...

— И неправда... и не клянись... Я сама Перфильева помню, и ничего этого не было, и умер он просто от тифа... И было это не очень давно...

Лена говорила горячо и с таким убеждением, что Силуян невольно покорился. Он с некоторой досадой подхлестнул пристяжку и потом спросил:

— А где его хоронили, когда вы знаете?

— А хоронили в имении.

— Ну, верно.

Он грустно помолчал и сказал с убеждением:

— Ну, стало быть, у мертвого у него живот расперло, вот как, милая: у мертвого. Это верно!

Лена беспомощно откинулась на подушку. Она была глубоко оскорблена и обижена, и ей хотелось плакать. Она еще не сознавала ясно, что у нее так болит и какие опустошения произошли в стройном мире ее фантазий. Ей казалось только, что она оскорблена за отца, за дядю, за фамильярность, с какой ямщик отзывался о спящем, наконец за ту возмутительную ложь, на которой она его поймала...

И ей показалось, что самая природа насупилась и загрустила еще больше. Черта между землей и небом потемнела, поля лежали синие, затянутые мглой, а белые прежде облака — теперь отделялись от туч какие-то рыжие или опаловые, и на них умирали последние отблески дня, чтобы уступить молчаливой ночи. Они тихо скучивались, вздымались, громоздились в возрастающем беспорядке и тревоге. Кое-где, как будто в изнеможении, шевельнулись еще столбами последние лучи солнца и угасли, закрытые туманными

176

массами, поднявшимися до самого зенита. Мглистые тучи колебались, меняя очертания, живые, изменчивые, зловещие.

И вдруг откуда-то издали отрывисто и глухо раскатился гром.

Ямщик остановил лошадей, сволок свою шляпенку и перекрестился. Лошади стригли ушами, отдельные тренькания колокольчика боязливо и жалостно тонули в ближней лощине, стая ворон молчаливо пронеслась над березками тракта, и Лена глядела, как черные точки слились с низкою тучей. На побледневшей зелени, на потускневших очертаниях полей лег отпечаток общего испуга и ожидания... Семен Афанасьевич сидел с открытыми глазами, как будто вовсе не спал, но ни Лена, ни ямщик этого не заметили. Тройка опять тронула по дороге. Слепни и овода исчезли. Седок опять закрыл глаза.

В расколыхавшемся воображении Силуяна пробегали образы, на которые пала теперь угрюмая и мрачная тень этого вечера, сменявшего томительный день, и он не хотел упустить из своей власти внимательную слушательницу.

— Ну, хорошо, — сказал он, не поворачиваясь, — а с—под Илевого заводу барина, Панкратова, слыхали?

Лене было знакомо и это имя. В богатой семейной хронике, которую она заучила от няни, была — правда, на дальнем плане — и эта фигура. Панкратов приходился дальней родней по матери, и Лена слышала о нем от отца и от няни. Хотя няня, тоже поэт в душе, клала на все самые мягкие краски, выделяя лишь светлые образы дорогого ее крепостническому сердцу прошлого, но и в ее передаче эта фигура рисовалась некоторой тенью... Панкратов был когда-то заметным в столице красавцем, из тех, которым, по странной игре судьбы, не везет, несмотря на все внешние шансы, именно у женщин. В Петербурге невеста отказала ему перед самой свадьбой, чтобы выйти потом за самого заурядного фата. Тогда он уехал в деревню и здесь, частью по любви, частью из гордости и мести, женился на крестьянке-красавице, своей крепостной. Через два года она изменила ему с доезжачим... Он хотел убить обоих, но нашел в себе силы простить ее, а доезжачего только отдал в рекруты. Неблагодарная красавица, не выдержав и года после этого, убежала с ремонтером...[10] Тогда Панкратов возненавидел людей, стал мизантропом и всю свою нежность отдал животным. Перед эмансипацией у него было какое-то бурное столкновение с крестьянами, сущности которого Лена не знала,

---

[10] Ремонтеры — офицеры, занимающиеся покупкой лошадей для комплектования кавалерии.

и администрация прибегала к практиковавшемуся тогда выселению из имения до окончания выкупа. Тогда он совсем оставил Россию и умер старым мизантропом в Ментоне. Лена видела его портрет: лицо, как у мумии, и черные, горящие каким-то особенным блеском глаза. Она прощала ему человеконенавистническое выражение этих глаз. "У него было нежное сердце, оскорбленное людьми, — говорила она, — и он много страдал".

— Он очень любил животных, — сказала она на вопрос ямщика.

— Вот, вот. Удивительное дело: животную тварь любил, а людей тиранил.

— Люди сделали ему много зла, — сказала Лена мягко.

— Люди? Нет, люди ничего. Жена сбежала, это верно. Крестьянку взял, крепостную, а она, значит, с офицером укатила. Правда, с этих пор озверел. "Я, говорит, ее из низкости вывел... Когда так, говорит, то я всему ее племю себя покажу. Хуже собак мне мужики теперь..." Ну и верно, что хуже собак сделал. Псарню построил вроде господского дома. И которые были у него самые любимые десять сук, и принесут, напримерно, щенят, и сейчас он раздает их по крепостным женщинам. Которая, понимаешь, принесла ребеночка и имеет в грудях молоко, — сейчас ей собачары приносят щененка, стало быть, для воспитания...

— Неправда! — вскрикнула Лена, точно ужаленная.

— Убей меня бог, — равнодушно вставил ямщик и опять обратился к рассказу. — Ты вот послушай, что дальше-то, как господь батюшка распорядился: через этого человека всем православным воля вышла... Вот был у этого барина крепостной человек на оброке, Алексеем звали. Уж вот был мужик разумный, да красивый, да удачливый, просто по всей вотчине молодец первейший. И имел у себя молодую жену. Он-то красив да пригож, а сна и того лучше, — поищи этаких двух по всему свету белому, ан и не сыщешь. Имуществом тоже бог не обидел: из хороших семей оба, достаточные. Ну, только имел этот Алексей в себе маленичко гордость. Вот приходит ему, Алексею, в дальний извоз итить, а жена у него остается на сносях. Делать нечего. Идет он с извозом, знаешь, по степе. Идут, ночное дело, возы скрыпят, обозчики, разный народ, со всех, может, мест, рядом идут да промежду себя разговор ведут. Известно, — дело дорожное, как и мы вот сейчас: где какие, напримерно, народы проживают, где какой обиход, ну и все такое прочее. А он, Алексей, идет с возами, все молчит, что туча. Вот у него другие и спрашивают: "Ты это что же, молодец, в товарищах идешь, а с нами, товарищами, разговаривать не хочешь? Аль сам об себе высоко понимаешь, а нами брезгуешь?.." — "Нет, говорит, товарищи милые, сам я об себе не высоко понимаю и вами, товарищами, не брезгую. А то я, говорит, невесел по степе иду, что дома жену оставил, а помещик у нас больно лют. Бьют, колотят, только душу не вынимают. Ну, да это все ничего, до меня бы не касающее, а что вот завел дурную моду — щенят женскими грудями воспитывать". Вот и стали те люди, по степе идучи, то дело обсуживать. А в степе-то, знаешь, все вольные люди: который у себя дома, может, и крепостной, и тот в степе вольным казаком объявляется. Попадается, конечно, и служивый народ, отставные солдаты. Вот и говорят те люди Алексею: "Дураки, видно, в вашей деревне живут. Этого и закону-то, покуль свет стоит, не бывало, чтобы животную тварь женским молоком воспитывать. Этого и господь не может терпеть, так может ли барский закон стать выше божьего?"

Вот и запади опять те речи Алексею. Идет с обозом, дорога под ним горит, а сам все думает: нет закону, да и нет закону! Хорошо! Приезжает, ночное дело, домой, жена его не встречает, огня не вздувает, темно в избе, как в могиле. Входит в избу, младенец у него в зыбке плачет, а в углу щеняты скулят. — Эт-то что такое? — "А это, — жена говорит, — сына бог дал". — А в углу что? — "А в углу щеняты, сам понимаешь..." — Ты-то понимаешь ли сама! Я этого терпеть не могу! Давай собачат сюда! — взял одного в руку, другого в другую, примял, да опять положил на место. — Ну, говорит, молись богу за свой грех великий да бери младенца. Вишь, он у тебя в зыбке кричит.

А наутро нарядчики приходят, собачары: "Анна, — показывай щенят, здоровы ли они у тебя!" — Да они, мол, с чегой-то поколели. — "Как, оба?" — Оба, мол, и поколели. — "Что за причина? Ну, дело не наше, барину доложим". А тут Алексей в избу входит: "Что вам надо? Зачем пришли? Где закон? Ребенок в зыбке кричи, а щеняты у женщины груди сосут. Прочь из избы, чтобы мне вас, собачаров, и не видать!" — А ты, Алексей, — собачар ему говорит, — больно-то не кричи. Не от себя пришли, барину доложим. — Ну, конечно, пошли, господину и обсказали. Что же ты думаешь: велит он сейчас тех щенят на холсты положить, как упокойников. Принесли их на холстах — ощупал. "Убиты, говорит, злодеем твари невинные". И заплакал. Потом позвал собачьих поваров, велит для псарни овсянку готовить покруче. Все, бывало, так: овсянку готовили для всей псарни, ведер на сорок и более: овсянку сготовят, станут собак кормить, а он тут же в стулу сидит, смотрит, да из своих рук подкармливает. Вот и на тот раз, сел у котла, щенят на холстах рядом положил. "Позвать Алексея!" Пришел Алексей. "Видишь, говорит, невинно убиенных?" — Вижу, мол. Да что ж, барин, на человека и то причина бывает, не то что на тварь животную. — "Ты им конец сделал, варвар?" — Я им конца не делал, а что вот вы не по закону поступаете. Ребенок, хоть и мужицкое дите, все у бога человеческая душа считается. И должен он в зыбке лежать, а вы у бабы груди псиной пакостите... Передохни они все у вас. И то народ глуп: всех бы передавить надо! — Как он эти слова скакал... снялся, милая ты моя, барин Панкратов со стула...

Он повернулся весь на козлах и впился своими глубокими глазами в испуганные глаза девушки... Она чувствовала какой-то надвигающийся ужас и хотела бы защититься от него, но была бессильна...

— Снялся он со стула, да ка-ак толкнет этого Алексея в грудь... Упал тот навзничь, да прямо... голубушка ты моя! Барышня милая! Прямо головой-те... в котел...

— Ну? — вся вздрогнув, спросила Лена.

— Да что! Пикнуть не успел... Кинулись собачары, вытащили... весь обварился... Пошел по собачарам шум, пошла по дворне булга. А один собачар тому Алексею брат был... Кинулся в хоромы, схватил ружье... Барин к дворне, а уж дворня, понимаешь, волками смотрит. Вскипело холопье сердце...

— Папочка! — послышался надтреснутый, слабый голос Лены. Семен Афанасьевич очнулся и с удивлением взглянул на дочь.

— Папа, — со слезами в голосе заговорила девушка, — ведь он, Панкратов, в Ментоне умер? Ведь это... ведь это все неправда... Вот он говорит: убили его... и он сам...

Семен Афанасьевич вдруг накинулся на ямщика:

— Что ты тут наболтал, па-адлец! Вот погоди, вот я тебе покажу болтовню. Поезжай скорей, ска—атина!

Ямщик, удивленный неожиданным оборотом дела, подобрал вожжи, и опять левая пристяжка первая почувствовала на себе перемену в его настроении.

Тарантас задребезжал и быстро покатился по потемневшему тракту. Колокольчик залился не на шутку, пристяжки изогнули головы, как змейки, березки убегали назад одна за другой, а между ветвей виднелись по сторонам те же поля, те же тучи... Кой-где в сумерках зажигались дальние огоньки...

Лена ничего не думала. Отец видел только ее бледное лицо и большие глаза...

VII

К станции они подкатили во всю мочь. Ямщик в эти полчаса обдумал все происшедшее и теперь старался угодить разгневанному барину. "Видишь, вот угодить хотел, а она и нажалуйся", — с горечью думал он про Лену. Со стуком и звоном тарантас подлетел к полосатому столбу, на котором висел зажженный фонарь, и лихо остановился на всем скаку.

— Пожалуйте, ваше сиятельство, — сказал Силуян подобострастно, соскочив с козел.

Станция была освещена, а окна открыты. В окна виднелся самовар, какой-то военный надевал шинель и собирался: у крыльца его ждала тройка.

Лена прошла сначала в комнату хозяйки. Когда она вошла с красными глазами в станционную комнату, ей прежде всего бросилась невзрачная фигура мужика, стоявшего у порога. Он был низок ростом, с короткими кривыми ногами, в старом армячишке. Он в замешательстве отряхал от пыли свою шляпенку и переминался с ноги на ногу. Семен Афанасьевич нервно ходил по комнате, а военный господин сурово молчал, укоризненно глядя на мужика. При входе Лены военный поднялся с места и бойко щелкнул шпорами. Это был бравый мужчина, с густыми, торчащими волосами и прекрасными баками, искусно разделенными на две части. Он еще раз разгладил их обеими руками и, держа пальцами концы бакенов, низко поклонился:

— Честь имею представиться. Исправник Полежаев. Очень сожалею, что этот каналья ямщик доставил вам огорчение, хотя признаюсь... не знаю, чем могу... Власть Семена Афанасьевича... тут роль исправника прекращается... Если могу так выразиться...

Лена с удивлением посмотрела на него, потом на мужика у порога. Неужели это он, этот ничтожный мужичонка, довел ее чуть не до кошмара, неужели это у него такой выразительный, сильный, могучий голос... И эти мрачные рассказы... неужели тоже его?

— Ах нет, ничего, — застенчиво и торопливо заговорила

она, поняв сразу смысл этой сцены. — Папочка, ради бога... Не надо, не надо...

Исправник окинул ее умным взглядом. Он вообще довольно холодно встретил нового "начальника" и держался сдержанно. Поэтому он воспользовался настроением Лены.

— Ваше желание — закон... А ты, сказочник, пошел вон, да смотри у меня в другой раз!.. Теперь позвольте вас оставить, меня ожидает тут важное дело... Имею честь откланяться.

Через минуту Лена смотрела в открытое окно, как исправник уселся, причем какая-то темная небольшая фигура противно суетилась около тарантаса. Лошади взяли с места, и тарантас покатился между рядами берез в том направлении, откуда только что приехали наши путники. Скоро он превратился в темную точку, и только меланхолический звон колокольчика как будто перекликался все, подавая голос издали, из темноты, на освещенную станцию.

А в вышине все ходили тучи, в темноте пробравшиеся кверху и занявшие все небо... Но дождя все не было, чувствовалось только медленное передвижение, тревожная суета и все то же бессилие. Порой только вспыхивала синеватая зарница, падая на уходящую вдаль дорогу с рядами бледных берез. Одна из таких зарниц осветила невдалеке старый запущенный сад, густая зелень которого будто грезила о чем-то в тишине этого загадочного вечера, в виду надвигающейся грозы. Над зеленью возвышался только мезонин старого, оброшенного дома. Короткая вспышка еще раз осветила провалившуюся крышу, изломанную решетку балкона и открытую, может быть, давно сорванную с петель дверь мезонина.

Лена отчего-то вдруг вздрогнула и отвернулась. Подойдя к отцу, она обняла его и припала головой ему на плечо.

— Папа! Папочка! Ничего нет... ничего, ничего этого нет.

— Ты устала, Лена.

Семен Афанасьевич глядел растерянно и печально.

Хозяйка внесла свежий самовар и закрыла окно.

ЛЕС ШУМИТ

"Было и быльем поросло.
Лес шумел..."

I

В этом лесу всегда стоял шум — ровный, протяжный, как отголосок дальнего звона, спокойный и смутный, как тихая песня без слов, как неясное воспоминание о прошедшем. В нем всегда стоял шум, потому что это был старый, дремучий бор, которого не касались еще пила и топор лесного барышника. Высокие столетние сосны с красными могучими стволами стояли хмурою ратью, плотно сомкнувшись вверху зелеными вершинами. Внизу было тихо, пахло смолой; сквозь полог сосновых игл, которыми была усыпана почва, пробились яркие папоротники, пышно раскинувшиеся причудливою бахромой и стоявшие недвижимо, не шелохнув листом. В сырых уголках тянулись высокими стеблями зеленые травы; белая кашка склонялась отяжелевшими головками, как будто в тихой истоме. А вверху, без конца и перерыва, тянул лесной шум, точно смутные вздохи старого бора.

Но теперь эти вздохи становились все глубже, сильнее. Я ехал лесною тропой, и, хотя неба мне не было видно, но по тому, как хмурился лес, я чувствовал, что над ним тихо подымается тяжелая туча. Время было не раннее.

Между стволов кое-где пробивался еще косой луч заката, но в чащах расползались уже мглистые сумерки. К вечеру собиралась гроза.

На сегодня нужно было уже отложить всякую мысль об охоте; впору было только добраться перед грозой до ночлега. Мой конь постукивал копытом в обнажившиеся корни, храпел и настораживал уши, прислушиваясь к гулко щелкающему лесному эхо. Он сам прибавлял шагу к знакомой лесной сторожке.

Залаяла собака. Между поредевшими стволами мелькают мазаные стены. Синяя струйка дыма вьется под нависшею зеленью; покосившаяся изба с лохматою крышей приютилась под стеной красных стволов; она как будто врастает в землю,

183

между тем как стройные и гордые сосны высоко покачивают над ней своими головами. Посредине поляны, плотно примкнувшись друг к другу, стоит кучка молодых дубов.

Здесь живут обычные спутники моих охотничьих экскурсий — лесники Захар и Максим. Но теперь, повидимому, обоих нет дома, так как никто не выходит на лай громадной овчарки. Только старый дед, с лысою головой и седыми усами, сидит на завалинке и ковыряет лапоть. Усы у деда болтаются чуть не до пояса, глаза глядят тускло, точно дед все вспоминает что-то и не может припомнить.

— Здравствуй, дед. Есть кто-нибудь дома?

— Эге! — мотает дед головой.— Нет ни Захара, ни Максима, да и Мотря побрела в лес за коровой... Корова куда-то ушла,— пожалуй, медведи... задрали... Вот оно как, нет никого!

— Ну, ничего. Я с тобой посижу, обожду.

— Обожди, обожди,— кивает дед, и пока я подвязываю лошадь к ветви дуба, он всматривается в меня слабыми и мутными глазами. Плох уж старый дед: глаза не видят и руки трясутся.

— А кто ж ты такой, хлопче? — спрашивает он, когда я подсаживаюсь на завалинке.

Этот вопрос я слышу в каждое свое посещение.

— Эге, знаю теперь, знаю,— говорит старик, принимаясь опять за лапоть. — Вот старая голова, как решето, ничего не держит. Тех, что давно умерли, помню,— ой, хорошо помню! А новых людей все забываю... Зажился на свете.

— А давно ли ты, дед, живешь в этом лесу?

— Эге, давненько! Француз приходил в царскую землю, я уже был.

— Много же ты на своем веку видел. Чай, есть чего рассказать.

Дед смотрит на меня с удивлением.

— А что же мне видеть, хлопче? Лес видел... Шумит лес, шумит и днем, и ночью, зимою шумит и летом... И я, как та деревина, век прожил в лесу и не заметил... Вот и в могилу пора, а подумаю иной раз, хлопче, то и сам смекнуть не могу: жил я на свете или нет... Эге, вот как! Может, и вовсе не жил...

Край темной тучи выдвинулся из-за густых вершин над лесною поляной; ветви замыкавших поляну сосен закачались под дуновением ветра, и лесной шум пронесся глубоким усилившимся аккордом. Дед поднял голову и прислушался.

— Буря идет,— сказал он через минуту.— Это вот я знаю. Ой-ой, заревет ночью буря, сосны будет ломать, с корнем выворачивать станет!.. Заиграет лесной хозяин...— добавил он тише.

— Почему же ты знаешь, дед?

— Эге, это я знаю! Хорошо знаю, как дерево говорит... Дерево, хлопче, тоже боится... Вот осина, проклятое дерево, все что-то лопочет,— и ветру нет, а она трясется. Сосна на бору в ясный день играет—звенит, а чуть подымется ветер, она загудит и застонет. Это еще ничего... А ты вот слушай теперь. Я хоть глазами плохо вижу, а ухом слышу: дуб зашумел, дуба уже трогает на поляне... Это к буре.

Действительно, куча невысоких коряжистых дубов, стоявших посредине поляны и защищенных высокою стеною бора, помахивала крепкими ветвями, и от них несся глухой шум, легко отличаемый от гулкого звона сосен.

— Эге! слышишь ли, хлопче? — говорит дед с детски-лукавой улыбкой.— Я уже знаю: тронуло этак вот дуба, значит хозяин ночью пойдет, ломать будет... Да нет, не сломает! Дуб — дерево крепкое, не под силу даже хозяину... вот как!

— Какой же хозяин, деду? Сам же ты говоришь: буря ломает.

Дед закивал головой с лукавым видом.

— Эге, я ж это знаю!.. Нынче, говорят, такие люди пошли, что уже ничему не верят. Вот оно как! А я же его видел, вот как тебя теперь, а то еще лучше, потому что теперь у меня глаза старые, а тогда были молодые. Ой—ой, как еще видели мои глаза смолоду!..

— Как же ты его видел, деду, скажи—ка?

— А вот, все равно, как и теперь: сначала сосна застонет на бору... То звенит, а то стонать начнет: о—ох—хо—о... о—хо—о! — и затихнет, а потом опять, потом опять, да чаще, да жалостнее. Эге, потому что много ее повалит хозяин ночью. А потом дуб заговорит. А к вечеру все больше, а ночью и пойдет крутить: бегает по лесу, смеется и плачет, вертится, пляшет и все на дуба налегает, все хочется вырвать... А я раз осенью и посмотрел в оконце; вот ему это и не по сердцу: подбежал к окну, тар—рах в него сосновою корягой; чуть мне все лицо не искалечил, чтоб ему было пусто; да я не дурак — отскочил. Эге, хлопче, вот он какой сердитый!..

— А каков же он с виду?

— А с виду он все равно, как старая верба, что стоит на болоте. Очень похож!.. И волосы — как сухая омела, что вырастает на деревьях, и борода тоже, а нос — как здоровенный сук, а морда корявая, точно поросла лишаями. Тьфу, какой некрасивый! Не дай же бог ни одному крещеному на него походить... Ей-богу! Я—таки в другой раз на болоте его видел, близко... А хочешь, приходи зимой, так и сам увидишь его. Взойди туда, на гору,— лесом та гора поросла,— и полезай на самое высокое дерево, на верхушку. Вот оттуда иной день и можно его увидать: идет он белым столбом поверх лесу, так и вертится сам, с горы в долину спускается. Побежит, побежит, а потом в лесу и пропадет. Эге!.. А где пройдет, там след белым снегом устилает... Не веришь старому человеку, так когда-нибудь сам посмотри.

Разболтался старик. Казалось, оживленный и тревожный говор леса и нависшая в воздухе гроза возбуждали старую кровь. Дед кивал головой, усмехался, моргал выцветшими глазами.

Но вдруг будто какая-то тень пробежала по высокому, изборожденному морщинами лбу. Он толкнул меня локтем и сказал с таинственным видом:

— А знаешь, хлопче, что я тебе скажу?.. Он, конечно, лесной хозяин — мерзенная тварюка, это правда. Крещеному человеку обидно увидать такую некрасивую харю... Ну, только надо о нем правду сказать: он зла не делает... Пошутить с человеком пошутит, а чтоб лихо делать, этого не бывает.

— Да как же, дед, ты сам говорил, что он тебя хотел ударить корягой?

— Эге, хотел—таки! Так то ж он рассердился, зачем я в окно на него смотрю, вот оно что! А если в его дела носа не совать, так и он такому человеку никакой пакости не сделает. Вот он какой, лесовик!.. А знаешь, в лесу от людей страшнее дела бывали... Эге, ей—богу!

Дед наклонил голову и с минуту сидел в молчании. Потом, когда он посмотрел на меня, в его глазах, сквозь заставшую их тусклую оболочку, блеснула как будто искорка проснувшейся памяти.

— Вот я тебе расскажу, хлопче, лесную нашу бывальщину. Было тут раз, на самом этом месте, давно... Помню, я, ровно сон, а как зашумит лес погромче, то и все вспоминаю... Хочешь, расскажу тебе, а?

— Хочу, хочу, деду! Рассказывай.

— Так и расскажу же, эге! Слушай вот!

186

II

У меня, знаешь, батько с матерью давно померли, я еще малым хлопчиком был... Покинули они меня на свете одного. Вот оно как со мною было, эге! Вот громада и думает: "Что ж нам теперь с этим хлопчиком делать?" Ну, и пан тоже себе думает... И пришел на этот раз из лесу лесник Роман, да и говорит громаде: "Дайте мне этого хлопца в сторожку, я его буду кормить... Мне в лесу веселее, и ему хлеб..." Вот он как говорит, а громада ему отвечает: "Бери!" Он и взял. Так я с тех самых пор в лесу и остался.

Тут меня Роман и выкормил. Ото ж человек был какой страшный, не дай господи!.. Росту большого, глаза черные, и душа у него темная из глаз глядела, потому что всю жизнь этот человек в лесу один жил: медведь ему, люди говорили, все равно, что брат, а волк—племянник. Всякого зверя он знал и не боялся, а от людей сторонился и не глядел даже на них... Вот он какой был — ей—богу, правда! Бывало, как он на меня глянет, так у меня по спине будто кошка хвостом поведет... Ну, а человек был все-таки добрый, кормил меня, нечего сказать, хорошо: каша, бывало, гречневая всегда у него с салом, а когда утку убьет, так и утка. Что правда, то уже правда, кормил-таки.

Так мы и жили вдвоем. Роман в лес уйдет, а меня в сторожке запрет, чтобы зверюка не съела. А после дали ему жинку Оксану.

Пан ему жинку дал. Призвал его на село, да и говорит: "Вот что, говорит, Ромасю, женись!" Говорит пану Роман сначала: "А на какого же мне біса жинка? Что мне в лесу делать с бабой, когда у меня уж и без того хлопец есть? Не хочу я, говорит, жениться!" Не привык он с девками возиться, вот что! Ну, да и пан тоже хитрый был... Как вспомню про этого пана, хлопче, то и подумаю себе, что теперь уже таких нету,— нету таких панов больше — вывелись... Вот хоть бы и тебя взять: тоже, говорят, и ты панского роду... Может, оно и правда, а таки нет в тебе этого... настоящего... Так себе, мизерный хлопчина, больше ничего.

Ну, а тот настоящий был, из прежних... Вот, скажу тебе, такое на свете водится, что сотни людей одного человека боятся, да еще как!.. Посмотри ты, хлопче, на ястреба и на цыпленка: оба из яйца вылупились, да ястреб сейчас вверх норовит, эге! Как крикнет в небе, так сейчас не то что цыплята

— и старые петухи забегают... Вот же ястреб—панская птица, а курица—простая мужичка...

Вот, помню, я малым хлопчиком был: везут мужики из лесу толстые бревна, человек, может быть, тридцать. А пан один на своем конике едет да усы крутит. Конек под ним играет, а он кругом смотрит. Ой—ой! завидят мужики пана, то-то забегают, лошадей в снег сворачивают, сами шапки снимают. После сколько бьются, из снега бревна вывозят, а пан себе скачет,— вот ему, видишь ты, и одному на дороге тесно! Поведет пан бровью — уже мужики боятся, засмеется — и всем весело, а нахмурится — все запечалятся. А чтобы кто пану мог перечить, того, почитай, и не бывало.

Ну, а Роман, известно, в лесу вырос, обращения не знал, и пан на него не очень сердился.

— Хочу,— говорит пан,— чтоб ты женился, а зачем, про то я сам знаю. Бери Оксану.

— Не хочу я,— отвечал Роман,— не надо мне ее, хоть бы и Оксану! Пускай на ней чорт женится, а не я... Вот как!

Велел пан принести канчуки, растянули Романа, пан его спрашивает:

— Будешь, Роман, жениться?

— Нет,— говорит,— не буду.

— Сыпьте ж ему,— говорит пан,— в мотню[11], сколько влезет.

Засыпали ему—таки немало; Роман на что уж здоров был, а все ж ему надоело.

— Бросьте уж,— говорит,— будет—таки! Пускай же ее лучше все черти возьмут, чем мне за бабу столько муки принимать. Давайте ее сюда, буду жениться!

Жил на дворе у пана доезжачий, Опанас Швидкий. Приехал он на ту пору с поля, как Романа к женитьбе заохачивали. Услышал он про Романову беду — бух пану в ноги. Таки упал в ноги, целует...

— Чем,— говорит,— вам, милостивый пан, человека мордовать, лучше я на Оксане женюсь, слова не скажу...

Эге, сам—таки захотел жениться на ней. Вот какой человек был, ей-богу!

Вот Роман было обрадовался, повеселел. Встал на ноги, завязал мотню и говорит:

— Вот,— говорит, —хорошо. Только что бы тебе, человече, пораньше немного приехать? Да и пан тоже — всегда вот так!.. Не расспросить же было толком, может, кто охотой женится.

---

[11] Хохлы носят холщовые штаны вроде мешка, раздвоенного только внизу. Этот-то мешок и называется "мотню"

Сейчас схватили человека и давай ему сыпать! Разве,— говорит,— это По-христиански так делать? Тьфу!..

Эге, он порой и пану спуску не давал. Вот какой был Роман! Когда уж осердится, то к нему, бывало, не подступайся, хотя бы и пан. Ну, а пан был хитрый! У него, видишь, другое на уме было. Велел опять Романа растянуть на траве.

— Я,— говорит,— тебе, дураку, счастья хочу, а ты нос воротишь. Теперь ты один, как медведь в берлоге, и заехать к тебе не весело... Сыпьте ж ему, дураку, пока не скажет: довольно!.. А ты, Опанас, ступай себе к чертовой матери. Тебя, говорит, к обеду не звали, так сам за стол не садись, а то видишь, какое Роману угощенье? Тебе как бы того же не было.

А Роман уж и не на шутку осердился, эге! Его дуют—таки хорошо, потому что прежние люди, знаешь, умели славно канчуками шкуру спускать, а он лежит себе и не говорит: довольно! Долго терпел, а все-таки после плюнул:

— Не дождет ее батько, чтоб из-за бабы христианину вот так сыпали, да еще и не считали. Довольно! Чтоб вам руки поотсыхали, б!сова дворня! Научил же вас чорт канчуками работать! Да я ж вам не сноп на току, чтоб меня вот так молотили. Коли так, так вот же, и женюсь.

А пан себе смеется.

— Вот,— говорит,— и хорошо! Теперь на свадьбе хоть сидеть тебе и нельзя, зато плясать будешь больше...

Веселый был пан, ей—богу веселый, эге? Да только после скверное с ним случилось, не дай бог ни одному крещеному. Право, никому такого не пожелаю. Пожалуй, даже и жиду не следует такого желать. Вот я что думаю...

Вот так-то Романа и женили. Привез он молодую жинку в сторожку; сначала все ругал да попрекал своими канчуками.

— И сама ты,— говорит,— того не стоишь, сколько из-за тебя человека мордовали.

Придет, бывало, из лесу и сейчас станет ее из избы гнать:

— Ступай себе! Не надо мне бабы в сторожке! Чтоб и духу твоего не было! Не люблю,— говорит,— когда у меня баба в избе спит. Дух,— говорит,— нехороший.

Эге!

Ну, а после ничего, притерпелся. Оксана, бывало, избу выметет и вымажет чистенько, посуду расставит; блестит все, даже сердцу весело. Роман видит: хорошая баба,— помаленьку и привык. Да и не только привык, хлопче, а стал ее любить, ей—богу, не лгу! Вот какое дело с Романом вышло. Как пригляделся хорошо к бабе, потом и говорит:

— Вот спасибо пану. добру меня научил. Да и я ж таки

неумный был человек: сколько канчуков принял, а оно, как теперь вижу, ничего и дурного нет. Еще даже хорошо. Вот оно что!

Вот прошло сколько-то времени, я и не знаю, сколько. Слегла Оксана на лавку, стала стонать. К вечеру занедужилась, а наутро проснулся я, слышу: кто-то тонким голосом "квилит"[12]. "Эге!—думаю я себе,—это ж, видно, "дитына" родилась". А оно вправду так и было.

Недолго пожила дитына на белом свете. Только а жила, что от утра до вечера. Вечером и пищать перестала... Заплакала Оксана, а Роман и говорит:

— Вот и нету дитыны, а когда ее нету, то незачем теперь и попа звать. Похороним под сосною.

Вот как говорит Роман, да не то, что говорит, а так как раз и сделал: вырыл могилку и похоронил. Вон там старый пень стоит, громом его спалило... Так то ж и есть та самая сосна, где Роман дитыну зарыл. Знаешь, хлопче, вот же я тебе скажу: и до сих пор, как солнце сядет и звезда—зорька над лесом станет, летает какая-то пташка, да и кричит. Ох, и жалобно квилит пташи'на, аж сердцу больно! Так это и есть некрещеная душа,—креста себе просит. Кто знающий человек, по книгам учился, то, говорят, может ей крест дать, и не станет она больше летать... Да мы вот тут в лесу живем, ничего не знаем. Она летает, она просит, а мы только и говорим: "Геть-геть, бедная душа, ничего мы не можем сделать!" Вот заплачет и улетит, а потом и опять прилетает. Эх, хлопче, жалко бедную душу!

Вот выздоровела Оксана, все на могилку ходила. Сядет на могилке и плачет, да так громко, что по всему лесу, бывало, голос ее ходит. Это она так свою диты'ну жалела, а Роман не жалел дитыну, а Оксану жалел. Придет, бывало, из лесу, станет около Оксаны и говорит:

— Молчи уж, глупая ты баба! Вот было бы о чем плакать! Померла одна дитына, то, может, другая будет. Да еще, пожалуй, и лучшая, эге! Потому что та еще, может, и не моя была, я же таки и не знаю. Люди говорят... А это будет моя.

Вот уже Оксана и не любила, когда он так говорил. Перестанет, бывало, плакать и начнет его нехорошими словами "лаять". Ну, Роман на нее не сердился.

— Да и что же ты,— спрашивает,— лаешься? Я же ничего такого не сказал, а только сказал, что не знаю.

Потому и не знаю, что прежде ты не моя была и жила не в лесу, а на свете, промежду людей. Так как же мне знать? Теперь

---

[12] Квилит — плачет, жалобно пищит

вот ты в лесу живешь, вот и хорошо. А таки говорила мне баба Федосья, когда я за нею на село ходил: "Что-то у тебя, Роман, скоро дитына поспела!" А я говорю бабе: "Как же мне—таки знать, скоро ли, или нескоро?.." Ну, а ты все же брось голосить, а то я осержусь, то еще, пожалуй, как бы тебя и не побил.

Вот Оксана полает, полает его, да и перестанет. Она его, бывало, и поругает, и по спине ударит, а как станет Роман сам сердиться, она и притихнет,— боялась. Приласкает его, обоймет, поцелует и в очи заглянет... Вот мой Роман и угомонится. Потому... видишь ли, хлопче... Ты, должно быть, не знаешь, а я, старик, хотя сам не женивался, а все-таки видал на своем веку: молодая баба дюже сладко целуется, какого хочешь сердитого мужика может она обойти. Ой—ой!.. Я же таки знаю, каковы эти бабы. А Оксана была гладкая такая молодица, что теперь я уже что-то таких больше не вижу. Теперь, хлопче, скажу тебе, и бабы не такие, как прежде.

Вот раз в лесу рожок затрубил: тра-та, тара-тара-та-та-та!.. Так и разливается по лесу, весело да звонко. Я тогда малый хлопчик был и не знал, что это такое; вижу: птицы с гнезд подымаются, крылом машут, кричат, а где и заяц пригнул уши на спину и бежит, что есть духу. Вот я и думаю: может, это зверь какой невиданный так хорошо кричит. А то же не зверь, а пан себе на конике лесом едет да в рожок трубит; за паном доезжачие верхом и собак на сворах ведут. А всех доезжачих красивее Опанас Швидкий, за паном в синем казакине гарцует, шапка на Опанасе с золотым верхом, конь под ним играет, рушни'ца за плечами блестит, и бандура на ремне через плечо повешена. Любил пан Опанаса, потому что Опанас хорошо на бандуре играл и песни был мастер петь. Ух, и красивый же был парубок этот Опанас, страх красивый! Куда было пану с Опанасом равняться: пан уже и лысый был, и нос у пана красный, и глаза, хоть веселые, а все не такие, как у Опанаса. Опанас, бывало, как глянет на меня,— мне, малому хлопчику, и то смеяться хочется, а я же не девка. Говорили, что у Опанаса отцы и деды запорожские казаки были, в Сечи казаковали, а там народ был все гладкий да красивый, да проворный. Да ты сам, хлопче, подумай: на коне ли со "списой"[13] по полю птицей летать, или топором дерево рубить, это ж не одно дело...

Вот я выбежал из хаты, смотрю: подъехал пан, остановился, и доезжачие стали; Роман из избы вышел, подержал пану стремя: ступил пан на землю. Роман ему поклонился.

---

[13] Списа — копье

— Здорово! — говорит пан Роману.

— Эге,— отвечает Роман,— да я ж, спасибо, здоров, чего мне делается? А вы как?

Не умел, видишь ты, Роман пану как следует ответить. Дворня вся от его слов засмеялась, и пан тоже.

— Ну, и слава богу, что ты здоров,— говорит пан.— А где ж твоя жинка?

— Да где ж жинке быть? Жинка, известно, в хате...

— Ну, мы и в хату войдем,— говорит пан,— а вы, хлопцы, пока на траве ковер постелите да приготовьте нам все, чтобы было чем молодых на первый раз поздравить.

Вот и пошли в хату: пан, и Опанас, и Роман без шапки за ним, да еще Богдан — старший доезжачий, верный панский слуга. Вот уж и слуг таких теперь тоже на свете нету: старый был человек, с дворней строгий, а перед паном как та собака. Никого у Богдана на свете не было, кроме пана. Говорят, как померли у Богдана батько с матерью, попросился он у старого пана на тягло и захотел жениться. А старый пан не позволил, приставил его к своему паничу: тут тебе, говорит, и батько, и мать, и жинка. Вот выносил Богдан панича, и выходил, и на коня выучил садиться, и из ружья стрелять. А вырос панич, сам стал пановать, старый Богдан все за ним следом ходил, как собака. Ох, скажу тебе правду: много того Богдана люди проклинали, много на него людских слез пало... все из-за пана. По одному панскому слову Богдан мог бы, пожалуй, родного отца в клочки разорвать...

А я, малый хлопчик, тоже за ними в избу побежал: известное дело, любопытно. Куда пан повернулся, туда и я за ним.

Гляжу, стоит пан посередь избы, усы гладит, смеется.

Роман тут же топчется, шапку в руках мнет, а Опанас плечом об стенку уперся, стоит себе, бедняга, как тот молодой дубок в непогодку. Нахмурился, невесел...

И вот они трое повернулись к Оксане. Один старый Богдан сел в углу на лавке, свесил чуприну, сидит, пока пан чего не прикажет. А Оксана в углу у печки стала, глаза опустила, сама раскраснелась вся, как тот мак середь ячменю. Ох, видно, чуяла небога, что из-за нее лихо будет. Вот тоже скажу тебе, хлопче: уже если три человека на одну бабу смотрят, то от этого никогда добра не бывает — непременно до чуба дело дойдет, коли не хуже. Я ж это знаю, потому что сам видел.

— Ну, что, Ромасю,— смеется пан,— хорошую ли я тебе жинку высватал?

— А что ж?—Роман отвечает.—Баба, как баба, ничего!

Повел тут плечом Опанас, поднял глаза на Оксану и говорит про себя:

— Да,—говорит,—баба! Хоть бы и не такому дурню досталась.

Роман услыхал это слово, повернулся к Опанасу и говорит ему:

— А чем бы это я, пан Опанас, вам за дурня показался? Эге, скажите—ка!

— А тем,— говорит Опанас,— что не сумеешь жинку свою уберечь, тем и дурень...

Вот какое слово сказал ему Опанас! Пан даже ногою топнул, Богдан покачал головою, а Роман подумал с минуту, потом поднял голову и посмотрел на пана.

— А что ж мне ее беречь? — говорит Опанасу, а сам все на пана смотрит.Здесь, кроме зверя, никакого чорта и нету, вот разве милостивый пан когда завернет. От кого же мне жинку беречь? Смотри ты, вражий казаче, ты меня не дразни, а то я, пожалуй, и за чуприну схвачу.

Пожалуй—таки и дошло бы у них дело до потасовки, да пан вмешался: топнул ногой,— они и замолчали.

— Тише вы,— говорит,— бісовы дети! Мы же сюда не для драки приехали. Надо молодых поздравлять, а потом, к вечеру, на болото охотиться. Аида за мной!

Повернулся пан и пошел из избы; а под деревом доезжачие уж и закуску сготовили. Пошел за паном Богдан, а Опанас остановил Романа в сенях.

— Не сердись ты на меня братику,— говорит казак.— Послушай, что тебе Опанас скажет: видел ты, как я у пана в ногах валялся, сапоги у него целовал, чтоб он Оксану за меня отдал? Ну, бог с тобой, человече... Тебя поп округлил, такая, видно, судьба! Так не стерпит же мое сердце, чтоб лютый ворог опять и над ней, и над тобой потешался. Гей—гей! Никто того не знает, что у меня на душе... Лучше же я и его, и ее из рушницы вместо постели уложу в сырую землю...

Посмотрел Роман на казака и спрашивает;

— А ты, казаче, часом "с глузду не съехал?"[14] Не слыхал я, что Опанас на это стал Роману тихо в сенях говорить, только слышал, как Роман его по плечу хлопнул.

— Ох, Опанас, Опанас! Вот какой на свете народ злой да хитрый! А я же ничего того, живучи в лесу, и не знал. Эге, пане, пане, лихо ты на свою голову затеял!..

— Ну,— говорит ему Опанас,— ступай теперь и не

---

[14] "С глузду съехать" — сойти с ума

показывай виду, пуще всего перед Богданом. Неумный ты человек, а эта панская собака хитра. Смотри же: панской горелки много не пей, а если отправит тебя с доезжачими на болото, а сам захочет остаться, веди доезжачих до старого дуба и покажи им объездную дорогу, а сам, скажи, прямиком пойдешь по лесу... Да поскорее сюда возвращайся.

— Добре,— говорит Роман.— Соберусь на охоту, рушницу не дробью заряжу и не "леткой" на птицу, а доброю пулей на медведя.

Вот и они вышли. А уж пан сидит на ковре, велел подать фляжку и чарку, наливает в чарку горелку и потчевает Романа. Эге, хороша была у пана и фляжка, и чарка, а горелка еще лучше. Чарочку выпьешь—душа радуется, другую выпьешь — сердце скачет в груди, а если человек непривычный, то с третьей чарки и под лавкой валяется, коли баба на лавку не уложит.

Эге, говорю тебе, хитрый был пан! Хотел Романа напоить своею горелкой допьяна, а еще такой и горелки но бывало, чтобы Романа свалила. Пьет он из панских рук чарку, пьет и другую, и третью выпил, а у самого только глаза, как у волка, загораются, да усом черным поводит. Пан даже осердился:

— Вот же вражий сын, как здорово горелку хлещет, а сам и не моргнет глазом! Другой бы уж давно заплакал, а он, глядите, добрые люди, еще усмехается—Знал же вражий пан хорошо, что если уж человек с горелки заплакал, то скоро и совсем чуприну на стол свесит. Да на тот раз не на такого напал.

— А с чего ж мне,—Роман ему отвечает,—плакать?. Даже, пожалуй, это нехорошо бы было. Приехал ко мне милостивый пан поздравлять, а я бы—таки и начал реветь, как баба. Слава богу, не от чего мне еще плакать, пускай лучше мои вороги плачут...

— Значит,— спрашивает пан,— ты доволен?

— Эге! А чем мне быть недовольным?

— А помнишь, как мы тебя канчуками сватали?

— как-таки не помнить! Ото ж и говорю, что неумный человек был, не знал, что горько, что сладко. Канчук горек, а я его лучше бабы любил. Вот спасибо вам, милостивый пане, что научили меня, дурня, мед есть.

— Ладно, ладно,— пан ему говорит.— Зато и ты мне услужи: вот пойдешь с доезжачими на болото, настреляй побольше птиц, да непременно глухого тетерева достань.

— А когда ж это пан нас на болото посылает? — спрашивает Роман.

194

— Да вот выпьем еще. Опанас нам песню споет, да и с богом.

Посмотрел Роман на него и говорит пану:

— Вот уж это и трудно: пора не ранняя, до болота далеко, а еще, вдобавок, и ветер по лесу шумит, к ночи будет буря. Как же теперь такую сторожкую птицу убить?

А уж пан захмелел, да во хмелю был крепко сердитый. Услышал, как дворня промеж себя шептаться стала, говорят, что, мол, "Романова правда, загудет скоро буря",— и осердился. Стукнул чаркой, повел глазами,— все и стихли.

Один Опанас не испугался; вышел он, по панскому слову, с бандурой песни петь, стал бандуру настраивать, сам посмотрел сбоку на пана и говорит ему:

— Опомнись, милостивый пане! Где же это видано, чтобы к ночи, да еще в бурю, людей по темному лесу за птицей гонять?

— Вот он какой был смелый! Другие, известное дело, панские "крепаки", боятся, а он — вольный человек, казацкого рода. Привел его небольшим хлопцем старый казак-бандурист с Украины. Там, хлопче, люди что-то нашумели в городе Умани. Вот старому казаку выкололи очи, обрезали уши и пустили его такого по свету. Ходил он, ходил после того по городам и селам и забрел в нашу сторону с поводырем, хлопчиком Опанасом. Старый пан взял его к себе, потому что любил хорошие песни. Вот старик умер,— Опанас при дворе и вырос. Любил его новый пан тоже и терпел от него порой такое слово, за которое другому спустили бы три шкуры.

Так и теперь: осердился было сначала, думали, что он казака ударит, а после говорит Опанасу:

— Ой, Опанас, Опанас. Умный ты хлопец, а того, видно, не знаешь, что меж дверей не надо носа совать, чтобы как-нибудь не захлопнули...

Вот он какую загадал загадку! А казак-таки сразу и понял. И ответил казак пану песней. Ой, кабы и пан понял казацкую песню, то, может быть, его пани над ним не разливалась слезами.

— Спасибо, пане, за науку,— сказал Опанас,— вот же я тебе за то спою, а ты слушай.

И ударил по струнам бандуры.

Потом поднял голову, посмотрел на небо, как в небе орел ширяет, как ветер темные тучи гоняет. Наставил ухо, послушал, как высокие сосны шумят.

И опять ударил по струнам бандуры.

Эй, хлопче, не довелось тебе слышать, как играл Опанас Швидкий, а теперь уж и не услышишь! Вот же и не хитрая

195

штука бандура, а как она у знающего человека хорошо говорит. Бывало, пробежит по ней рукою, она ему все и скажет: как темный бор в непогоду шумит, и как ветер звенит в пустой степи по бурьяну, и как сухая травинка шепчет на высокой казацкой могиле.

Нет, хлопче, не услыхать уже вам настоящую игру! Ездят теперь сюда всякие люди, такие, что не в одном Полесье бывали, но и в других местах, и по всей Украине: и в Чигирине, и в Полтаве, и в Киеве, и в Черкасах. Говорят, вывелись уж бандуристы, не слышно их уже на ярмарках и на базарах. У меня еще на стене в хате старая бандура висит. Выучил меня играть на ней Опанас, а у меня никто игры не перенял. Когда я умру,— а уж это скоро,— так, пожалуй, и нигде уже на широком свете не слышно будет звона бандуры. Вот оно что!

И запел Опанас тихим голосом песню. Голос был у Опанаса негромкий, да "сумный"[15],— так, бывало, в сердце и льется. А песню, хлопче, казак, видно, сам для пана придумал. Не слыхал я ее никогда больше, и когда после, бывало, к Опанасу пристану, чтобы спел, он все не соглашался.

— Для кого,—говорит,—та песня пелась, того уже нету на свете.

В той песне казак пану всю правду сказал, что с паном будет, и пан плачет, даже слезы у пана текут по усам, а все же ни слова, видно, из песни не понял.

Ох, не помню я эту песню, помню только немного.

Пел казак про пана, про Ивана:

> Ой, пане, ой, Иване!..
> Умный пан много знает...
> Знает, что ястреб в небе летает, ворон побивает...
> Ой, пане, ой, Иване!..
> А того ж пан не знает,
> Как на свете бывает, Что у гнезда и ворона ястреба побивает...

Вот же, хлопче, будто и теперь я эту песню слышу и тех людей вижу: стоит казак с бандурой, пан сидит на ковре, голову свесил и плачет; дворня кругом столпилась, поталкивают один другого локтями; старый Богдан головой качает... А лес, как теперь, шумит, и тихо да сумно звенит бандура, а казак поет, как пани плачет над паном, над Иваном:

---

[15] Украинское слово сумный совмещает в себе понятия, передаваемые По-русски словами: грустный и задумчивый

Плачет пани, плачет, А над паном, над Иваном черный ворон крячет.

Ох, не понял пан песни, вытер слезы и говорит:

— Ну, собирайся, Роман! Хлопцы, садитесь на коней! И ты, Опанас, поезжай с ними,— будет уж мне твоих песен слушать!.. Хорошая песня, да только никогда того, что в ней поется, на свете не бывает.

А у казака от песни размякло сердце, затуманились очи.

— Ох, пане, пане,— говорит Опанас,— у нас говорят старые люди: в сказке правда и в песне правда. Только в сказке правда — как железо: долго по свету из рук в руки ходило, заржавело... А в песне правда — как золото, что никогда его ржа не ест... Вот как говорят старые люди!

Махнул пан рукой.

— Ну, может, так в вашей стороне, а у нас не так... Ступай, ступай, Опанас,— надоело мне тебя слушать.

Постоял казак с минуту, а потом вдруг упал перед паном на землю:

— Послушай меня, пане! Садись на коня, поезжай к своей пани: у меня сердце недоброе чует.

Вот уж тут пан осердился, толкнул казака, как собаку, ногой.

— Иди ты от меня прочь! Ты, видно, не казак, а баба! Иди ты от меня, а то как бы с тобой не было худо... А вы что стали, хамово племя? Иль я не пан вам больше? Вот я вам такое покажу, чего и ваши батьки от моих батьков не видали!..

Встал Опанас на ноги, как темная туча, с Романом переглянулся. А Роман в стороне стоит, на рушницу облокотился, как ни в чем не бывало.

Ударил казак бандурой об дерево! — бандура вдребезги разлетелась, только стон пошел от бандуры по лесу.

— А пускай же,— говорит,— черти на том свете учат такого человека, который разумную раду не слушает— Тебе, пане, видно, верного слуги не надо.

Не успел пан ответить, вскочил Опанас в седло и поехал. Доезжачие тоже на коней сели. Роман вскинул рушницу на плечи и пошел себе, только, проходя мимо сторожки, крикнул Оксане:

— Уложи хлопчика, Оксана! Пора ему спать. Да и пану сготовь постелю.

Вот скоро и ушли все в лес вон по той дороге; и пан в хату ушел, только панский конь стоит себе, под деревом привязан. А уж и темнеть начало, по лесу шум идет, и дождик накрапывает, вот-таки совсем, как теперь... Уложила меня Оксана на сеновале, перекрестила на ночь... Слышу я, моя Оксана плачет.

Ох, ничего-то я тогда, малый хлопчик, не понимал, что кругом меня творится! Свернулся на сене, послушал, как буря в лесу песню заводит, и стал засыпать.

Эге! Вдруг слышу, "то-то около сторожки ходит... подошел к дереву, панского коня отвязал. Захрапел конь, ударил копытом; как пустится в лес, скоро и топот затих... Потом слышу, опять кто-то по дороге скачет, уже к сторожке. Подскакал вплоть, соскочил с седла на землю и прямо к окну.

— Пане, пане! — кричит голосом старого Богдана.— Ой, пане, отвори скорей! Вражий казак лихо задумал, видно: твоего коня в лес отпустил.

Не успел старик договорить, кто-то его сзади схватил. Испугался я, слышу — что-то упало...

Отворил пан двери, с рушницей выскочил, а уж в сенях Роман его захватил, да прямо за чуб, да об землю...

Вот видит пан, что ему лихо, и говорит:

— Ой, отпусти, Ромасю! Так-то ты мое добро помнишь?

А Роман ему отвечает:

— Помню я, вражий пане, твое добро и до меня, и до моей жинки. Вот же я тебе теперь за добро заплачу... А пан говорит опять:

— Заступись, Опанас, мой верный слуга! Я ж тебя любил, как родного сына. А Опанас ему отвечает:

— Ты своего верного слугу прогнал, как собаку. Любил меня так, как палка любит спину, а теперь так любишь, как спина палку... Я ж тебя просил и молил, ты не послушался...

Вот стал пан тут и Оксану просить:

— Заступись ты, Оксана, у тебя сердце доброе. Выбежала Оксана, всплеснула руками:

— Я ж тебя, пане, просила, в ногах валялась: пожалей мою девичью красу, не позорь меня, мужнюю жену. Ты же не пожалел, а теперь сам просишь... Ох, лишенько мне, что же я сделаю?

— Пустите,— кричит опять пан,— за меня вы все погибнете в Сибири...

— Не печалься за нас, пане,— говорит Опанас.— Роман будет на болоте раньше твоих доезжачих, а я, по твоей милости, один на свете, мне о своей голове думать недолго. Вскину рушницу за плечи и пойду себе в лес... Наберу проворных хлопцев и будем гулять... Из лесу станем выходить ночью на дорогу, а когда в село забредем, то прямо в панские хоромы. Эй, подымай, Ромасю, пана, вынесем его милость на дождик.

Забился тут пан, закричал, а Роман только ворчит про себя, как медведь, а казак насмехается. Вот и вышли.

А я испугался, кинулся в хату и прямо к Оксане. Сидит моя Оксана на лавке — белая, как стена...

А по лесу уже загудела настоящая буря: кричит бор разными голосами, да ветер воет, а когда и гром полыхнет. Сидим мы с Оксаной на лежанке, и вдруг слышу я, кто-то в лесу застонал. Ох, да так жалобно, что я до сих пор, как вспомню, то на сердце тяжело станет, а ведь уже тому много лет...

— Оксано,— говорю,— голубонько, а кто ж это там в лесу стонет?

А она схватила меня на руки и качает.

— Спи,— говорит,— хлопчику, ничего! Это так... лес шумит...

А лес и вправду шумел, ох, и шумел же! Просидели мы еще сколько-то времени, слышу я: ударило по лесу будто из рушницы.

— Оксано,— говорю,— голубонько, а кто ж это из рушницы стреляет?

А она, небога, все меня качает и все говорит:

— Молчи, молчи, хлопчику, то гром божий ударил в лесу.

А сама все плачет и меня крепко к груди прижимает, баюкает: "Лес шумит, лес шумит, хлопчику, лес шумит..."

Вот я лежал у нее на руках и заснул...

А наутро, хлопче, прокинулся, гляжу: солнце светит, Оксана одна в хате одетая спит. Вспомнил я вчерашнее и думаю: это мне такое приснилось.

А оно не приснилось, ой, не приснилось, а было на—правду. Выбежал я из хаты, побежал в лес, а в лесу пташки щебечут, и роса на листьях блестит. Вот добежал до кустов, а там и пан, и доезжачий лежат себе рядом. Пан спокойный и бледный, а доезжачий седой, как голубь, и строгий, как раз будто живой. А на груди и у пана, и у доезжачего кровь.

x x x

— Ну, а что же случилось с другими? — спросил я, видя, что дед опустил голову и замолк.

— Эге! Вот же все так и сделалось, как сказал казак Опанас. И сам он долго в лесу жил, ходил с хлопцами по большим дорогам да по панским усадьбам. Такая казаку судьба на роду была написана: отцы гайдамачили, и ему то же на долю выпало. Не раз он, хлопче, приходил к нам в эту самую хату, а чаще всего, когда Романа не бывало дома. Придет, бывало, посидит и песню споет, и на бандуре сыграет. А когда и с другими товарищами заходил,— всегда его Оксана и Роман принимали. Эх, правду тебе, хлопче, сказать, таки и не без греха тут было дело. Вот придут скоро из лесу Максим и Захар, посмотри ты на них обоих: я ничего им не говорю, а только кто знал Романа и Опанаса, тому сразу видно, который на которого похож, хотя они уже тем людям не сыны, а внуки... Вот же какие дела, хлопче, бывали на моей памяти в этом лесу...

А шумит же лес крепко,— будет буря!

III

Последние слова рассказа старик говорил как-то устало. Очевидно, его возбуждение прошло и теперь сказывалось утомлением: язык его заплетался, голова тряслась, глаза слезились.

Вечер спустился уже на землю, в лесу потемнело, бор волновался вокруг сторожки, как расходившееся море; темные вершины колыхались, как гребни волн в грозную непогоду.

Веселый лай собак возвестил приход хозяев. Оба лесника торопливо подошли к избушке, а вслед за ними запыхавшаяся Мотря пригнала затерявшуюся было корову. Наше общество было в сборе.

Через несколько минут мы сидели в хате; в печи весело трещал огонь; Мотря собрала "вечерять".

Хотя я не раз видел прежде Захара и Максима, но теперь я взглянул на них с особенным интересом. Лицо Захара было темно, брови срослись над крутым низким лбом, глаза глядели угрюмо, хотя в лице можно было различить природное добродушие, присущее силе. Максим глядел открыто, как будто ласкающими серыми глазами; по временам он встряхивал своими курчавыми волосами, его смех звучал как-то особенно заразительно.

— А чи не рассказывал вам старик,— спросил Максим,— старую бывальщину про нашего деда?

— Да, рассказывал,— отвечал я.

— Ну, он всегда вот так! Лес зашумит покрепче, ему старое и вспоминается. Теперь всю ночь никак не заснет.

— Совсем мала дитына,— добавила Мотря, наливая старику щей.

200

Старик как будто не понимал, что речь идет именно о нем. Он совсем опустился, по временам бессмысленно улыбался, кивая головой; только когда снаружи налетал на избушку порыв бушевавшего по лесу ветра, он начинал тревожиться и наставлял ухо, прислушиваясь к чему-то с испуганным видом.

Вскоре в лесной избушке все смолкло. Тускло светил угасающий каганец[16], да сверчок звонил свою однообразно-крикливую песню... А в лесу, казалось, шел говор тысячи могучих, хотя и глухих голосов, о чем-то грозно перекликавшихся во мраке. Казалось, какая-то грозная сила ведет там, в темноте, шумное совещание, собираясь со всех сторон ударить на жалкую, затерянную в лесу хибарку. По временам смутный рокот усиливался, рос, приливал, и тогда дверь вздрагивала, точно кто-то, сердито шипя, напирает на нее снаружи, а в трубе ночная вьюга с жалобною угрозой выводила за сердце хватающую ноту. Потом на время порывы бури смолкали, роковая тишина томила робеющее сердце, пока опять подымался гул, как будто старые сосны сговаривались сняться вдруг с своих мест и улететь в неведомое пространство вместе с размахами ночного урагана.

Я забылся на несколько минут смутною дремотой, но, кажется, ненадолго. Буря выла в лесу на разные голоса и тоны. Каганец вспыхивал по временам, освещая избушку. Старик сидел на своей лавке и шарил вокруг себя рукой, как будто надеясь найти кого-то поблизости. Выражение испуга и почти детской беспомощности виднелось на лице бедного деда.

— Оксано, голубонько,— расслышал я его жалобный ропот,— а кто же это там в лесу стонет?

Он тревожно пошарил рукой и прислушался.

— Эге! — говорил он опять,— никто не стонет. То буря в лесу шумит... Больше ничего, лес шумит, шумит...

Прошло еще несколько минут. В маленькие окна то и дело заглядывали синеватые огни молнии, высокие деревья вспыхивали за окном призрачными очертаниями и опять исчезали во тьме среди сердитого ворчания бури. Но вот резкий свет на мгновение затмил бледные вспышки каганца, и по лесу раскатился отрывистый недалекий удар.

Старик опять тревожно заметался на лавке.

— Оксано, голубонько, а кто ж это в лесу стреляет?

— Спи, старик, спи,— послышался с печки спокойный голос Мотри.— Вот всегда так: в бурю по ночам все Оксану зовет. И забыл, что Оксана уж давно на том свете. Ох-хо!

---

[16] Каганец — черепок, в который наливают сало и кладут светильню

201

Мотря зевнула, прошептала молитву, и вскоре опять в избушке настала тишина, прерываемая лишь шумом леса да тревожным бормотанием деда:

— Лес шумит, лес шумит... Оксано, голубонько...

Вскоре ударил тяжелый ливень, покрывая шумом дождевых потоков и порывание ветра, и стоны соснового бора...